Zurufe und Einsprüche

Kritik an landeskirchlichen postmodernen Anpassungen im Rückblick

Heinrich Herrmanns – Wolfhart Schlichting –
Harald Seubert – Reinhard Slenczka

herausgegeben und eingeleitet
von Andreas Späth

Verlag Logos Editions

Heinrich Herrmanns – Wolfhart Schlichting –
Harald Seubert – Reinhard Slenczka

Zurufe und Einsprüche

Kritik an landeskirchlichen postmodernen Anpassungen im Rückblick

herausgegeben und eingeleitet von Andreas Späth

Herrn Tobias [illegible]
[illegible] die besten Segenswünschen
Harald Seubert · Wbg. [illegible] Nov 14

Verlag Logos Editions

2013 Verlag Logos Editions, Ansbach,

Herausgegeben von Andreas Späth
im Auftrag der Kirchlichen Sammlung um Bibel und Bekenntnis in Bayern e. V. (KSBB)

Umschlag und Layout:
Wilhelm Georg Adelberger

Umschlagbild © bpk / Gemäldegalerie, SMB / Jörg P. Anders,
Rembrandt Harmensz van Rijn:
Die Predigt Johannes des Täufers, 1634, Gemäldegalerie,
Staatliche Museen zu Berlin.

ISBN 978-3-9814303-8-7

Martin Luther:
»Ein Urteil in weltlichen Dingen maße ich mir nicht an; aber ein Urteil in geistlichen Dingen maße ich mir in dem Maße an, dass ich aus zwei oder drei Worten bestimmt beurteilen kann, was für einen Glauben jemand habe, ob er in der Lehre gesund sei oder nicht.«

[WA TR 2221 lat.; dt. nach Aland]

Die Kirchliche Sammlung um Bibel und Bekenntnis in Bayern e. V. (KSBB) gibt dreimal im Jahr einen Rundbrief heraus und veranstaltet zahlreiche Seminare und Tagungen.
Bei Interesse schreiben Sie uns bitte an:
KSBB – Postfach 11 31 – 91502 Ansbach
Telefon: +49 9871 444956
Fax: +49 9871 444954
E-Mail: ksbb-bayern@gmx.net
Internet: www.ksbb-bayern.de

Für unsere Arbeit sind wir dringend auf Spenden angewiesen. Wenn Sie uns unterstützen möchten, erbitten wir Ihre Spende an die KSBB auf unser Konto:

IBAN DE67520604100003101053
BIC GENODEF1EK1

Wenn Sie unsere Arbeit nachhaltig unterstützen möchten, erbitten wir größere Beiträge (ab 250.– Euro) als Zustiftung auf das Konto der uns nahestehenden Christlichen Bildungsstiftung (CBS):
IBAN DE82520604100003402550
BIC GENODEF1EK1

Verwendungszweck: Zustiftung »Sonderfonds Zukunft Bekenntnisarbeit«

EINSPRÜCHE UND ZURUFE

VORWORT

Die vorliegende Sammlung mag manchen Leser befremden. Was soll das, Texte, z. T. über 30 Jahre alt, noch einmal vorzulegen? Der Verdacht, es mit einem Rückblick im Zorn, einem Wiederkäuen des Gewesenen, einer Abrechnung zu tun zu haben, ist naheliegend – aber falsch. Zwei Gedanken waren vielmehr ausschlaggebend, diese Aufsätze, Vorträge, Interviews und Predigten behutsam bearbeitet zusammenzustellen.

Zum einen sind diese Manuskripte wichtige Diagnosemittel. Wie im Rückspiegel werden die überfahrenen Haltesignale überdeutlich wahrgenommen. Man erkennt nun aus dem zeitlichen Abstand heraus die Situation, aus der wir kommen, falsche Weichenstellungen und hat damit auch eine Erklärung für unsere jetzige kirchliche Lage.

Zum anderen aber sind die Abfassungen verhältnismäßig zeitlose Wegweiser auf den hin, der war, ist und kommt (Offb. 1,8). Gerade in ihrer konkreten Verortung an bestimmte Ereignisse der jüngeren Kirchengeschichte weisen sie merkwürdig zeitlos über sich und ihre Zeit hinaus auf das ewig gültige Wort Gottes. Insofern sind sie Hilfe, Zusammenhänge in der neueren Kirchengeschichte sichtbar zu machen, haben durchaus auch einen prophetischen Charakter als Warnrufe zur Umkehr und als Warnung vor dem Verfolgen bestimmter zeitgeistiger Ambitionen. Gleichzeitig vermitteln sie etwas von dem, wie es eigentlich sein sollte. Davon, wodurch Kirche lebt und aufhört, Totengräberin der Toten zu sein (Luk. 9,60[1]/Offb. 3,2[2]).

Lesen wir genau, was Jesus meint. Es geht nicht um das Beklagen des Gestern, sondern um das Gewinnen des Morgen, das Ausbreiten des Evangeliums. Doch ebenso wahr ist, dass *„Wer sich nicht an die Vergangenheit erinnern kann, ist dazu verdammt, sie zu wiederholen!“*[3]

Und tatsächlich sind es – einem Hamster im Rad gleich – im Grunde immer wieder dieselben Sprossen, dieselben alten Fehler, die an uns vorüberziehen und zum Fallstrick für

---

1 *„Aber Jesus sprach zu ihm: ‚Lass die Toten ihre Toten begraben; du aber geh hin und verkündige das Reich Gottes!‘“*

2 *„Werde wach und stärke das andre, das sterben will ...“*

3 *„Those who cannot remember the past are condemned to repeat it.“* George Santayana, The Life of Reason, Vol. 1, Reason in Common Sense, New York 1905, S. 115.

die Kirche werden. In erster Linie freilich geht es darum, es – vielleicht gar wohlmeinend – besser wissen zu wollen als der Herr selbst. Das *„Gott bewahre dich, Herr! Das widerfahre dir nur nicht!"* (Matth. 16,22) des Petrus wird von Jesus scharf mit dem *„Geh weg von mir, Satan!"* (Matth. 16,23) quittiert. Das Weichen von Gottes Wort und seinen Heilsplan besser kennen wollen als er selbst, muss in die Buße führen (Petrus) oder in die Trennung (Judas). Neben dem Abweichen oder Verfälschen des Wortes Gottes gibt es das Ignorieren; so etwa des Missionsbefehls (Matth. 28,18–20[4]), oder die Suche nach irdischen Heilsplänen, wenn Theologie sich neue Attribute sucht und nicht mehr Theo-Logie sein will, sondern feministische Theologie, Befreiungstheologie und dergleichen mehr. Über all dem steht das Gericht Gottes, das sich vor unseren Augen vollzieht. Wir aber wollen gleich dem Bauern den Schatz im Acker gewinnen. Deshalb der Rückblick, um nicht die alten Fehler zu wiederholen, denn die meisten Neuerungen waren schon einmal da und wurden von der Kirche schon einmal oder mehrfach als Irrtümer ausgeschieden. Deshalb der Rückblick, denn im Blick zurück hinter den Irrtum, auf die Quelle selbst, sehen wir das Licht und strahlen aus, was uns erleuchtet.

Andreas Späth
Windsbach, den 23. August 2013

Der Wochenspruch lautet: *„Das geknickte Rohr wird er nicht zerbrechen, und den glimmenden Docht wird er nicht auslöschen."* Jes. 42,3

---

4 *„Und Jesus trat herzu und sprach zu ihnen: ‚Mir ist gegeben alle Gewalt im Himmel und auf Erden. Darum gehet hin und machet zu Jüngern alle Völker: Taufet sie auf den Namen des Vaters und des Sohnes und des Heiligen Geistes und lehret sie halten alles, was ich euch befohlen habe. Und siehe, ich bin bei euch alle Tage bis an der Welt Ende.'"*

VOLKSAUFSTAND ALS ‚NEUE AUFERSTEHUNG'

UNGLAUBLICHE ÄUSSERUNGEN DER WELTMISSIONSKONFERENZ 1989 IN SAN ANTONIO

EINLEITUNG

Der Text ist ein Kommentar des damaligen Obmanns der *‚Gesellschaft für Innere und Äußere Mission im Sinne der Lutherischen Kirche'*, Wolfhart Schlichting. Er beklagt darin ein neues Missionsverständnis, dem freilich ein neues Offenbarungsverständnis, ein neues Schriftverständnis, ja letztlich eine neue Religion vorangeht.

In vorsichtiger Annäherung und feiner Ironie legt Schlichting die Unmöglichkeit der theologischen Argumentationsstrukturen der Neuerer offen, die mit dem Brustton der Überzeugung, im Gestus der gepachteten Wahrheit, apodiktisch ihr eigenes geschlossenes Weltbild ohne solides theologisches Fundament zum gesamtkirchlichen Pflichtprogramm erheben wollen. Der Blick in die offengelegten Karten offenbart uns Erschreckendes – theologisch wie menschlich wird es abgründig.

Da wird das Leid der Welt, die Kontingenzerfahrung insbesondere im Bereich *‚Unterdrückung'*, zur überwältigenden Offenbarungsquelle neben, letztlich über der Schrift stilisiert. Theologie, Glaube, Lehre haben da keinen Platz mehr. Zumindest dann nicht, wenn das klassische Christentum vertreten wird. Da wird mit jakobinischem Eifer die Revolution ausgerufen, in deren Gefolge die Protagonisten ihrerseits bereit sind, die Zufügung von Leid und Schrecken zumindest in Kauf zu nehmen – für die gute Sache, versteht sich. Man fühlt sich unwillkürlich an das jüdische Sprichwort erinnert: *„Im Kampf der menschenfreundlichen Ideen sterben Menschen!"*

Da wird dann die Auferstehung zum Aufstehen, zum Aufstand umgedeutet. Übrig bleibt bestenfalls ein Gottesbild, ein toter Götze, etwas, was der Mensch sich nach eigenen Bildern schuf, etwas, das Feuerbach recht gibt und den Herrn der Kirche bestenfalls noch mit Namen kennt, verzweckt nennt, missbraucht. Jesus vor dem Karren der Revolution – welch ein Bild! Aber *„Du sollst Dir kein Bildnis machen …"*

Doch die Sache ist ja weit schlimmer. Eine politische Versammlung linksgerichteter Revolutionäre, die beschließen, im Namen des Fortschritts, der Revolution, der Gerechtigkeit, Gewalttätigkeit zu unterstützen und Tod und Verwüstung über diese Welt zu bringen, wäre schlimm genug. Hier jedoch wurde eine Weltmissionskonferenz, die ausweislich ihres Namens doch überlegen sollte, wie Christus zu den Menschen gebracht werden könnte, zum Thinktank der Legitimation von Gewalt. Hier wurde eine Weltmissionskonferenz, die darüber nachdenken sollte, wie der Herrschaftsbereich des Friedefürst auch in die dunklen und unfriedlichen Ecken dieser Welt hineinkommen könnte, um durch die veränderten Herzen veränderter Menschen auch Situationen zu ändern, zur Partei des Krieges. Mehr noch, diejenigen, die ewiges Heil verkünden und zum Glauben rufen und führen sollten, verfehlen sich gegen dieses Ziel und bieten im Tausch eine weitere Hölle auf Erden an. Die Veränderung der Zustände ohne Änderung des Herzens hat noch selten Gutes gebracht.

VOLKSAUFSTAND ALS ‚NEUE AUFERSTEHUNG' UNGLAUBLICHE ÄUSSERUNGEN DER WELTMISSIONSKONFERENZ 1989 IN SAN ANTONIO

WOLFHART SCHLICHTING

Eine Weltmissionskonferenz gleicht einem bunten Mosaik, – zugegeben. Niemand darf erwarten, dass seine Vorstellungen dort durchschlagen, am wenigsten ein europäischer Theologe. Man muss bereit sein, sich auf Fremdes einzulassen, – das sagt jeder Teilnehmer. Einer sagte: Man muss seinen Glauben anrühren lassen, ja, anrühren lassen durch die Erfahrungen, vor allem Leiderfahrungen, und die Fragestellungen anderer. Auf hohem Ross einzureiten, in den Gedankenbahnen deutscher Theologie sich zu bewegen, heißt es, sei nicht am Platze. Wer die Leiderfahrungen nicht teilt –, was hat er denn beizutragen? Gar zu kritisieren –, wem stünde das zu? Also, Hut ab vor jedem Wort, jeder Resolution! Nur ja nicht *‚mit Theologie kommen'*! Das gehört nicht hierher.
Wer auf solche Weise einem Kritiker das Wort abschneidet, kann breiten Beifalls sicher sein. *‚Deutsche Theologie'*, beteuern deutsche Theologen, habe hier nicht mitzureden.

Mit liegt nichts an *‚deutscher'* Theologie. Ich bin als Deutscher geboren und habe das nicht zu vertreten. Aber ich habe *‚leider auch Theologie durchaus studiert'*, zwar in der Schweiz und in Italien, habe jedoch, ich gestehe es, auch Reformatoren gelesen; das prägt natürlich und beschränkt das Denken. Dass es einem aber die theologische Urteilskraft raube, glaube ich nicht. Ich glaube auch nicht, dass sich in Kampfsituationen und Leiderfahrungen Offenbarung zusammenbraut. Wer Leid und Kampf durchsteht, gewinnt mir Respekt ab. Bei allem Respekt –, für unfehlbar halte ich jedoch alte Kämpfer nicht, mögen sie noch so viele Narben tragen. In der Situation, im Kairos oder wie man sagen will, offenbart sich Gott nicht. Ich gebe zu, das habe ich in der Schweiz gelernt. Aber ich glaube es nun selbst. Und so halte ich es für die Pflicht und Schuldigkeit der Kirche, der Theologen und in diesem Rahmen auch für die meine, zu lesen, was Missionskonferenzen zu Papier bringen, es aufzufassen, so gut mein Kopf vermag, es gewissenhaft mit der Heiligen Schrift und dem Bekenntnis, das ich unterschrieben habe, zu vergleichen und im

Falle eines Widerspruchs, einer Unvereinbarkeit mit Schrift und Bekenntnis, Bedenken anzumelden. Das kann mir keiner ausreden, von welchem Kap er auch geflogen kommen mag, erst recht kein Landsmann, der Betroffenheit vorweist, weil er nicht zu argumentieren bereit ist. Dazu bin ich bei der Ordination verpflichtet worden; und das gilt für mich vor Gott. Ich glaube, dass ich und alle Gläubigen am Jüngsten Tage werden Rechenschaft ablegen müssen über jedes Wort: das heißt auch, über jedes nicht gesprochene Wort, wo man Glaubensgeschwister irregehen ließ, obwohl man bessere Erkenntnis hatte.

GEHT DER HEILIGE GEIST SEINE EIGENEN WEGE?

Bei der Weltmissionskonferenz in San Antonio (22.5–1.6.1989) wurde schlicht behauptet: *„Wir glauben, dass der Heilige Geist überall und unter allen Völkern (nicht nur unter Christen) am Werke ist."* (Grundsatzreferat von Dr. E. Stockwell, III) Dieses Credo ist mir nicht bekannt. Meines Erachtens sprechen biblische und trinitätstheologische Gründe gegen ein solches Bekenntnis. Laut Johannesevangelium versprach Jesus in den Abschiedsreden seinen Jüngern, den *Parakleten* zu senden (14,16 f; 15,26; 16,7 ff). Der Paraklet ist der Heilige Geist (Joh. 14,17; 15,26; 16,13). Als *Paraklet* zumindest ist der demnach nicht immer und überall am Werk; er war es jedenfalls nicht, bevor Jesus ihn sandte (Joh. 16,7), und ist es nicht, wohin Jesus ihn nicht sendet. Laut Apostelgeschichte 2 ereignete sich die Ausgießung des Heiligen Geistes zusammen mit der Proklamation des Namens Jesu, neben dem kein anderer Name Heil versprechen kann (Apg. 4,12).

Aber auch trinitätstheologisch empfiehlt sich Dr. Stockwells neues Credo nicht. Den Heiligen Geist wirken zu sehen, wo Christus nicht wirkt, würde voraussetzen, dass der Geist Alleingänge unternimmt und sich dazu aus der Trinität separiert. Die *‚opera ad extra'* (Außenwirkungen) des dreieinigen Gottes wurden aber mit guten Gründen immer als *‚ungeteilt'* (*indivisa*) aufgefasst; d. h., wo der Geist *„am Werke ist"*, sind Gott Vater und Sohn dabei. Wo aber der Sohn ist, da will er erkannt werden. Und wo der Sohn erkannt wird, da sind Christen. Der Geist macht Menschen zu Christen (Joh. 16,14), wirkt aber nicht dort, wo nichts zu Christus führt.
Vielleicht könnte man sagen, unter *‚Geist'* sei auch die von Gott eingehauchte Lebenskraft der Schöpfung zu verstehen (Ps. 104,29 f), wie ja auch der Logos (Joh. 1,4) dem ganzen Kosmos Leben und Licht verleiht. Gewiss, der dreieinige Gott hat die ganze Schöpfung ins Leben gerufen und erhält sie bis zur Stunde; er hat auch verfügt, dass alle Menschen *„Gott suchen sollten, ob sie wohl ihn fühlen und finden möchten"* (Apg. 17,29). Doch was lebt, muss auch sterben, und Suchen macht nicht selig. Christus aber bringt in die sterbende Welt den Anfang der Auferstehung und auf die schuldige Erde Versöhnung. An dem menschgewordenen Logos, Jesus, scheiden sich die Geister.

Ähnlich sympathisch über den Dingen zu stehen, wie Direktor Dr. Stockwell, der die Überzeugung anwesender Vertreter anderer Religionen wohlwollend und verständnisvoll zitierte, sah sich Jesus nicht in der Lage. Seine Dialoge fielen anders aus, – härter. Dabei stand offenbar mehr auf dem Spiel. Wenn man es offenlassen kann, ob Jesus *‚der einzige Weg'* zum Heil sei, – offenlassen unter dem Eindruck *‚von außerordentlicher Schönheit und Güte'* nichtchristlichen religiösen Lebens (während Jesus als Gottesknecht keinerlei Schönheit hatte: Jes. 53,2), dann *‚verbessert'* man damit Jesu eigene Rede, der diese Frage nicht offenließ. Vielleicht gewinnt man dabei an Gesprächsfähigkeit im Sinne von Konzilianz, büßt aber wohl gleichzeitig die Fähigkeit ein, klarzumachen, was *‚Heil'* heißt.

Ich glaube, wie die ganze lutherische Kirche, dass Gott, um den Glauben an Christus zu wecken, *„das Predigtamt eingesetzt, Evangelium und Sakramente gegeben"* hat, durch die er *„als durch Mittel den Heiligen Geist gibt, wo und wann er will"* (CA 5). Demnach glaube ich nicht, dass *„der Heilige Geist überall und unter allen Völkern"*, d. h. auch da, wo Evangelium und Sakramente nicht vorkommen und Jesus unbekannt ist oder abgelehnt wird, *„am Werk ist"*. Stockwells Credo und die Confessio Augustana schließen sich an diesem Punkte gegenseitig aus. Man könnte ausführlicher argumentieren, aber für mich ist die Entscheidung nicht zweifelhaft. Bleibt man der Confessio Augustana verbunden (oder gar dem Neuen Testament selber), dann erübrigen sich Spekulationen darüber, ob der Heilige Geist womöglich Jesus *‚links liegen lassen'* und sich mit nichtchristlichen Religionen verbünden möchte. Ich empfinde derartige Erwägungen auf einer Weltmissionskonferenz nicht nur als deplatziert, sondern beinahe als blasphemisch.

DAS ‚AUFSTEHEN' ALS ‚AUFERSTEHUNG'

Ein prominenter Teilnehmer empfand in San Antonio als Hauptschwierigkeit *„das unverbundene und unausgeglichene Nebeneinander zweier theologischer Denkansätze"* (H. J. Held), wie es in der Diskrepanz zwischen den Sektionsberichten I und II ins Auge springt. Sektionsberichte sind nicht mehr als eben dies; sie sind weder als bindende Beschlüsse noch als Bekenntnisschriften gemeint. Aber sie liegen nun der Weltchristenheit vor und fordern zur Stellungnahme heraus. Man kann natürlich ihre Entstehung rekonstruieren und für die Diskrepanz tagungstechnische Schwächen verantwortlich machen. Ich ziehe es aber vor, die Texte beim Wort zu nehmen. Dann werden tagungstechnische Pannen uninteressant. Infrage steht vielmehr die *‚rechte'* oder *‚falsche'* Lehre. Von *‚recte docere'* spricht wiederum die *Confessio Augustana*. Es hätte zweifellos einiges für sich, wenn man sich auf die *„richtige Lehre"* einigen könnte. Es wäre der Mühe wert.

Nun lese ich Sektionsbericht II. Mir fällt die apodiktische Rede auf (die mir als solche nicht unsympathisch ist). Nach Abschnitt 7 darf keine *‚Unklarheit bestehen'* bleiben, die etwa *„auch eine jenseitsbezogene Fehlinterpretation von ‚Mission in der Nachfolge Christi' zulässt"*. Das ist scharf geschossen. *‚Jenseitsbezogen'*? würde ich fragen. Jawohl, jenseitsbezogen! Die Menschen sterben doch! Selbst Kant hat ein Jenseits postuliert, eben wegen des Unrechts auf Erden. *„Deinen Tod verkünden wir, und Deine Auferstehung preisen wir, bis Du kommst* *in Herrlichkeit.*" Dies zu verkündigen, ist unsere Mission. Und das soll eine ‚*Fehlinterpretation*' sein? Und, richtig interpretiert, wäre Mission demnach ‚*diesseitsbezogen*'? Sie würde dann ‚*die schmerzlichen Realitäten dieser Welt*' nicht ignorieren (wer könnte sie jemals ignorieren?), sondern ihre Fortsetzung proklamieren. Statt Auferstehung, (‚*jenseits*' des Todes) – was? Aufstand? Mord und Totschlag beim Aufstand?

In der Tat! Abschnitt 10 predigt eine ‚*neue Auferstehung*', – ausdrücklich eine ‚*neue*', nicht die alte. Worin sie besteht? Sie ist ‚*ein Aufstehen gegen eine ganze Ordnung, die Menschen tötet oder gefangen hält*'. ‚*Von diesem Verständnis von Auferstehung*' dürfen keine ‚*Abstriche*' gemacht werden. Auferstehung ist also nicht wie in der Bibel und im Credo als Auferstehung der Toten verstanden, sondern als Aufstehen, als Aufstand der Lebenden. Da dachte man immer, so etwas hätten missgünstige Konsequenzmacher aus unschuldigen Predigten herausgehört, aus harmlosen Texten herausgelesen. Weit gefehlt –, eine ganze Sektion der Weltmissionskonferenz hat unmissverständlich beschlossen, Auferstehung sei im Rahmen der Mission von nun an in diesem Sinne, nämlich als ‚*neue Auferstehung*', d. h. als Aufstand, zu verstehen, und von diesem Verständnis Abstriche zu machen, sei nicht erlaubt.

DIE MISSION EINER NEUEN RELIGION

Es ist nicht zu verkennen, dass sich damit eine neue Religion öffentlich vorstellt, die einen neuen Glauben an eine ‚*neue Auferstehung*' predigt, der mit dem alten nicht mehr als den Namen gemeinsam hat. Diese neue Religion bricht zu einer neuen Mission auf, die sich höchstens irrtümlich von den alten Missionsgesellschaften und kirchlichen Missionswerken (die noch die ‚*alte Auferstehung*' meinen) institutionell aushalten lässt.

Unverkennbar ist es eine andere Religion als die christliche, die mit ‚*Auferstehung*' Aufstand meint, Umsturz einer Ordnung, eines ‚*ancien règime*'. Wenn das die ganze Hoffnung wäre, die unsere Mission in die Welt zu tragen hätte, dann hätte ich im Lichte der 200-Jahr-Feiern der Französischen Revolution (und angesichts der Massengräber der russischen) das Gefühl, dass wir „*die elendsten unter allen Kreaturen*" (1. Kor. 15,19) wären. Was ist die ‚*neue Auferstehung*'? Laut Sektion II der Weltmissionskonferenz das ‚*Ausbrechen*': „*wenn Menschen aus einem versiegelten Grab ausbrechen*". Das mit dem versiegelten Grab ist wohl kaum buchstäblich gemeint. Das sollte auch erst einmal einer ‚*neu*' vormachen. Ich sehe keine Anzeichen dafür. Es ist nur poetische Rede. Derartige Poetisierung und religiöse ‚*Überbauung*' politischer Notwendigkeiten empfinde ich aber als unangebracht. Ist es zu verantworten, von ‚*Auferstehung*' zu reden, wenn man tatsächlich nur einen Aufstand meint, bei dem Lebende getötet werden (wir gedenken des Wütens der revolutionären Guillotine vor 200 Jahren) und kein einziger Toter auferweckt wird, weil das nicht menschenmöglich ist? Und auf der anderen Seite empfinde ich es als eine Banalisierung des Begriffs ‚*Auferstehung*', wenn damit beispielsweise auf den Philippinen die

Ablösung der Marcos-Korruption durch die Aquino-Korruption – und morgen — vielleicht durch eine noch üblere kommunistische alten Stils gemeint ist. Und eine Moralisierung der ‚*Auferstehungs*'-Botschaft ist das außerdem; denn das muss man alles ‚*selber tun*'.

In Abschnitt II wird sogar die ‚*Eucharistie*' als Feier zur Kräftigung im Kampf empfohlen und damit, wie mir scheint, offiziell dem Missbrauch ausgeliefert (wie im südafrikanischen Kairos-Papier die ‚*Abrenuntatio*' vor der Taufe, die Absage an ‚*den Bösen*', ‚*konkret*' gegen ‚*die Bösen*', d. h. die Gegenpartei, also gegen Menschen, gewendet wird). Die Vorschläge einer Umfunktionierung der Sakramente scheinen mir am augenfälligsten zu zeigen, dass christliche Konferenzen als Forum dienen, auf denen eine neue Religion sich selbst darstellt.

Der sprachlich unklare Satz in Abschnitt 13 will aber sachlich außerordentlich klar sein: „*Die Auflehnung der Menschen gegen Ungerechtigkeit ist die schöpferische Macht Gottes für die Menschen und für die ganze Welt.*" Wäre dann, möchte ich fragen, die erfolglose Auflehnung, bzw. der Zusammenbruch eines Aufstands als die Offenbarung der Ohnmacht Gottes zu verstehen? Mit der ‚*Auflehnung der Menschen*' sind konkret ‚*Volkserhebungen*' gemeint.

Der Sektionsbericht II von San Antonio beginnt mit dem pathetischen Satz: „*Im Mittelpunkt der Mission Gottes und seines Heilplanes für die Welt steht die Teilnahme am Leiden und am Kampf*". Abschnitt 14 fährt nun fort: „*Dieses Leiden und dieser Kampf finden Ausdruck in gewaltlosen Aktionen*". ‚*Mission*' bestünde demnach in der Teilnahme daran. Aber nicht nur das: Abschnitt 14 besagt allen Ernstes – und das ist der Weltpresse aufgefallen –, dass ‚*dieses Leiden und dieser Kampf*' – wohlgemerkt: der ‚*Mittelpunkt der Mission Gottes und seines Heilplanes für die Welt*' – Ausdruck findet ‚*in bewaffnetem Kampf*'. Wer Ohren hat, hört doch wohl, dass in Sektion II der Weltmissionskonferenz in San Antonio Müntzerische Prediger das Wort ergriffen und den Bericht formuliert haben – Prediger also, die mit religiösem Pathos die Armen dieser Welt anführen und aus ihnen ‚*räuberische und mörderische Rotten*' von Bauern machen wollen.

„*Das Volk*", heißt es in Abschnitt 15 schwärmerisch, „*überwindet die Brutalität von Todesschwadronen, Lagern, Befriedungsprogrammen*" u. s. w. Wie empfindet man diese Behauptung, wenn (was ‚*Eingeweihte*' der Kirche angeblich verschwiegen) nun ‚*aufgekommen*' ist, welche ‚*Brutalität*' in den ‚*Lagern*' der ‚*neuen Auferstehungs-Bewegung*' SWAPO herrschte? Und die ‚*Todesschwadronen*' der NPA (New People's Army) auf den Philippinen vergießen Menschenblut, töten –, von ‚*Auferstehung*' keine Spur. Aber Sektion II erklärte in San Antonio in Abschnitt 16: „*Die Taten des Volkes werden zu Gottes Mission für Gerechtigkeit durch schöpferische Macht*". Ich kann mir – angesichts der manifesten ‚*Taten*' – unter einen solchen ‚*Gott*' nur einen Blut – und Mord-Götzen vorstellen, demgegenüber eine entschiedene *abrenuntatio* geboten wäre.

Dieser Abschnitt des Sektionsberichts II gipfelt in Abschnitt 17: *„Die Kirchen werden somit angeregt, im Leiden und im Kampf von Volksorganisationen das Wirken der schöpferischen Macht Gottes zu erkennen." „Und sie werden eingeladen, an diesen Kämpfen teilzunehmen und damit eine ihrer missionarischen Aufgaben zu erfüllen."*

DIE ‚SCHÖPFERISCHE KRAFT' DES TERRORS

‚*Acts in faithfulness*' hieß in San Antonio eine (schwer zu übersetzende) neue Art von Resolutionen. Sprachlich erinnert das an ‚*Autodafés*'[1] (Auto = Akt; da fé: Akte des Glaubens). Unter diesem Titel erfolgten, wie gewohnt, wenig differenzierte Parteinahmen in Interessenkonflikten der Welt, durch deren Voraussagbarkeit sich der ÖRK zunehmend unbeachtlich macht. In der Weltöffentlichkeit bleiben die nicht weiterführenden Kirchen-‚*Worte*' überwiegend ohne Echo. Diesmal traten die Missionsleute kritiklos auf die Seite der Palästinenser. Eine ‚*schöpferische Kraft*' wurde in der Intifada entdeckt, also geradezu die Offenbarung von etwas Göttlichem. Hätte ich es nicht von Teilnehmern erfahren, wäre es mir als unglaublich erschienen, dass es Mühe kostete, wenigstens den Hinweis darauf in den Text einzufügen, dass der Weltkirchenrat früher den Staat Israel immerhin schon als Realität anerkannt hat (wenn auch dabei von schöpferischer Kraft Gottes keine Rede war). Eine gewisse Folgerichtigkeit ist freilich auch diesem Beschluss nicht abzusprechen. Auf dem Hintergrund der Theologie von Sektion II, die alles, was ‚*aufständisch*' ist, verklärt, kann palästinensischer Terrorismus heroisiert werden. Mich schaudert, wenn ich bedenke, was es zu bedeuten hat, wenn im Namen Christi Gewalttat glorifiziert wird.

AUFERSTEHUNG DER SAURIER?

Sektion III wusste sich für die bedrohte Schöpfung verantwortlich und fand heraus, dass dieser Aspekt *„das Leben und die Mission unserer Kirchen" „erweitert und erneuert"*. Was aus Matth. 28, 18–20 über die Aufgabe der Mission zu entnehmen ist, dass nämlich die Ausgesandten in aller Welt versuchen sollen, die Völker ‚*zu Jüngern*' zu machen, indem sie Menschen taufen und sie halten lehren, was Jesus geboten hat, war der Sektion III der Weltmissionskonferenz zu wenig. Wie man früher diesen allzu schlichten Worten mit einem Konzept von Kolonialismus fortschrittlich aufzuhelfen versuchte, so musste heutzutage von Ökologie die Rede sein, in San Antonio also von ökologischer Mission. Ein weites Feld tat sich auf. Das Missions-Feld Natur.

---

1 So wurden die Veranstaltungen genannt, bei denen die spanische Inquisition unter dem Absingen frommer Lieder vermeintliche oder auch echte Ketzer im Namen Christi verbrannte.

Allen Ernstes ist in Abschnitt 12 des Sektionsberichtes III zu lesen: „*Mission in der Nachfolge Christi muss sich auf die ganze Schöpfung erstrecken*". Die Art der Durchführung dieses Programmes ist nicht näher beschrieben. Da die Vogelpredigt des heiligen Franziskus noch nicht als Lehrstück der Homiletik zum Pflichtstoff missionarischer Ausbildung geworden ist, bleibt undeutlich, wie die Botschaft (angenommen, es sei überhaupt noch eine Botschaft gemeint,) an die normalerweise durch Worte nicht zu beeindruckende Schöpfung herangetragen werden soll. Jedoch wird frohgemut formuliert: „*Diese Mission bringt aller Schöpfung das Evangelium der Hoffnung – einer Hoffnung, die in der Auferstehung Jesu Christi ihren Grund hat.*" Was ist damit gemeint? Werden ausgestorbene Arten diesseitig wiederkehren? Wird die Evolution noch einmal aufgerollt? Sollen die Saurier auferstehen? Woraus ist das zu entnehmen? Die Bibel sagt: Auch „*Himmel und Erde werden vergehen*" (Luk. 21,33), nur Jesu zu Menschen gesprochene Worte nicht. Nur in ihnen steckt Hoffnung der Auferstehung. Und alle Hoffnung, das zeitliche Leben der vergänglichen Schöpfung zu fristen und einstmals aus Gottes Hand einen neuen Himmel und eine neue Erde zu empfangen, tritt nur durch die diesen Worten glaubenden Menschen in die Welt ein. Dementsprechend wäre es die Aufgabe der Mission, diese Worte unter die Menschen zu bringen. Aber ob mit ‚*Auferstehung*' die alte oder die ‚*neue*' gemeint ist, hat Sektion III in ihrem Bericht offengelassen. Und ob es bei ‚*Mission*' überhaupt auf Verkündigung, Umkehr und Zum-Glauben-Kommen abgesehen ist, kann der Leser nicht genau erkennen.

Es soll damit nicht gesagt sein, dass man nicht auf vieles, was in San Antonio geäußert wurde, unbeschwert mit ‚*Amen*' antworten könnte. Die Beiträge aus orthodoxen Kirchen sollen z. B. beachtlich gewesen sein. Als ‚*offizielle*' Äußerung der vielstimmig redenden Weltmissionskonferenz gilt lediglich ihre gemeinsame ‚*Botschaft*'. Sie spricht stellenweise eine überraschende Sprache. ‚*Mit Freuden*' begrüßt sie die Perestroika ‚*in vielen sozialistischen Ländern*'. Dagegen bestehen keine Bedenken.

Ob es allerdings nicht vielleicht zu viel gesagt ist, wenn erklärt wird, es sei der Heilige Geist, der gegenwärtig ganze Völker bewegt, die ‚*auf ungeahnte Weise in sich*' gehen, und nicht etwa Selbsterhaltungstrieb, Freiheitsliebe und Vernunft, möchte ich fragen. Es hat schon manchmal zu verhängnisvollen Missverständnissen geführt, wenn starke geschichtliche Bewegungen als Offenbarungen göttlichen Geistes überhöht und dann kritiklos ‚*angebetet*' wurden. Von ‚*Buße*' dürfte man im Sinne des Neuen Testamentes nur da reden, wo der Anbruch der Gottesherrschaft im Kommen Jesu Christi begrüßt und ein Leben in der Zuwendung zu ihm begonnen wird. Dass in solchen Fragen, die dem Glauben nicht nebensächlich sind, Unklarheit bestand, dass Aussagen nebeneinander stehenblieben, die unvereinbar sind, dass ein Eifern für die Wahrheit offensichtlich unterblieb, scheint für diese Weltmissionskonferenz kennzeichnend zu sein und macht den Eindruck zwiespältig.

MISSIONARISCH LEBEN

EINLEITUNG

Missionarisch leben – wie macht man das? Allein die Frage zielt schon in die falsche Richtung und bringt neben Überforderung auch auf geistliche Abwege. Sie führt zur Methodik, ohne die Frage nach der Echtheit und Authentizität zu stellen, klingt nach Schauspiel. Andererseits soll sich doch etwas tun, sollen wir doch etwas machen – nur was und wie? Ein Blick in die *‚christliche Szene‘* wirkt mitunter ernüchternd. Zwischen Selbstüberforderung und Ich-Sucht ist viel Platz.
Die negative Hintergrundfolie, vor der Wolfhart Schlichting schreibt, ist eine spezielle und doch den meisten Christen irgendwie vertraute. Umso überraschender, befreiender, aber auch verpflichtender ist, was er vor mehreren Jahrzehnten und auch heute bruchlos, topaktuell zum Thema Mission zu sagen hat!

MISSIONARISCH LEBEN

WOLFHART SCHLICHTING

Missionarische Gemeinde?

Anspruch und Wirklichkeit, Theorie und Praxis klaffen auseinander. *„Es kann nicht geleugnet werden“*, heißt es in der Ausschreibung eines Pastoralkollegs, *„dass zwischen der Wirklichkeit unserer volkskirchlichen Gemeinde ... und dem Willen, missionarische Gemeinde zu sein, eine Spannung besteht“*.
Was ist zu *‚tun‘*, um diese Diskrepanz zu überwinden? Was kann man *‚machen‘*?

MISSIONARISCHE GEMEINDE

Ich beginne mit der Erinnerung an eine theologische Selbstverständlichkeit. – Ich werde auch im folgenden nur theologische Selbstverständlichkeiten sagen, weil ich glaube, dass unser ganzes Problem darin besteht, dass wir diese Selbstverständlichkeiten in der Praxis nicht ernstnehmen. Mit anderen Worten: Wir machen das, was wir glauben und zu glauben bekennen, nicht zur Methode unseres Handelns, sondern verleugnen es in den Methoden unserer Praxis. Das heißt aber: Wir glauben nur theoretisch; praktisch glauben wir nicht. (Ich unterstelle nichts. Ich spreche von meiner Erfahrung). Mich musste ein sizilianischer Priester darauf stoßen, dass ich zwar – selbstverständlich – behaupte:

Es hängt von Christus ab, dass christliche Gemeinde entsteht und Bestand hat, – dass ich jedoch dieses Angewiesensein auf Christus praktisch verleugne. Ich habe meine Vorstellungen und meine Methoden für den Gemeindeaufbau und bin in ihrer Handhabung mehr eigenmächtig als disponibel für Christus. Ich rede zwar vom *‚Leib Christi'*, aber in der Praxis erwarte ich wenig vom *‚Haupt'*. – Der Glaube muss die Praxis bestimmen. Mit anderen Worten: Was wir bekennen, muss unsere Methode werden.

Ich erinnere also an folgende Selbstverständlichkeit: Missionarisch ist eine Gemeinde nicht dadurch, dass sie missionarische Veranstaltungen *‚macht'*. Mission ist überhaupt nicht etwas, was man *‚veranstaltet'*. *‚Missio'* heißt Sendung. Mission ist Gesandtsein. Christen *‚sind'* Gesandte. Wenn sie das *‚sind'*, dann sind sie es ununterbrochen. *„Ohne Unterlass." „... Dein Gott, dem du ohne Unterlass dienst"*, sagt König Darius zu Daniel (Daniel 6,17). Und nach Paulus ist die Haltung des Gebets, – des Bittens, des Bettelns, des Angewiesenseins auf Hilfe, des Sich-und-alles-Verdankens –, eine Haltung, die der Christ *„ohne Unterlass"* (1. Thess. 5,17) einnimmt.

Wenn wir *‚missionarisch'* sind, dann sind wir es ununterbrochen, oder wir sind es auch dann nicht, wenn wir *‚Mission machen'*. Entweder wir *‚leben'* vom Geheiß des Sendenden, oder wir betreiben auch in der Mission unsere eigenen Geschäfte.
Hier gilt der scholastische Grund-Satz: *‚Agere sequitur esse'*[1]. Missionarisches agieren, missionarische Aktivität folgt aus dem mich, und, die Gemeinde, die Kirche ganz umfassenden Gesandt-Sein.
Wir haben kein Missions-Programm, das wir theoretisch vorsehen und dann nach Kräften *‚in die Praxis umsetzen'* können, sondern wir *‚sind'* missionarii. *‚Gemachte'* Mission *‚bringt'* nichts.

Ich glaube, das ist eine bittere Erfahrung.

In der Eröffnungspredigt für die bayerische Landessynode (Winter 1978) sagte der Rektor der Rummelsberger Diakonie-Anstalten ungefähr folgendes: Unsere Kirche ist überaus fleißig, aber es fehlt ihr an Ausstrahlung. – Wir haben ein Bekenntnis und sind bis an die Grenze unserer Kräfte bemüht, etwas davon zu *‚verwirklichen'*, aber wir leben nicht wirklich, was das Bekenntnis sagt.

Wir bekennen, dass wir als Glieder am Leib Christi ausführende Organe Christi *‚sind'*; das kann man nur pausenlos sein, sonst stirbt etwas ab.[2] In der Praxis agieren wir aber nur dann und wann aufgrund besonderen Entschlusses als solche. Es fehlt nicht an Aktivitäten. Aber es fehlt an *‚Leben'*.

1 Das Handeln folgt dem Sein. Der Aquinat schrieb in Summa contra gentiles III, 69 *„agere sequitur ad esse in actu"*

2 Man bedenke was passieren würde (und passiert), wenn etwa das Herz einmal *‚Pause'* macht.

Man kann den Satz: ‚*Wenn wir missionarisch sind, dann sind wir es ununterbrochen*', als unmenschliche Überanstrengung missverstehen. Aber das kommt nur daher, dass wir einen merkwürdig verengten Begriff von ‚*Mission*' haben. Wir haben den Begriff auf besondere ‚*missionarische*' Aktivitäten überwiegend propagandistischen Charakters eingeengt. Wenn man diese pausenlos ausüben will, ‚*arbeitet man sich auf*'. Wir haben gelernt, ‚*Dienst*' und Privatleben zu trennen. Das Missionarische gehört zum Dienst. Wenn ein Christ, zumal als Pfarrer, ‚*immer*' oder jedenfalls sehr viele Wochenstunden ‚*im Dienst*' ist, dann leidet die Familie und schließlich auch die Gesundheit. Man verzehrt sich im Dienst. Die Mission frisst einen auf. Aber das kommt nicht daher, dass Gott seine Arbeitskräfte ‚*ausbeutet*', sondern das kommt aus einem Missverständnis. Mission ist nicht Dienst im Sinne einer tendenziell pausenlosen Dienstzeit – mit möglichst wenig Schlaf, Spiel, Muße, Kontemplation und Gebet –, die das Privatleben auffrisst, sondern Mission ist mein ganzes Leben.

Der Schöpfer der Menschen wird nicht Menschen zum Dienst erwählen, um sie im Dienst nicht mehr ‚*Mensch sein*' zu lassen. Ihr Mensch-Sein ist vielmehr ihr Dienst. Das ist das Einzige, womit anderen Menschen ‚*gedient*' ist. Wir arbeiten missionarisch, bis wir uns ‚*aufgearbeitet*' haben, und damit ist niemandem ‚*gedient*'. Wir reden und reden von Gottes Froher Botschaft, und es geht am Leben vorbei: Zuerst an unserem eigenen und dann natürlich auch am Leben derer, denen durch uns ‚*gedient*' sein soll. Die Pflichtbewussteren gehen in ihrem missionarischen Dienst auf und die Robusteren sparen ein Stück Leben aus; man kann nur zeitweilig Mission treiben, dann muss man wieder zu sich selbst kommen. In beidem ist die ‚*Missio Dei*' verfehlt.

Mein Mensch-Sein ist mein Dienst.

Mein Mensch-Sein ist mein Angebot. Mein Mensch-Sein mit Gott ist die Einladung an jeden Menschen, auch Mensch zu sein mit Gott.

Vielleicht reden wir zu viel, weil wir meinen, nur Reden sei missionarisch. Dann reden wir an den Menschen vorbei, die gar nichts hören wollen, die nichts mehr kören können, die müde sind. Aber kann ich nicht auch schweigen für Gott? Oder schweige ich nur für mich? Trenne ich mich von Gott, wenn ich schweige? Muss, wer nichts mehr reden und hören will, gottverlassen sein? Darf und muss ich nicht schweigen vor Gott? Kann es nicht mein Angebot sein, mit mir zu schweigen vor Gott? – Warum denn sonst ‚*sagte*' das Schweigen der Mönche von Taizé z. B. jungen Menschen heute so viel?

Vielleicht organisieren wir zu viel, weil wir meinen, das Missionarische müsse organisiert werden. Dann ist alles in die Wege geleitet, aber die Menschen ‚*kommen*' nicht; es kommen nur die ‚*gestressten*' Christen, die sich für diese Art organisierter Mission verantwortlich fühlen, – Unermüdliche, die auch nach der Arbeit noch ‚*mitarbeiten*' in der ‚*Gemeinde-Arbeit*'. Aber hat denn Gott im Unorganisierten, im Spontanen, in der Frei-Zeit, im

Familienleben nichts zu suchen? Und hat der Mitmensch – Warntafeln: *‚privat'*, *‚Zutritt verboten'* – hier nichts zu suchen? Endet hier meine Mission? Habe ich hier nichts zu *‚bieten'*? Hat das alles mit Gott und Heil, Glauben und Mission nichts zu tun? Wäre nicht gerade das ein Angebot: ein mit Gott gelebtes, des Heils gewisses, vom Glauben bestimmtes, einladendes Leben als Mensch in Gemeinschaft?

Kann nicht das Familienleben mit Christus eine Einladung an alle Familien sein, auch so mit Christus zu leben?

Und man müsste schon das ganze Bekenntnis verleugnen, wenn man das so verstehen wollte, als müsste man Pharisäer werden, Fehlerlosigkeit vortäuschen, moralisches Vorbild sein. Dazu laden wir doch nicht ein! Man kann doch nicht die Pfarrfamilien, christliche Familien, überfordern, dass sie konfliktlos leben sollten. Mit solchen erhabenen Beispielen wäre auch keiner anderen Familie gedient. Nur dazu laden wir ein, mit Christus zu leben, d. h. aus der Vergebung zu leben. *„In allen Dingen"*, sagt Paulus, *„erweisen wir uns als Diener Gottes"*. Zum Beispiel *„in Trübsal, in Nöten, in Ängsten, … in Mühen"* (2. Kor. 6,4 ff). Nicht, dass das alles wegfiele, dass man dagegen gefeit wäre, ist die Botschaft, die wir missionarisch zu verbreiten hätten, sondern dass man in dem allen mit Christus leben und jedermann dazu einladen kann.

Meine Trübsal, Gott dargebracht, zu Gott hin gelebt, wird zur Einladung für jedermann, sie und seine eigene Trübsal mit mir zu teilen und sie in dieser Offenheit zu Gott hin verwandeln und verklären zu lassen. Meine Not – in der Ehe, mit den Kindern – vor Gott durchlitten, ist das Angebot an jedermann, mit mir zusammen auch seine Not vor Gott zu tragen. Meine Ängste verbinden mich mit jedem Menschen; denn wer wäre ohne Angst? Wer Angstfreiheit vortäuscht, ist unmissionarisch; denn er entfernt sich von den anderen Menschen, gibt vor, *‚darüber zu stehen'*. Wer seine Ängste in sein Leben mit Gott hineinnimmt, statt sie zu verdrängen, kann allen Geängsteten dazu dienen, ihre Ängste auch vor Gott zu bringen. *„In allen Dingen erweisen wir uns als Diener Gottes"*. Unser ganzes Leben ist missionarisch, auch in seinem Unvermögen, seiner Armut, seiner Trauer, seinen Konflikten, seinem Scheitern. Wer hat den Christen verheißen, dass ihnen dies alles erspart bliebe? Und wer hat uns geheißen, den Menschen ein Leben mit Christus vorzugaukeln, das permanenter Sonntag wäre?

Nein, in Trauer, in Armut, in Konflikten, in Misserfolgen erfahren wir Gemeinschaft mit Christus. Deshalb ist unser Leben ununterbrochen – auch da, wo wir nur noch schweigen – oder seufzen oder weinen können, – Einladung zu Christus, Gottes-Dienst und Mission. Nicht das Hervorgehobene, nicht das große Wort, nicht der feierliche Ton, nicht der Lösungsvorschlag für alle Probleme, nicht die Wahrheit und der große Schatz der Erfahrung, nicht die Kenntnis der Humanwissenschaften oder das *‚Beherrschen'* der *‚praktischen Theologie'* lässt uns missionarisch wirken, sondern das von früh bis spät ehrlich und unbeschönigt durchlebte und durchlittene Leben mit allen Ungereimtheiten und

Schwächen, in aller Ratlosigkeit und Enttäuschung. Dieses Leben, wie es nun einmal geworden ist, – dieses mein Schicksal, ‚*ich*' selbst also in allem dem, was ich vor anderen und vor mir selbst verbergen und nicht wahrhaben will, soll mit Gott versöhnt werden. Und das ist ein Angebot für Dich. Das kannst auch Du: Dem ins Auge sehen, was wirklich mit Dir ist, unbeschönigt, – und es annehmen vor Gott und Dich damit versöhnen lassen.

Nur wenn ich meine Trauer nicht unter Berufung auf Gott in Freude umlüge und so ‚*tue, als ob*' ich froh wäre, – nur wenn ich sie vor Gott als Trauer aushalte, – nur dann kann eine Freude durchbrechen, die zur ‚*Frohen Botschaft*' wird, die sich mitteilen lässt: Botschaft der „*Traurigen, aber allezeit fröhlich*", der „*Armen, die doch viele reich machen*", derer, „*die nichts haben und doch alles haben*", – weil Gott dabei ist, weil er dazugekommen ist, bis zuletzt: zu uns „*Sterbenden, und siehe, wir leben.*"

ADRESSATEN DER MISSION

Ich habe Zweifel, ob ich ‚*über Menschen*' sprechen kann und ob es etwas nützt, über sie zu sprechen. Eine Phänomenologie ‚*des*' zeitgenössischen Menschen geben zu sollen, wäre für mich eine Überforderung. Außerdem bin ich ‚*Nominalist*' genug, um ‚*den Menschen*' und auch ‚*den heutigen Menschen*' für eine Abstraktion zu halten.

Da ist jeder besonders, hat sein eigenes Schicksal, ist unvertretbar, ist unbeschadet aller Soziologie zuletzt ‚*der Einzelne*' im Sinne Kierkegaards.

Ich sträube mich dagegen, ‚*den*' Menschen zum Studienobjekt zu machen, und werde den Eindruck nicht los, die Gemeindearbeit werde immer ‚*unmissionarischer*', je gründlicher sich die Pastoren um Humanwissenschaften bemühen.

Nicht, dass psychologische und soziologische Untersuchungen unnütz wären; ich hielte es für eine Art von Barbarei, dies zu behaupten. Aber wenn sie dazu helfen sollen, das missionarische Leben der Gemeinden ‚*aufzumöbeln*', – das (es kann nicht geleugnet werden) unter der Diskrepanz von Anspruch und Wirklichkeit leidet, – erweisen sie sich als gründlich nutzlos.

Ich glaube, es nützt nichts, ‚*von allerlei Menschen*' zu erzählen, etwa von ‚*Fällen*' aus meiner Arbeit. Wenn wir von ‚*Menschen*' reden, ‚*die glauben möchten*', tun wir gut, von uns selbst zu reden. Es gab noch nie Methoden, ‚*Menschen*' allgemein zum Glauben zu bewegen. Und dass es sie heute nicht gibt, zeigen z. B. die relativ leeren Kirchen. Das ging immer nur vom Ich zum Du. ‚*Menschen, die glauben möchten*', – das bin ‚*ich*' im Gespräch mit ‚*Dir*', mit Ihnen, – das sind ‚*wir*'. Ich habe manchmal den Eindruck, wir ‚*missionarisch*' engagierten Christen sprechen von ‚*Menschen*' als einer fremden Spezies, über die man sich in Büchern oder durch Beobachtungen informieren kann. Aber das sind wir doch selbst! Wir kommen doch nicht von einem anderen Stern. Das kann doch nicht ernstlich unser Problem sein, dass uns das Menschliche fremd wäre, dass wir ‚*den Menschen*' nicht kennen, – in ‚*Sachen Gott*' dagegen Experten wären.

‚*Homo sum*', – nichts Menschliches ist mir fremd. Mein Problem ist Gott.

Wie kommt es zu dieser seltsamen Verschiebung des Problems, als müssten wir ‚*Theo-Logen*' den ‚*Menschen*' studieren, als wäre er uns etwas Fremdes? Als wären wir zwar mit Gott vertraut, aber nicht mit dem Menschen, – als wäre uns zwar das Göttliche klar, aber wir wüssten es nicht ins Menschliche zu übermitteln.
Ich kann mir nur eines denken (und kenne es von mir selbst): Unsere Botschaft bestimmt unser eigenes Leben, unser Menschsein nicht. Ich bin nicht ‚*Mensch*', indem ich ‚*missionarisch*' bin. Und ich bin nicht missionarisch, indem ich Mensch bin. Ich verwende nur viel Zeit auf das ‚*Missionarische*'. Das ‚*frisst*' mein Mensch-Sein fast auf. Im Grunde bin ich darin mir selbst entfremdet. Das bin nicht ‚*ich*', was da Mission treibt. Das ist nur meine Funktion. Die zehrt an den Kräften, macht müde. Im Urlaub erhole ich mich von der ‚*Mission*'. Meine Müdigkeit kann nicht missionarisch sein. Evangelisten sind immer strahlend, fit und ausgeruht, – anders, als Paulus sich selbst darstellt.

Was ‚*sagt*' mir Gott, wenn ich müde bin? Das sagt er allen, die müde sind. Was ‚*sagt*' mir das Evangelium, wenn ich deprimiert bin, – wenn ich gekränkt wurde, – wenn ich an Selbstzweifeln leide, – an Glaubenszweifeln (wie zum Beispiel Hiob)? Das sagt es allen, mit denen ich das gemeinsam habe.

Aber weil der Wahn verbreitet ist, nicht mein Leben sei missionarischer Dienst, sondern missionarischer Dienst sei mein Leben – und alles andere halb unerlaubt oder zumindest Privatsache, was damit nichts zu tun hat, – gestatte ich mir keine Schwäche, lasse sie mich – anders als Paulus – jedenfalls nicht ‚*spüren*', geschweige denn Zweifel, – verdränge sie, tue so, als wären sie mir fremd, entfremde mich damit mir selbst und kenne eines Tages das Menschliche nicht mehr (ganz anders als die Bibel).

Weil ich mir selber das Menschsein nicht ‚*erlaube*', verliere ich den Kontakt zu den Menschen, – das ist die ‚*fromme*' Variante.
Oder weil ich mir zeitweilig, außerdienstlich ein Menschsein ohne Gott erlaube, verliere ich im Kontakt mit den Menschen die Aussagekraft. Das ‚*Salz ist dumm*' geworden. Das ist die verweltlichte Variante.
Beide sind bekannt: der weltfremde und der weltliche Pfarrer. Beide sind unmissionarisch.

Der eine kommt sozusagen nicht von der Kanzel herunter, ist in unmenschlicher Weise ‚*immer im Dienst*'. Der andere spricht nur auf der Kanzel von Gott, – sonst ist er ‚*ganz normal*': Gott spielt außerhalb des Dienstes keine Rolle.

Im Ernstfall helfen sich wahrscheinlich beide ohne Gott. Ich glaube wirklich, unser Problem ist nicht der Mensch, sondern Gott. Wir müssen nicht Anthropologie studieren, sondern das Leben mit Gott einüben.

Ich zitiere Hans Urs von Balthasar (aus: ‚*Cordula oder der Ernstfall*', S. 117 f): *„Natürlich muss der Christ immer neu seinen Ort zu bestimmen suchen, um richtig beten und handeln zu können. Er kommt von Gott her zu den Brüdern, er blickt mit den Brüdern zu Gott hin. Auf dem Weg Jesu Christi also … Dass er als Mensch unter Menschen, solidarisch mit allen und verpflichtet in ihr gemeinsames gegenwärtiges und zukünftiges Werk mitarbeitet, ist selbstverständlich und bedarf keiner Erwähnung, gar Rühmung. ‚Wer nicht arbeiten will, soll auch nicht essen' (2. Thess. 3,10). Die ‚Weltoffenheit' der Christen eigens zu rühmen, ist überflüssig, sie sind ja selber ein Stück Welt und sollen sich einfach benehmen wie jedermann sonst. Bloß sind sie außerdem noch etwas anderes, das sich in ‚Welt' – nicht einfügen lässt. Denn sie kommen mit dem Zeugnis der je-größeren Liebe Gottes und strahlen, wenn sie wollen, auch diese Liebe mit in die Welt hinein."*

DIE HERAUSFORDERUNG DER GEMEINDE DURCH RELIGIONEN UND WELTANSCHAUUNGEN

EINLEITUNG

Die Bedeutung der Kirche befindet sich hierzulande im Sinkflug. Der Gottesdienstbesuch ist vielerorts kaum mehr messbar und die sogenannten Mitglieder – als handle es sich bei der Kirche um einen Verein – werden immer weniger. Umgekehrt nehmen die Mitgliederzahlen von allerlei Sekten und Weltreligionen wie Islam und Buddhismus in Deutschland stetig zu. So weit so schlecht. Das ist unerfreulich, aber keineswegs neu. Das alte Israel war umlagert von Heiden, und deren Kulte und Götzen drangen durchaus häufig und heftig nach Israel ein. Wäre es nicht so gewesen, ein Großteil der prophetischen Überlieferung wäre gar nicht erst geschaffen worden. Auch das Christentum breitete sich in einer polytheistischen Welt aus. Der Glaube an viele Götter, das Gemisch aus verschiedenen Religionen, waren der Alltag, aus dem sich die Christen mit ihrem unintegrierbaren Monotheismus als intoleranter Störfaktor abhoben. Und heute? Nichts Neues unter der Sonne – was die Multireligiosität der Gesellschaft betrifft. Doch wie sieht es mit der Kirche aus? Ist sie das Salz der Erde? Das Licht der Welt? Ist sie Stein des (Denk)anstoßes, der zur Umkehr ruft? Ruft sie in den Abfall und Götzendienst einer verlorenen Welt das Heil Christi hinein, oder passt sie sich an? Will sie ein Stimmlein im Chor der Religionen sein, nicht auffallen, sondern mitschwingen? Letzteres scheint heute in zunehmendem Maße der Fall zu sein. Doch wo wäre die Kirche heute, hätten die ersten Christen ebenso gedacht und gehandelt? Es gäbe sie vielleicht nicht. Doch das ist genau betrachtet nicht der Punkt. Es geht nicht um die Frage des Erfolges, der Machbarkeit und der Bedeutung, sondern um die Fragen des Gehorsams, der Frömmigkeit und der Wahrheit. Wenn das Wort Gottes wahr ist, wird es sich immer wieder neu Bahn brechen. Die Beobachtung der Kirchengeschichte gibt davon ein klares Zeugnis. Eine andere Frage ist es, ob diese wahre Wahrheit dann nicht automatisch die konkurrierenden ‚*Wahrheiten*' Lügen straft. Daraus ergibt sich die Frage, ob das Handeln der Kirche sich nicht sehr grundsätzlich verfehlt, wenn es durch sein indifferentes Verhalten gegenüber den Religionen dazu beiträgt, Wahrheit und Lüge zu mischen.

DIE HERAUSFORDERUNG DER GEMEINDE DURCH RELIGIONEN UND WELTANSCHAUUNGEN

WOLFHART SCHLICHTING

1. Es ist wieder geworden, wie es am Anfang war: Die christliche Botschaft muss ihre Zugkraft beweisen; denn Konkurrenz hat sich eingestellt.

Ob wir wollen oder nicht, müssen wir unser Angebot auf dem Markt der Möglichkeiten dem Vergleich aussetzen, auch wenn wir diese Situation für theologisch nicht sachgemäß halten.

Es war ein Glücks – oder vielleicht eher ein Unglücks-Fall, dass sich das Erste Gebot eine Zeit lang so auswirken konnte, dass die christliche Gemeinde konkurrierende Antworten auf die Grundfragen menschlichen Lebens aus der Öffentlichkeit zu verdrängen vermochte.
Jahrhundertelang mochte man die Aufgabe darin sehen, die nachwachsenden Generationen in das Vorgegebene einzuführen, sie also gewissermaßen hineinzuerziehen. Heute muss man wieder, wie in den Anfängen, um das Einverständnis jedes Einzelnen ringen. Dabei sind wir nicht die Einzigen, die ihn zu überzeugen versuchen.

Noch ist die Kirche hierzulande die privilegierte Religion.

Aber es ist bereits festzustellen, dass unter den Jüngeren, nachwachsenden Politikern kaum mehr kirchliche Bindung besteht. Jahrzehntelang haben sich die Evangelischen Studentengemeinden überwiegend mit der Aushöhlung des Glaubens der christlichen Gemeinde beschäftigt und nicht etwa in ihn eingeführt.

Die kirchliche Botschaft hat den Anschein des fast selbstverständlich Gültigen nahezu verloren.

Junge Menschen, zumal katholisch erzogene, fragen zwar interessiert in vielen Situationen, was denn *‚die Kirche‘* sage. Aber die Frage zeigt nicht die Bereitschaft an, dem Gesagten Folge zu leisten, sondern eine distanzierte Aufgeschlossenheit, sich damit auseinanderzusetzen.
Podiumsdiskussionen sind eine der beliebtesten Formen der Behandlung wichtiger Themen geworden. Nicht das Hirtenwort, sondern der Beitrag in einer Podiumsdiskussion ist die vorherrschende Form des Redens der Kirche geworden, das eine größere Öffentlichkeit erreicht. Wir werden nicht mehr nach Lösungen und mit Autorität zu fällenden Entscheidungen gefragt, sondern nach Diskussionsbeiträgen, die neben anderen angehört und im Vergleich mit ihnen bewertet werden.

2. Eine neue Offenheit für Religiöses ist, nachdem Religion nahezu totgesagt war, überraschend und auffällig erwacht. Die Frage nach Orientierung, und auch eine Bereitschaft zur Bindung sucht in der Tiefe der Menschenseele und in der Struktur der Schöpfung nach letztem Anhalt. Aber dieses Fragen geht an der Botschaft und am Leben der christlichen Gemeinde in enttäuschendem Maße vorüber. Den religiös Erweckten und Suchenden liegt die Kirche bestürzend ferne. Von ihr erwarten sie nichts.

Die Äußerung einer Regensburger Jura-Studentin scheint bezeichnend zu sein: „*In einen evangelischen Gottesdienst gehe ich nicht mehr; denn dort ist nichts von der Gegenwart Gottes zu spüren*". Die Kirche scheidet als möglicher Adressat religiöser Fragestellungen mithin aus. Der Eindruck scheint verbreitet zu sein, dass die religiöse Kraft der Kirche erloschen ist. Die Kirche wird gemieden, weil sie sich der säkularen Welt angepasst hat. Mit ungeschickter Verspätung hat sich die Kirche der säkularen Welt, die durch Naturwissenschaft und Technik geprägt ist, anbequemt. Einer neu erwachenden Schöpfungsfrömmigkeit ist sie daher von vornherein verdächtig. Was zuvor der Stolz der Apologetik vor dem Forum der modernen Welt war, Gen 1, 28: „*Macht euch die Erde untertan*", wird ihr von Carl Améry zur Last gelegt. Die Kirche stellt sich dem Empfinden religiös erweckter Menschen heute als verweltlichte, mit den seelenlosen Mächten, gegen die man aufbegehrt, verbündete und verwickelte Institution dar. Sie scheint ohne Geist zu sein. Ihre Tradition funkelt nicht verheißungsvoll, sondern sieht ermattet aus.

Wo Neuaufbrüche sich regen, ist der Zulauf groß. Taizé ist das bekannteste Beispiel; auch die Charismatische Bewegung hat daran Anteil. Aber vieles scheint kurzlebig zu sein.

Fritjof Capras Buch ‚*Das Tao der Physik*', das die gemeinsamen Wurzeln asiatischer Weisheit und moderner Physik in der Mystik freizulegen versucht und – neben ‚*Wendezeit*' – als ein Standardwerk der New-Age-Bewegung gilt, überspringt das Christentum völlig. Es scheint für die Denkbemühungen eines Physikers, der von der mechanistisch denkenden, unreligiösen Naturwissenschaft mit ihren gefährlichen Folgen und von der Ratlosigkeit in Fragen der Ethik und Metaphysik loszukommen versucht, völlig irrelevant zu sein. In der christlichen Geschichte und Gegenwart scheint keine Verheißung zu locken. Der Kirche wird nur in traditioneller Weise gedacht, nämlich als der verhinderten Verhinderin des Erkenntnisfortschritts. Die Galilei-Wunde schwärt weiter. Derartige als signifikant empfundene Vorgänge prägen das Bild der Kirche. Dadurch scheint sie diskreditiert zu sein.

Der Anschein spiritueller Schwäche und ein negativer Eindruck, der sich aus lückenhafter Geschichtskenntnis ergibt, wirken zusammen, um die Kirche ins Abseits zu schieben. Ihre Botschaft kommt dabei kaum in Sicht.

3. Der Markt der religiösen Möglichkeiten ist bunt und vielfältig. Das Fremde lockt, das Unverbrauchte zieht Erwartungen auf sich. Experten für Weltanschauungsfragen können einen Überblick geben über Angebote, die Anklang finden.

Diese Situation, in der die Konkurrenz stark und vielfältig geworden, die Kirche selbst aber gleichsam außer Konkurrenz geraten zu sein scheint, stellt eine Herausforderung für die Kirche dar.

Diese Herausforderung wird nicht damit ernstlich aufgenommen, dass die Kirche ihre schlaff werdenden Verbindungen zu gesellschaftlich einflussreichen Einrichtungen nutzt, um sich Protektion zu verschaffen und die neuen Konkurrenten in Schranken zu weisen. Derartige Versuche, die in Verkennung der wirklichen Lage unternommen werden, untermauern nur den negativen Eindruck einer machtgläubigen säkularisierten, ungeistlich gewordenen Kirche.

Die Herausforderung scheint mir aber auch dadurch nicht aufgenommen zu werden, dass Gemeinden versuchen, exotische Elemente der Frömmigkeit aus anderen Traditionen, auch aus nichtchristlichen Kulturen, zu integrieren. In der Absicht, den Konkurrenten den Wind aus den Segeln zu nehmen, scheidet in Wirklichkeit die Kirche selbst aus der Konkurrenz aus, weil sie nicht mehr identifizierbar ist. Statt Imitationen bevorzugt der wählerische Zeitgenosse das Echte.

Die Herausforderung ist aber auch dadurch nicht in angemessener Weise aufgenommen, dass man versucht, die Schwächen der Konkurrenten aufzudecken, ihre bedenkliche Praxis zu entlarven und ihre Lehren gelehrt zu widerlegen. Eine tiefe Abneigung gegen das ‚*Dogmatische*' in allen Bereichen gibt der theologischen Polemik klassischer Prägung kaum eine Chance. Die durch den hohen Wert der Duldsamkeit geprägte neue Religiosität wird durch Lehr-Verwerfungen nur befremdet und in ihren Vorurteilen nur bestärkt.

Ein wirkliches Aufnehmen der Herausforderung könnte nur so vor sich gehen, dass die christliche Gemeinde, d. h. in diesem Falle so etwas wie die ‚*Kerngemeinde*', die allein in der Lage sein könnte, gemeinsame Entscheidungen zu treffen, sich bewusst und offen auf diese neue Situation einstellte. Die Kerngemeinde müsste sich entschließen, missionarische Gemeinde zu werden.

Aber das ist nicht zuerst ein Entschluss zu einer anderen Vorgehensweise, etwa zu mehr Aufmerksamkeit und Aufwand für Werbemethoden und Propaganda vielfältiger Art. Religion lässt sich nicht durch Propaganda verbreiten. Sie wächst auf andere Weise. Gemeindewachstum lässt sich nicht organisieren. Was durch geschickte Organisation zustande kommt, ist Gruppenbildung, aber nicht Gemeindewachstum.

4. Die christliche Gemeinde ist vor allem herausgefordert, Gemeinde zu werden. Entweder sie wird, was sie zu sein vorgibt, oder sie vergeht. Diese Herausforderung ist eine Frage an unseren Gottesglauben. Können wir denn, außer mit einer Anzahl moderner Abschwächungen, andersreligiösem Glauben mit Glaubens-Bekenntnis und Glaubens-Erfahrung entgegentreten? Das Christentum, bestrebt, sich der säkularen modernen Welt zu vermitteln, hat wichtige Elemente des Religiösen problematisiert und daraufhin z. T. verblassen lassen. Unsere Frömmigkeit ist abgekühlt. Wir *‚stehen über den Dingen‘* und scheinen zutiefst ungebunden, d. h. aber unreligiös zu sein. Wir haben uns angewöhnt, alles zu relativieren, die Bekenntnisse und Traditionen der Kirche aus historischem Abstand zu betrachten. Der Begriff *‚Inbrunst‘* ist uns im Bereich des Religiösen fremd geworden. Was dieses Wort meinte, kommt im kirchlichen Bereich kaum mehr vor.

Der Eindruck scheint zu sein, dass Gott für uns nicht mehr *‚Gott‘* ist. Die Überlegung, ob Gott vielleicht tot sei, fand zwar gelehrten und ungelehrten Widerspruch, rief aber kaum eine ernstere Hingabe an ihn wach. Der Eindruck, den wir vermitteln ist, dass wir keinen Gott haben.

Wir haben einen Begriff von Gott, über den wir zu reden verstehen. Aber das tägliche Leben berücksichtigt ihn kaum und spielt sich im Wesentlichen ohne ihn ab. Gottesfurcht ist – aus vielfach erörterten Gründen – fast abhandengekommen. Der Gottesbegriff, den man noch verantworten zu können meint, ist so abstrakt geworden, dass er keine Liebe mehr hervorruft. Gott werden kaum mehr Opfer dargebracht. *‚Gottvertrauen‘* ist beinahe ein Synonym für Leichtsinn geworden. Wir pflegen zu argumentieren, normalerweise auch zu handeln und zu planen, sogar zu denken, als ob es Gott nicht gäbe. Bestenfalls entspricht der Gottesglaube einem Postulat im innersten Bereich des privaten Lebens. Aber das ist nicht der Gott, mit dem das Christentum einmal stark wurde. Karl Barths steile Theologie hat es eine Zeit lang vermocht, in gewissem Maße die Gottesbeziehung wiederzubeleben. Folgerichtig profilierte sich daraus die Bekennende Kirche.

Das Aufregende an der christlichen Botschaft war die Behauptung, dass das Reich Gottes angebrochen sei. Die Ausrichtung des Lebens auf die kommende Gottesherrschaft, verbunden mit der Kunde, dass diese – ein Unterpfand – im Verborgenen, und ausnahmsweise ans Licht drängend, gegenwärtig schon eintrete, – die Erwartung also, in dieser Gemeinde in ein dynamisch dem Ziel der Gesamtgeschichte entgegendrängendes Geschehen einbezogen zu werden, war es, die Christengemeinden für religiös Suchende zu einer ernst zu nehmenden Alternative hatte werden lassen. Schließlich nahmen sie überhand. Dieser Sieg ist längst verspielt. Heute wird die Christengemeinde kaum als Alternative ernstlich in Erwägung gezogen. Das dürfte darin seinen Hauptgrund haben, dass die Spannung zwischen schon erfüllter und noch erwarteter Eschatologie, bzw. die Ausrichtung auf und das Berührtsein durch Eschatologisches nicht mehr unser Leben bestimmt.

Die Charismatische Gemeindeerneuerung versucht, gegenwärtig aus den Kräften der eschatologischen Geistausgießung zu leben. Sie vermag es offenbar, auch in Gegenden, in denen Kirchen veröden, religiös Suchende auszuziehen. Eine Neigung zu Verstiegenheiten und eine gewisse Dürftigkeit der Theologie scheinen ihre Wirkung und Anziehungskraft jedoch einzuschränken.
Ihr Heil gefunden zu haben, bekannten jubelnd die ersten Christen und weitere Christen durch die Jahrhunderte. Uns scheint nicht nur der Jubel vergangen zu sein und die Gewissheit, das Heil gefunden zu haben, sondern auch eine Vorstellung davon, was Heil überhaupt sein kann. Unsere Erlebnisart scheint vergleichsweise flach geworden zu sein. Heillosigkeit und Heil, Finsternis und Licht sind verschwimmenden Grautönen und milden Komparativen von ‚*Besser*' und ‚*weniger Gut*' gewichen. Das zaghaft und mit Verständnis für alle Vorbehalte vorgebrachte Angebot eines angeblich ‚*etwas menschlicheren Lebens*' ist nicht geeignet, religiös Suchende auf diese Bahn zu locken, zumal auch dieses Angebot dynamischere Konkurrenz hat.

Wer aber Christus ist, – was heißt heute ‚*wahrer Gott*'? –, was sein Tod bewirkte, – die Opfervorstellung sei, so heißt es, nicht mehr nachvollziehbar –, und ob er auferstanden ist, vollends was ‚*Himmelfahrt*' bedeute, ist fraglich geworden. Es gibt plausible, aber blasse und uninteressante Deutungsversuche, die dem Gedeuteten die Bedeutung nehmen. Daneben kommt ein traditionalistisches, geradezu fundamentalistisch wirkendes Beharren auf Sprachhülsen vor, dem in gleichem Maße wie Kreativität und Lebendigkeit die Überzeugungskraft fehlt. Es käme darauf an, aus durchlebter eigener Einsicht mit neuen Worten zu sagen und auf kommunikative und zugleich unerbittliche Weise zu leben, was es heißt, durch Christus erlöst zu sein. Die weiche Nachgiebigkeit der Glaubenden, die aus einer tiefen Ungebundenheit zu kommen scheint, lässt das Christentum religiös als nicht glaubwürdig erscheinen.

5. Die Konkurrenz alter und neuer Religionen und Weltanschauungen fordert uns dazu heraus, mit offenem Ausgang zu prüfen, was wir wirklich glauben, und zwar so, dass es unser Verhalten bestimmt, und das dann auch zu formulieren als Essentials des Christentums. Vermutlich würde, wollten wir diese Prüfung vorzunehmen ernstlich versuchen, herauskommen, dass wir in undurchdachter und unentschiedener Weise vom Glauben tatsächlich weiteren Abstand genommen haben, als uns selber bewusst ist. Im Leben des ‚*eindimensionalen Menschen*' ist das Religiöse platt geworden. Nur in seltenen Augenblicken stoßen wir tatsächlich über die von Herbert Marcuse so genannte Eindimensionalität modernen Menschseins hinaus. Aber dieser Vorstoß ins Tiefere wird nun an vielen Stellen unternommen. Auf verschiedenen Seiten begibt sich Erweckung zu tiefer Religiosität.

Das müsste uns herausfordern, zuerst und vor allem in die Tiefe unseres eigenen Glaubens vorzudringen.

Mary Daly, Sprachschöpferin und Wortführerin eines radikalen Feminismus, die eine feministische Kulturrevolution fordert und vorbereitet, anfänglich katholische Theologin, heute feministische Philosophin, die am Boston College in den USA lehrt, gibt als Ziel ihrer *‚gegenkulturellen‘* Bemühungen an, den Weg zu weisen *„für die künftige spirituelle Entwicklung der Menschheit“* (S. 25). Sie macht sich also anheischig, als Vordenkerin einer Erneuerung des religiösen Erlebens zu dienen. Die neue Religion wird sich, wie der Buchtitel proklamiert, *„Jenseits von Gottvater, Sohn und Co“* entwickeln. (Verlag Frauenoffensive, 1986)

„Diese Revolution könnte sich auch als die größte einmalige Hoffnung auf ein Weiterleben spirituellen Bewusstseins auf diesem Planeten erweisen.“ (S. 27) Der radikale Feminismus Mary Dalys, in dem mir die wesentlichen Elemente verschiedener Ströme neuer Religiosität, die sich vor allem in Friedensbewegung, Ökologiebewegung, Frauen – und New-Age-Bewegung finden, in kräftiger Sprache und konsequenter Gedankenführung vorwärtsdrängend zusammengefasst zu sein scheinen, beschränkt sich nicht darauf, Religionskritik zu sein, sondern entwirft eine Religionsstiftung, die ausdrücklich dem Christentum den Abschied gibt. Sie drängt *„über den unzulänglichen Gott hinaus“.* (S. 33) Mary Daly spricht von einer *‚offenbarende(n) Kraft der Frauenbewegung‘*. Sie *‚ermöglicht‘* es, *‚auf authentische Weise über Gott zu sprechen‘*, aber eben nicht mehr über den unzulänglichen Gott des zu ende gehenden, sich zugrunderichtenden patriarchalen Zeitalters, sondern über einen neuen, nicht mehr objektivierten, verdinglichten, vielmehr als *‚Verb‘* lebendigen Gott als Prozess. Sie spricht die *‚Hoffnung‘* aus, dass *‚ein neues religiöses Bewusstsein erwächst‘*. *„Das Werden der Frauen“*, formuliert sie, *„ist möglicherweise nicht nur das Tor zur Erlösung, für die der säkulare Humanismus leidenschaftlich gekämpft hat, sondern auch eine Tür zu etwas, d. h. zu einer neuen Phase auf der Suche des menschlichen Geistes nach Gott.“* (S. 37) Diese *„Entfaltung Gottes“* (S. 48) wirkt sich in einer Überwindung *„der wesentlichen Lieblosigkeit unserer sexistisch-hierarchischen Gesellschaft“* aus (S. 69). Die angestrebte Neu-Offenbarung Gottes könnte eine Wiederkehr der Großen Göttin der frühen matriarchalen Kulturen sein. *„Dieses Ereignis“*, prophezeit Mary Daly, *„das noch bevorsteht, wird das Ende der phallischen Moral herbeiführen. Sollte es nicht eintreten, so werden wir vielleicht Zeuginnen des Endes der menschlichen Gattung auf diesen Planeten sein.“* (S. 117) Allein den Frauen *‚kann es noch gelingen, das Schwert ob unsern Häuptern aufzuhalten‘*. Wenn diese Erlösung misslingt, scheint der Weltuntergang unausweichlich zu sein.

In der Tat scheint es offenkundig zu sein, dass die technische Vernunft, die sich als primär männlich verstand, nicht mehr in der Lage ist, mit den durch Technik hervorgerufenen Gefahren bändigend umzugehen. Der Zauberlehrling weiß sich nicht mehr zu helfen. Das ist der vorherrschende Eindruck, wenn man die Art, wie Debatten über Abrüstung, Kernkraftwerke und ökologische Probleme geführt und wie Entscheidungen gefällt werden, beobachtet. Eine neuartige Denkweise, die nicht mehr das Technische vom Ethischen, noch die Natur von Religion trennt, scheint Überlebensbedingung zu sein. Der blinde Fortschrittsoptimismus ist ebenso unangebracht wie die totale Angst. Beide stehlen sich mit pathetischen Formulierungen aus der Verantwortung davon.

Die gegenwärtige Weltlage ist eine Herausforderung an die christliche Gemeinde. Sie spaltet sich darüber in die zwei Lager, die ungeeignete Antworten geben, bzw. es versäumen, wirklich Antwort zu geben. Der radikale Feminismus Mary Dalys dagegen, und andere religiöse Alternativen, sind kraftvoll am Werk, eine Antwort zu formulieren und in Leben umzusetzen. Diese Versuche, auf die alle Menschen betreffende Situation zu reagieren, stellen ihrerseits eine Herausforderung an die christliche Gemeinde dar, die keine Kraft zu haben scheint, auf die Situation selbst eigenständig zu antworten.

Der radikale Angriff des Feminismus Mary Dalys auf den christlichen Gottesglauben könnte die Christen veranlassen, sich zu besinnen, ob ihr Glaube noch lebendig ist. Ist, was Mary Daly verwirft, uns noch teuer, auch wenn wir ihre Argumente zur Kenntnis und ihre Anliegen zu Herzen nehmen? Ist unser Glaubensbekenntnis noch wahr? Wenn das nicht der Fall ist, sollten wir es aufgeben. Wenn es doch der Fall ist, sollen wir seine Wahrheit gegen Dalys Thesen bezeugen und uns zu Gottvater, Sohn und Geist bekennen und begründen, warum. Wenn wir das täten, weil wir nicht anders könnten, – weil Gottvater, Sohn und Geist uns wirklich ‚*Gott*' wären, also das, woran unser Herz hängt und worauf wir uns letztlich verlassen, würde unsere Botschaft Gehör finden und die christliche Gemeinde als Alternative ernst genommen werden. Die gegenwärtige Herausforderung ist eine Chance für die Kirche, sich selbst und ihren Gott wiederzufinden, den sie beinahe verloren hätte.

VOM ANWALT ZUM BEGLEITER

EINLEITUNG

Das vom nachmaligen Pressesprecher der EKD und heutigem Direktor der Evangelischen Akademie Tutzing, Udo Hahn, geführte Interview wurde am 19. Februar 1984 in *,Evangelisches Sonntagsblatt für Bayern'*, auf Seite 125 veröffentlicht.

Es erinnert mich spontan an ein Vorbereitungstreffen im Wildbad Rothenburg zur Frühjahrssynode 1999 in München mit dem Thema *,Jugend'*, auf der auch Johannes Friedrich zum Landesbischof gewählt werden sollte. Als Mitglied der Landesjugendkammer nahm ich an beiden Veranstaltungen teil. Besonders einprägend war eine abendliche Feierstunde in Rothenburg, bei der mir der Wechsel von der bibelorientierten Jugendarbeit zur sogenannten emanzipatorischen Jugendarbeit, der offenbar feiernswerte Schwerpunkt zu sein schien. Ein – zumindest für die wenigen Vertreter der missionarischen Jugendverbände – erfreulicher Kontrapunkt war dabei das Interview des im folgenden Beitrag auch genannten ehemaligen Landesjugendpfarrers und späteren Präsidenten des Diakonischen Werkes der EKD Karl-Heinz Neukamm. Auch er wurde gefragt nach der Zeit vor dem Wechsel, während des Wechsels und nach dem Wechsel von der bibelorientierten hin zur emanzipatorischen Jugendarbeit. Immer weiter bohrte der Interviewer und bekam immer dieselbe Antwort auf die Frage nach dem Inhalt der Evangelischen Jugendarbeit aus der Sicht Neukamms: *„Wir lasen in der Bibel und beteten!"* Das Interview war schnell beendet, und man merke förmlich, wie peinlich mancher Zuhörer von der so offen bezeugten Frömmigkeit Neukamms berührt war. Das war es nun offenbar gar nicht gewesen, was man hätte hören wollen.

Während Neukamm die Phase des aufbrechenden Richtungswechsels in der Evangelischen Jugend hautnah miterlebte, konnte Heinrich Herrmanns nur mit den Folgen leben und als Landesjugendpfarrer für ein Hören auf das Evangelium werben. Doch wie wir sehen werden, erschwert es schon die formale Struktur des Dienstes einem Landesjugendpfarrer seiner vornehmsten Aufgabe, der Verkündigung des Evangeliums, nachzukommen. Von inhaltlichen Stolpersteinen ganz zu schweigen.

Das Interview mit Herrmanns bestätigte zumindest mir den lange gehegten Verdacht: die missionarischen Jugendverbände leisten einen großen Teil der Basisarbeit, der zum Erhalt der Kirche beiträgt. Besonders herausgehoben werden allerdings diejenigen, die die Jugendarbeit zum politischen Forum ihrer eigenen Interessen machen wollen. Selbst einem Landesjugendpfarrer sind durch das ‚*System*‘ die Hände zu Frömmerem gebunden. Es bleibt die Macht des bezeugten Christuswortes gegen Organisation, Geld und Macht. Und das ist ja wieder gut lutherisch. „*Mit unserer Macht ist nichts getan …*“

VOM ANWALT ZUM BEGLEITER

INTERVIEW MIT LANDESJUGENDPFARRER HEINRICH HERRMANNS

Nürnberg, Hummelsteiner Weg 100 – dort und nicht etwa in München, wie vielleicht einige denken mögen, befindet sich der Amtssitz des bayerischen Landesjugendpfarrers. Heinrich Herrmanns versieht als siebenter Landesjugendpfarrer dieses Amt. Vorgänger waren OKR Heinrich Riedel, Martin Helbich (†), Dr. Peter Krusche, Karl-Heinz Neukamm, Gottfried Stoll und Albrecht Sudermann. Etwa 120 Reisetage durchziehen wie ein roter Faden den Kalender von Heinrich Herrmanns. Nur selten bekommt die Öffentlichkeit Notiz von dieser Arbeit. Das folgende Interview, das unser freier Mitarbeiter Udo Hahn mit Pfr. Herrmanns in Nürnberg führte, will helfen, sich einen Einblick zu verschaffen in Amt, Aufgabe und Arbeitsweise des Landesjugendpfarrers sowie über Jugendarbeit aus seiner Sicht.

Frage: ***Herr Pfr. Herrmanns, welche Aufgabe bringt das Amt des Landesjugendpfarrers mit sich?***

Antwort: In meiner Dienstanweisung sind drei Aufgabenbereiche vorgesehen:

1. Mitarbeit in Gremien, Kuratorien, Konferenzen und Ausschüssen verschiedenster Art.
2. Leitung des Amtes für Jugendarbeit mit rund vierzig Mitarbeitern.
3. Pädagogisch-theologische Arbeit, die sich etwa in Beiträgen und Veröffentlichungen niederschlägt.

An der Spitze steht aber die Gremienarbeit, wobei ich in 34 Gremien Sitz und Stimme habe, dem nachgeordnet ist die Aufgabe der Leitung des Amtes, und nur etwa 10 % der Zeit nimmt die pädagogisch-theologische Arbeit in Anspruch.

Frage: ***Wie sehen Sie Ihre Rolle als Landesjugendpfarrer? Sind Sie mehr Fürsprecher oder Repräsentant?***

Antwort: Ich möchte lieber von zwei anderen Begriffen sprechen und die Entwicklung vom Anwalt zum Begleiter aufzeigen. In der Phase, in der unsere Jugendarbeit noch die alte Ordnung hatte und die Gremien der Jugendarbeit kaum ein eigenes Rede – bzw. Mitspracherecht hatten, wurde dem Landesjugendpfarrer ein hohes Maß an Verantwortung zugeschrieben. Da war es auch richtig und nötig, Anwalt der jungen Generation zu sein. Seit wir die Ordnung von 1974 haben, hat sich dies aber tief greifend verändert. Die

Gremien der Ehrenamtlichen wie Landesjugendkonvent und Landesjugendkammer haben ein hohes Maß an Rechten eingeräumt bekommen bis hin zur Verfügung auch über erhebliche Finanzmittel. Damit hat sich auch die Rolle des Landesjugendpfarrers geändert, die ich heute als die Rolle eines engagierten mitdenkenden Begleiters definieren würde.

Frage: ***Erlaubt es Ihnen Ihr Amt noch, sich auch um die Jugend an der Basis zu kümmern?***

Antwort: Vom Umfang meiner Tätigkeit ist dafür nur wenig Raum gegeben. Allerdings nehme ich jede Gelegenheit wahr, auf Einladungen hin Bibelarbeiten zu halten oder Feste und Jubiläen mitzugestalten. Auf der anderen Seite habe ich über meine drei Söhne schon die Möglichkeit, in alle Angebote der Jugendarbeit, ob Evangelische Jugend, Sportverein, Musikverein oder politische Jugendarbeit, Einblick zu nehmen. Da meine Frau im Kirchenvorstand einer Nürnberger Gemeinde ist, erlebe ich sehr hautnah und kontinuierlich Möglichkeiten und Probleme der Jugendarbeit an der Basis.

Frage: ***Wie beurteilen Sie die Jugendarbeit im Augenblick?***

Antwort: Es kommt, so glaube ich, nicht von ungefähr, dass in den 70er Jahren eine große Fülle von Umfragen und Studien zur jüngeren Generation herausgebracht wurden. Dies zeigt, dass es offensichtlich Veränderungen gegeben hat, die man nicht ohne Weiteres versteht und denen man auf die Spur kommen will. Von dieser Grundlage ausgehend und der hohen Differenzierung der Jugend heute, ergeben sich diese Bemühungen. Ich möchte nur an einem Punkt auf Ihre Frage eingehen und versuchen, die Jugendarbeit mit den Begriffen auffällig und unauffällig zu verstehen. Unauffällig erscheint mir beispielsweise die Arbeit einer Gruppe des CVJM Nürnberg, die meine beiden Ältesten besuchen. Hier wird in aller Stille eine geistlich qualifizierte Arbeit geleistet, in der bestens vorbereitete Mitarbeiter Jugendliche prägen. Für diese Art der Arbeit, die einen großen Teil von Jugendarbeit ausmacht, bin ich sehr dankbar. Auf der anderen Seite gibt es Jugendarbeit aus dem Engagement heraus, sich zu Wort zu melden und an die Öffentlichkeit zu gehen. Ich habe aber den Eindruck, dass die Öffentlichkeit fast nur von diesem Teil Jugendarbeit Notiz nimmt, der auch mal auf provozierende Weise Dinge anspricht. Beide Stränge müssen aber zusammen gesehen werden und beide sind wichtig.

Frage: ***Wie nehmen Sie Einfluss auf die Jugendarbeit?***

Antwort: Einfluss nehmen lässt den Gedanken des Steuerns und Dirigierens aufkommen. Dies ist von der Position des Landesjugendpfarrers aber nicht möglich. Vielmehr besteht die Möglichkeit, sich einzubringen, nur im Dialog mit Gesprächspartnern und in der Ausgestaltung der Arbeit.

Frage: ***Gibt es auch den Seelsorger Herrmanns, etwa im Amt für Jugendarbeit?***

Antwort: Ja, denn ich habe – wie alle Dienststellenleiter der Landeskirche – die Doppelfunktion des Vorgesetzten und Seelsorgers. Diese vorgegebene Spannung ist nicht ganz einfach zu meistern, als Vorgesetzter zu raten, zu urteilen und zu beurteilen und auf der anderen Seite Offenheit und Vertrauen zu ermöglichen, um als Seelsorger zu wirken.

Frage: ***Welche Wünsche haben Sie im Blick auf die Jugendarbeit in den nächsten Jahren?***

Antwort: Mein Wunsch ist, dass wir uns möglichst auf das Geistliche konzentrieren und somit in der kirchlichen Jugendarbeit das tun, worin wir unvertretbar sind. Wir sollten verstärkt die Gottes – und Christusbeziehung bei Kindern und Jugendlichen, wo dies in unsere Hände gelegt ist, anbahnen, stützen und fördern.
Andersherum möchte ich drastisch formulieren: Wenn einmal der Zeitpunkt erreicht sein sollte, dass bei den meisten Sportstunden in unseren Bayerischen Sportvereinen eine christliche Andacht selbstverständlich ist, wenn die Jusos in ihren Seminaren sich über das Heilige Abendmahl unterhalten oder die Naturfreunde und die Jugend des Ostens sich zum Beispiel mit ökumenischen Papieren befassen, dann könnten auch wir vielen anderen wichtigen Fragen Raum geben. Dies erkenne ich aber nicht am Horizont, und so sehe ich uns an das gewiesen, was wir vom Auftrag unserer Kirche her tun müssen, worin wir unvertretbar sind.

Frage: ***Eine persönliche Frage zum Schluss: Leidet nicht das Familienleben unter der Bandbreite Ihrer Arbeit, und was macht der Landesjugendpfarrer in seiner Freizeit?***

Antwort: Die Entscheidung, dieses Amt zu übernehmen, kann man nicht fällen, ohne sich mit der eigenen Familie besprochen zu haben. Ich kann sagen, dass meine Frau voll hinter mir steht und auch meine Kinder in einem gewissen Umfang Verständnis für diese meine Entscheidung haben. Von daher fühle ich mich auch getragen und in der Lage, meine ganze Kraft in diesen Dienst zu stellen, der mich sicher manchmal bis an die Grenzen fordert.
Was meine Freizeit betrifft, so wissen Sie vielleicht, dass ich mit Vergnügen Club-Fan (1. FC Nürnberg) bin. Dies ist auch eine sehr schöne Gelegenheit, mit meinen drei Söhnen gemeinsam etwas zu unternehmen.

LANDESJUGENDPFARRER-BERICHT 1980

EINLEITUNG

In seinem Landesjugendpfarrer-Bericht benennt Heinrich Herrmanns zunächst zwei Pole der Jugendarbeit, wie sie sich ihm darstellten. Da sind einmal die zahlreichen Partikularinteressen und die daraus erwachsenen *'Spezialaufgaben'*. Zum anderen aber die *'Grundaufgaben christlicher Erziehung'*. Letztere sind es, die Herrmanns damals schon aus dem Blick geraten sieht und auf die er versucht, den Blick christlicher Jugendarbeit zurückzulenken. Dabei übersieht er keineswegs die Probleme des gesellschaftlichen Wandels. Aber er sieht noch weit stärker die Notwendigkeit, aus einer Beziehung zu dem unwandelbaren ewigen Gott heraus die in jeder Zeit neuen Herausforderungen zu meistern. Ohne ein solides Glaubensfundament kann dies nicht gelingen.

Herrmanns entlarvt deshalb mit den Worten des damaligen EKD-Ratsvorsitzenden Eduard Lohse die Erwartungen gesellschaftlicher Gruppen an die Kirche als selbstbezogen und illegitim. Zumindest illegitim insoweit, als die Kirche sich dadurch nicht von ihrem eigentlichen Auftrag abhalten lassen darf, der Verkündigung des Evangeliums. Genau das geschieht aber dort, wo die Partikularinteressen und Spezialfragen das Eigentliche der kirchlichen Botschaft dominieren.

Interessant ist der Rückgriff auf Hermann Giesecke, einen der Väter der emanzipatorischen Jugendarbeit. Gezielt greift Herrmanns Aussagen Gieseckes heraus, um dann – entgegen der Intention des Zitierten – die Notwendigkeit gerade der christuszentrierten Jugendarbeit zu betonen. So liefern Gieseckes Analysen im Grunde die Bestätigung, warum seinen Wegen der emanzipatorischen Jugendarbeit nicht gefolgt werden darf, weil sie letztlich zur Abschaffung kirchlicher Jugendarbeit im Sinne des Evangeliums führen. Wie Giesecke selbst feststellte, hatte die emanzipatorische Arbeit weder den Menschen freier gemacht noch die Jugendarbeit gestärkt.

Diese Rückschau ist in vielerlei Hinsicht wichtig. Der Wechsel von der biblischen Jugendarbeit zur emanzipatorischen Jugendarbeit hat einige recht dunkle Seiten aufzuweisen. Zunächst freilich – und das ist Herrmanns Punkt – das Einschränken und Verlassen der genuin kirchlichen Aufgaben zugunsten sozialistischer Weltveränderungsphantasien. Neben dem sozialistischen Ansatz, der sozusagen offen vorneweg getragen wurde, gab es jedoch noch ganz andere Ziele. Etwa bei dem von Giesecke häufig zitierten Helmut Kentler.[1]

Es ging vordergründig darum, wegzukommen von der Fremdbestimmung (Eltern, Kirche, Schule u. s. w.) hin zur Selbstbestimmtheit. Freilich – und wenigstens das schimmert bei Giesecke ansatzweise (wenn auch nicht allzu selbstkritisch) durch – bedeutete das nichts anderes, als dass die Jugendlichen nun den Vorturnern des neuen Paradigmas folgen sollten. C. S. Lewis hat diese Form der ‚*Befreiung*' als Chiffre für Fremdherrschaft enttarnt. Die vorgebliche Befreiung von der Fremdbestimmtheit leistet gerade die emanzipatorische Jugendarbeit nicht. Denn letztlich ist das Ziel nur erreicht, wenn die eigenen Werte in den Herzen und Köpfen der Kinder und Jugendlichen angekommen sind. Emanzipation wird zur Chiffre für das Rekrutieren und Ideologisieren von Kindern für einen vom Erzieher vorgegebenen und als sinnvoll erachteten gesellschaftlichen Wandel. Während also Jugendarbeit klassisch für Christus gewinnen will und das offen sagt, will die emanzipatorische Jugendarbeit – freilich ohne sich oder Dritten Rechenschaft darüber zu geben, den ganzen Menschen in sein Weltbild und seine entsprechend zu schaffende Welt integrieren. Man kann das ganzheitlich nennen. Mir scheint es eher der Weg zur völligen Fremdbestimmtheit. *„Denn die Macht des Menschen, aus sich zu machen, was ihm beliebt, bedeutet, wie wir sahen, die Macht einiger weniger, aus anderen zu machen, was ihnen beliebt."*[2] Umso wichtiger wäre es, die ‚*Freiheit eines Christenmenschen*' zu besitzen. Das freilich geht nur auf dem Weg echter Nachfolge.

---

1 Helmut Kentler war einer der Väter der emanzipatorischen Jugendarbeit. Seine ‚*Untersuchungen*' lesen sich heute vordergründig – ähnlich wie bei Giesecke – wie sozialistisches Wortgeklingel. Da ging es angeblich um Befreiung des Menschen, Autonomie, Selbstbestimmtheit. Doch schon in dieser Phase wird deutlich, dass der Sozialpädagoge Kentler im Vehikel der Kirche zu, deren Zerstörung beizutragen hatte. Er selbst sieht im Gottesdienstbesuch die Verhinderung der Befreiung. Von denen, die Bibel lasen und beteten, war die Revolution nicht zu erwarten. Wobei auch diese Revolution nur vordergründig eine politische war. Zumindest bei Kentler schwangen noch ganz andere Ideen und Ziele mit. Kentler war der große Apologet der sexuellen Beziehung Erwachsener zu Kindern. Und kaum jemand nahm daran Anstoß. Im Gegenteil. Bis vor kurzem gab es kaum ein Pamphlet zum Themenkreis, in dem Kentler nicht zustimmend zitiert worden wäre. Kentler, der selbst zeitweilig Mitarbeiter des Studienzentrum für *evangelische* Jugendarbeit in *Josefstal* war, konnte sich selbst in seinen Schriften allerlei abartiger Dinge bezichtigen, ohne dass sich jemand daran zu stören schien. So schrieb er freimütig, wie er in Berlin Jugendliche bei wegen sexuellem Missbrauchs vorbestraften Männern unterbrachte. Wohl wissend, dass es hier zu sexuellen Übergriffen kam, die er per Supervision begleitete. Vgl. A. Späth/Menno Aden (Hrsg.), Die missbrauchte Republik, Aufklärung über die Aufklärer, London – Hamburg 2010, S. 137–148.

2 C. S. Lewis, Die Abschaffung des Menschen, Einsiedeln 1979, S. 62.

BERICHT DES LANDESJUGENDPFARRERS ZUM JAHR 1980[3]

HEINRICH HERRMANNS

Ein Jahresbericht kann nur einige Akzente setzen. Dies will auch dieser Bericht für das Jahr 1980. Allerdings möchte ich mich der Ausschnitthaftigkeit eines Jahresberichtes nicht so weit anschließen, dass ich nur die Themen und Anforderungen dieser 12 Monate reflektiere.

Die Bewegung erzieherischer Vorgänge bezieht sich auf längere Abschnitte. Das gilt für das Christsein von Kindern und Jugendlichen in ihrem Wachsen und Werden und für ihre erzieherische Begleitung durch kirchliche Mitarbeiter – ob haupt-, neben – oder ehrenamtlich. Das gilt auch für das grundlegende Nachdenken in erzieherischen Entwürfen. Auch dieses Nachdenken vollzieht sich in längeren Intervallen. Es erfolgt Rückmeldung aus den Ergebnissen bestimmter Konzepte, es erfolgt kritische – auch selbstkritische – Besinnung. Hier möchte ich gerne einige Akzente setzen.

Schon in meinem Bericht in Josefstal zum Jahr 1979 habe ich als Hintergrund meiner Ausführungen den gesellschaftlichen Wandel einbezogen, dem wir selbst ausgesetzt sind wie auch die Kinder und Jugendlichen, für die wir verantwortlich sind. Für diesen sozialen und kulturellen Wandel gibt es umfangreiche Beschreibungsversuche. Einige für unseren Auftrag als christliche Erzieher wichtige Gesichtspunkte habe ich angesprochen: christliche Erzieher angesichts des Pluralismus, des Relativismus (ethisch, dogmatisch, allgemein religiös) und daraus ein aufkommender Synkretismus. (Es ist nicht uninteressant darauf zu achten, wie die römisch-katholische Kirche auf diese Herausforderung reagiert.)

Mit dem Wandel der Gesellschaft ist auch ein Wandel der Erziehung zu beobachten. Keineswegs ein Fortschritt – wie manche vermuten. Im Menschsein wie im Christsein steht jede Generation immer wieder neu vor der Aufgabe, sich selbst vor Gott und den Mitmenschen zu finden und daraus das Leben zu gestalten. Dazu ist Erziehung mehr oder weniger förderlich oder hinderlich. Ein geradliniger Fortschritt ist dabei nicht erkennbar. Deshalb aber heißt es, den Wandel in der Erziehung zu beobachten, zu prüfen, zu sichten und vom christlichen Menschenbild und Erziehungsauftrag her zu beurteilen. Dabei ist die christliche Sicht keine fest umrissene Insel, jedoch ein Standpunkt, der sich mit der ständig wandelnden Situation auseinandersetzt.

3 Vorgestellt im Januar 1981.

UMGANG MIT DEM WORT GOTTES ALS SCHÖPFERISCHES GESCHEHEN:

» Persönliche Frömmigkeit

» Gottesdienst

» Sakrament

» Hilfe zum Leben/ zum ewigen Leben

» Orientierung

» Maßstäbe

» Beheimatung in Gemeinde und Kirche

» Lebenshaltung – Engagement

» Einstellung zur Fülle und Grenzen

» Einstellung zur Zukunft

» u. a.

ENTFALTUNG DES DEKALOGS:

» Zuwendung zum dreieinigen Gott

» Schutz des Lebens

» Schutz der Familie

» Schutz der Ehe

» Schutz von Vertrauen und Wahrheit

Glaube ↕ Leben

Dies als ein paar Stichpunkte zur christlichen Position als einer inhaltsbezogenen (normativen) Erziehung. Diese Stichpunkte eines christlichen Erziehungsauftrags (der sich keineswegs auf das Jugendalter beschränkt – Gesamtkatechumenat) tragen auch unseren Auftrag im Lernfeld evangelischer Jugendarbeit.
Ich habe bewusst unter diese Stichpunkte keine der aktuellen Themen evangelischer Jugendarbeit aufgenommen. Es kommt mir vielmehr darauf an, die Grundaufgaben christlicher Erziehung in der evangelischen Jugendarbeit von den unbestritten wichtigen Spezialaufgaben zu unterscheiden.

Die genannten Stichpunkte versuchen, die Grundaufgaben anzusprechen. Diese Grundaufgaben christlicher Erziehung sind konstante Aufgaben; sie sind langfristig zu verfolgen. Die Spezialaufgaben haben ihren Ursprung in aktuellen Herausforderungen. Sie gehören überwiegend zum Bereich ‚*christliches Engagement*'. Kennzeichnend ist ihre Herkunft aus dem Wandel gesellschaftlicher und globaler Zusammenhänge, sowie die kontroverse Diskussion dieser Probleme unter Christen selbst. Ich nenne hier als Beispiele die Nord-Süd-Problematik, Engagement für die 3. Welt, die Antirassismusfrage, Grenzen des Wachstums, alternatives Leben, Ökologie und speziell die Kernenergiefrage, die Friedensfrage, die Neuen Medien (vergleiche Jungendpolitisches Positionspapier 1979). Diese Probleme haben bei einer sensiblen jungen Generation speziell im Bereich der Jugendarbeit starken Widerhall gefunden. Soweit diese Themen schon länger bewusst gemacht wurden, lässt sich beobachten, dass nach einer Phase allgemeiner Beschäftigung (Jahresthema etwa) ein kleiner Teil an der Aufgabenstellung weiterarbeitet, nach Antworten sucht, sich engagiert. Additiv kommen immer neue aktuelle Probleme hinzu, auch wenn die Breite der evangelischen Jugendarbeit keineswegs allen alle Spezialthemen vermitteln kann. Das wesentliche Moment der Freiwilligkeit in der Jugendarbeit führt hier zu einer gewissen Selektion.

Mein Anliegen zielt darauf, dass Grundaufgaben christlicher Erziehung in der evangelischen Jugendarbeit und die Spezialthemen immer wieder bewusst auseinandergehalten werden und immer neu aufeinander bezogen werden. Es käme darauf an, in allem Wandel, bei allen wechselnden Anforderungen der Grundaufgabe christlicher Erziehung Kraft und Fantasie zukommen zu lassen. Man könnte dieses Raumschaffen für die Wirkung des Wortes Gottes vergleichen mit der regelmäßigen Nahrungsaufnahme: Pflege und Stärkung des Glaubens, der Seele, des Gewissens, der Lebenshaltung als Christ. Dies könnte, wenn Gott es gibt, zur Kraftquelle werden für den Umgang mit bisherigen Herausforderungen und erst heraufkommenden.

In diesem Sinne verstehe ich die zwei Abschnitte aus dem Bericht von Landesbischof Lohse vor der EKD-Synode in Osnabrück 1980:[4]

Verkündigung in pluralistischer Gesellschaft

„Für die kirchliche Verkündigung ist es in der pluralistischen Gesellschaft nicht leicht, ihren Auftrag so auszurichten, dass ihre Predigt wirklich Gehör findet. Die verschiedenen Gruppen in der Gesellschaft sind in erster Linie daran interessiert, durch kirchliche Stellungnahmen in ihren Positionen bestätigt zu werden. Erfüllt eine kirchliche Äußerung diese Erwartung, so wird sie gelobt, bleibt sie dahinter zurück, so wird sie getadelt. Äußern sich kirchliche Organe nicht alsbald zu neu auftauchenden Problemen, so wird ihr Wort angemahnt. Wer für Umweltschutz eintritt und die Verwendung von Kernenergie ablehnt,

4 Vgl. Nachrichten der Evang.-Luth. Kirche in Bayern, 2. Novemberausgabe 1980, Seite 423.

erwartet volle Unterstützung der Kirche. Wer es aber für unerlässlich hält, Kernenergie zu nutzen, um die Industriegesellschaft lebensfähig zu erhalten, und nicht Arbeitsplätze zu verlieren, fordert gleichfalls ungeschmälerte Zustimmung der Kirche. Manche Kriegsdienstverweigerer meinen, nur ihr Standpunkt könne kirchlich gebilligt werden. Umgekehrt kommt bei Soldaten Enttäuschung darüber auf, dass die Kirche ihren Dienst nicht hinlänglich zu würdigen und zu unterstützen wisse. Parteien, Verbände, Gewerkschaften, aber auch Gruppen und Kreise in der Kirche selbst beurteilen das Verhalten der Kirchenleitungen in erster Linie danach, ob sie zu jeweils anstehenden Sachfragen eine für sie hilfreiche Äußerung abgeben. Dabei wird der Auftrag der Kirche vielfach kaum noch gesehen, weil jeder auf seinen eigenen Lebens – und Wirkungsbereich bezogen ist, aber nur wenige den Blick auf das Ganze zu richten vermögen. Wir selbst sind von dieser Entwicklung keineswegs ausgenommen, sondern neigen dazu, unsere Partner in erster Linie daraufhin zu befragen, wie sie sich der Kirche gegenüber verhalten. Die Kirche Jesu Christi sollte sich jedoch weder durch überzogene Erwartungen bedrängen noch von ihrem Auftrag, das Evangelium in Wort und Tat auszurichten, abbringen lassen, sondern in getroster Zuversicht bei ihrer Sache bleiben. Denn diese Sache des Evangeliums geht alle Welt an, weil Gott diese unsere Welt so sehr liebt, dass er seinen eingeborenen Sohn um ihretwillen für uns alle dahingab.“

Glaubwürdig bezeugen

„Angesichts der komplizierten Verhältnisse, in denen wir in unserer modernen Industriewelt leben, der vielen Sorgen, die uns drücken, und der ständig wachsenden Zahl der Aufgaben kann man sich schon fragen, wie es uns gelingen kann, glaubwürdig zu bezeugen, was Christen glauben, hoffen und in der Liebe tun sollen. Mancher Pastor und kirchliche Mitarbeiter sieht sich in unserer modernen, der Kirche vielfach weit entfremdeten Welt überfordert, wenn von ihm verlangt wird, er solle gleichsam als Bürge für die fortdauernde Gegenwart Gottes einstehen. Nicht dadurch, dass eine besondere Dimension des Heiligen bezeichnet oder mit einem Schutzwall umgeben wird, können Christen in unserer Zeit ihre Aufgabe erfüllen. Vielmehr entspricht es evangelischem Verständnis der froh und frei machenden Botschaft von der Barmherzigkeit Gottes, dass Christen im Vertrauen auf das uns gültig zugesprochene Wort Gottes ihren Weg gehen. Diese Erkenntnis ist durch die Reformation wieder an das Licht gebracht. Sie bleibt Grund unserer Zuversicht und unseres Trostes. Martin Luther hat dieser Überzeugung Ausdruck gegeben, wenn er einst sagt: ‚Gott handelte und handelt nie anders mit den Menschen als durch das Wort der Verheißung. Wiederum können auch wir mit Gott nie anders handeln als durch den Glauben an das Wort seiner Verheißung.‘ Und in seiner Schrift gegen Latomus[5] *sagt er, ‚Gott wolle, ‚dass wir von Tag zu Tag tiefer in Christus hineingerissen werden, nicht auf dem Empfangenen stehen bleiben, sondern ganz in Christus verwandelt werden.‘ Deshalb kommt es darauf an, dass wir in der Evangelischen Kirche in Deutschland bei allem Planen, Beraten und Sorgen stets daran*

---

5 Martin Luther, Rationis Latomianae Confutatio, 1521. Diese Schrift richtete sich gegen Jacob Latomus (1475–1544).

denken, dass die Kirche allein durch das Wort der göttlichen Zusage gehalten ist und dass diese Zusage uns für jeden neuen Tag Gottes Barmherzigkeit zuspricht, die Gott in uns in Jesus Christus zugewandt hat und die er uns in alle Zukunft schenken will."

Im Blick auf das Anliegen des Glaubens unsere Seele zu pflegen, ist mir ein Abschnitt von Friedrich Heer tief unter die Haut gefahren. Er schreibt als katholischer Christ über uns Evangelische zugespitzt[6]:
„Tiefer zielt ein anderer Vorwurf: Der Protestantismus habe einen Kahlschlag in der Seele begonnen, ein Austrocknen der Wurzelgründe der Seele, ein Töten der ‚Mütter' (um mit Goethe zu sprechen) in der Seele; der Pastorensohn Gottfried Benn setzt hier an mit seinem wilden Kampf gegen den Protestantismus, auch hierin ein Erbe des Pastorensprosses Nietzsche. Der Protestantismus habe den eindimensionalen Menschen geschaffen durch seine Engpassführungen, durch seine Verdammung der alteuropäischen Spiritualitäten (Mehrzahl!), der Mystik der tausendjährigen Erfahrungen in der ‚Gemeinschaft der Heiligen': durch seine Ausscheidung von unersetzlichen geistlichen Disziplinen in der spirituellen Bildung des Menschen durch die Dreifaltigkeit von ars amandi, ars vivendi, ars moriendi. Die Verdammung der katholischen ‚pfäffischen Weisheit', der ‚gottlosen' Tolerierung aller Fleischessünden spielt bereits in der evangelischen Predigt des 16. Jahrhunderts eine bedeutende Rolle.

Es ist dieser Kahlschlag, der die Seele verhärtet, sie strahlender Kern-Erschließung unfähig macht, und der jene Dürftigkeit, jene Enge, jene Intoleranz links, rechts und in einer fragwürdigen Mitte produziert, jene Linearität, jene Eindimensionalität von Christen – hier protestantischer Prägung; eine Verengung und damit tiefe Verunsicherung, die zu den vielen falschen Anbiederungen an den ‚Zeitgeist' (an Staat, ‚Führer', Zeit-Moden politischer und theologischer Art) und zu den nicht minder harten Reaktionen dagegen geführt hat. Harte, dürftige, enge Seelen rechts, links und in der Mitte. Die spitzen Seelen-Gesichter von ‚konservativen' Vätern und ihren ‚revolutionären' Söhnen sehen mich an.

Heute.

Das wird ja oft übersehen: Die ‚Überpolitisierung' von Theologie, ein ‚linkes' Engagement protestantischer Christen (Studenten, Professoren) ist der eine Kopf dieses siamesischen Zwillings: Der andere Kopf wird, nicht minder engstirnig, engkopflastig, durch ‚konservative', ‚orthodoxe', sehr kirchliche Christen gebildet. Beide besitzen ein gemeinsames Rückgrat; in ihm ist das Mark versehrt. Der Blutkreislauf der Seele ist verdünnt. Beide leiden an schwerer Blutarmut, an perniziöser Leukämie der Seele. Beide leiden an spiritueller Verarmung."

---

6 Friedrich Heer, Der schwere Segen des Protestantismus, in: Radius vom 4. November 1980.

Dieses harte, überharte Wort stammt erst aus jüngster Zeit. Jedoch steht es meiner Sicht unserer ausgezehrten Frömmigkeit in der evangelischen Kirche sehr nahe. Das Ringen um eine tragende und heilende Spiritualität wird dringlich, wird sehr dringlich.

In der Sichtung des Kontexts, in der evangelischen Jugendarbeit während der nächsten Jahre zu geschehen hat, erscheint mir die Neuauflage von Hermann Giesecke, ‚*Die Jugendarbeit*‘[7] bemerkenswert. Giesecke war einer der Vorkämpfer emanzipatorischer Pädagogik in den 60er Jahren. Sein Überblick von 1945 bis 1980 ist insbesondere im Blick auf die gewandelte Situation von 1980 von Interesse. Neue Einsichten werden erkennbar – wohl in säkularer Terminologie beschrieben, gleichwohl für den christlichen Erziehungsauftrag relevant.

Ich möchte einige Aspekte herausgreifen, die sich auf das Problem der Identität, der Sinnfrage und das Nachdenken über bedürfnisorientierte Jugendarbeit beziehen. Von Bedeutung ist sicher auch die völlige Neuorientierung der emanzipatorischen Impulse und die ständige Reflexion auf die Entwicklung, die Giesecke mit dem Stichwort ‚*Professionalisierung der Jugendarbeit*‘ beschreibt; eine für uns hauptberuflich tätige Mitarbeiter bedenkenswerte Reihe von Beobachtungen. Identität, Sinnfrage, Normenfindung als bleibende Aufgabe wird von Giesecke als pädagogische Aufgabe erkannt. Auch für eine vom christlichen Glauben her verantwortete Jugendarbeit sind dieses wesentliche Ziele pädagogischer Bemühung im Lernfeld Jugendarbeit. Das Problem Identitätsfindung taucht bei Giesecke in Zusammenhang der ausgeprägten Formen von Subkultur Jugendlicher auf.

„Inzwischen jedoch sind Jugendliche sowohl in Schule und Hochschule, wie auch in ihrer Freizeit in einen solchen Maße auf sich selbst verwiesen, dass man den Eindruck einer deutlich abgegrenzten Subkultur hat. Die Folge davon ist nicht nur, dass die Gleichaltrigkeit etwas Borniertes, Beschränktes wird, wo Identität zu gewinnen sich als recht schwierig erweist, sondern auch in einem verschärften Maße manipulierbar und pädagogisch ausbeutbar wird; dies deshalb, weil es immer schwieriger wird, Erfahrungen mit der Realität außerhalb dieses gesellschaftlichen Gettos zu machen und von daher Meinungen und Ansichten nachzuprüfen. Die Lebenswelt vieler Jugendlicher ist geprägt durch massenmediale Desorientierung, durch allgemeine Konsumleitbilder und durch die Künstlichkeit pädagogischer Sozialsituationen (Schule und Hochschule). Das sieht für die Arbeiterjugend am Arbeitsplatz sicher anders aus, in der Freizeit dagegen kaum. […] Wer in einer Gesellschaft herangewachsen ist, in der die Prinzipien des Wachstum und des Konsums alle konkurrierenden Normen (z. B. religiöse und traditionell-kulturelle) weitgehend ausgeschaltet haben, hat es schwer, Identität zu gewinnen.“[8]

---

7 Hermann Giesecke, Die Jugendarbeit, in der Reihe ‚*Grundfragen der Erziehungswissenschaft*‘, 5. völlig neu bearbeitete Auflage München 1980.

8 Ebd. S. 182 f.

Die Darstellung des Problems erfolgt bei Giesecke gewissermaßen von höherer Warte aus. Als Christen in Erziehungsverantwortung können wir vorübergehend diesen Standort auch einnehmen, aber unser Auftrag ist dann im Vollzug erzieherischen Handelns, Kinder und Jugendliche zur Möglichkeit persönlicher Gotteserfahrungen, zu lebendigem Glauben und daraus gestaltetem Leben zu führen. Die ‚*Ordnung*'[9] spricht vom Bezeugen des Evangeliums unter jungen Menschen. Hier ist eine ganz bestimmte Identität angeboten, die Identität als Christ. Und Jungschar und Jugendarbeit in der Vielfalt der Formen und Methoden will Hilfe und Angebot sein zum Wachsen und zur Entwicklung dieser Identität, die sich der völligen pädagogischen Machbarkeit allerdings entzieht (anders als das Erlernen der Kulturtechniken etwa). Hier liegt auch der klare Unterschied zu Ideologien und ihren Indoktrinationsformen.

Hilfe zum Glauben, zu christlicher Identität ist und bleibt der Auftrag gegenüber jungen und älteren Menschen ungeachtet dessen, dass aus einer säkularen Betrachtungsweise der Dienst der Kirche als ‚*bloße Bestandswahrung*' abqualifiziert wird. Für uns als Christen ist in dieser Blickrichtung viel wesentlicher, ob wir uns in der Intention und Zielrichtung unseres Herrn bewegen (vergleiche Mt. 28, 18–20).

Zu Normenfindung im heutigen Kontext schreibt Giesecke:
„Es ist fraglich, ob das Konflikt-Modell – der Jugendliche im Widerspruch zwischen normativ unterschiedlichen Sozialisationswirkungen und Sozialisationsansprüchen – für die gegenwärtige Jugendgeneration so noch zutrifft. Vermutlich passte es eher für die Jugend der sechziger Jahre. Damals und erst recht in den Fünfzigerjahren gab es noch normative Widersprüche – z. B. hinsichtlich des Sexualverhaltens, der Autorität der Eltern, in religiösen Fragen u. s. w. Gegenwärtig scheint das Problem eher darin zu liegen, dass die Lebensperspektive im Vergleich dazu eindimensional geworden ist, die zugleich gefährlichen wie auch für die Selbstbestimmung produktiven Konflikte zwischen unterschiedlichen Normen finden

9 Gemeint war die Ordnung Evangelischer Jugend in Bayern.

kaum noch statt, ja, normative und soziale Geborgenheit wird vielfach außerhalb der dafür eigentlich vorgesehenen gesellschaftlichen Institutionen – z. B. in Jugendsekten – gesucht.“[10]

Giesecke beobachtet für Teile der jungen Generation den Wegfall orientierender und haltgebender Strukturen in Form von Normen und Verhaltensweisen, die es wiederum ermöglichen, das eigene Leben zu gestalten und mit der umgebenden Gemeinschaft kommunizierfähig zu bleiben. Giesecke stellt in der Folge fest, dass das emanzipatorische Konzept gegenüber den veränderten Bedingungen von jungen Menschen heute überprüft werden muss. Diese Veränderung reflektiert Giesecke im Zusammenhang von ‚*Ignorierung oder Verleugnung institutioneller Regeln und Normen*‘ und beschreibt dies als ‚*ein Zeichen zunehmender sozialer und kultureller Desorganisation*‘:
„Bei dem Versuch, gesellschaftliche Veränderungen dialektisch zu verstehen, also die Tendenzen bedürfnisorientierter Selbst – und Mitbestimmung gegenüber den ihnen entgegenstehenden Tendenzen zu verstärken, ist gerade deswegen kritische Distanz zu den Veränderungen selbst geboten. Sie können nicht vorweg als ‚fortschrittlich‘ verstanden werden, sondern sie müssen sich an emanzipatorischen Maßstäben messen lassen. So ist z. B. der Abbau von Leistungsansprüchen, die Ignorierung oder Verleugnung institutioneller Regeln und Normen keineswegs selbst schon ein Zeichen von zunehmender Selbstbestimmung, sondern zunächst nur ein Zeichen zunehmender sozialer und kultureller Desorganisation – was aber keineswegs dasselbe ist. Das emanzipatorische Konzept kann also nur ‚Theorien mittlerer Reichweite‘ formulieren, die ständig überprüft werden müssen. Die Bewertung politischer und pädagogischer Phänomene kann sich je nach ihrem gesellschaftlichen Kontext ändern.“[11]

Ausführlicher wird der Wandel wie folgt beschrieben, wobei deutlich wird, wie nahe die Weitergabe von Normen und Orientierung mit der Identitätsfindung zu tun hat:
„In den sechziger Jahren, als die emanzipatorischen Konzepte formuliert wurden, ging es um eine relative Emanzipation von den Ansprüchen der im übrigen noch intakten ‚Erziehungsmächte‘ und ihrer Normen: Familie, Schule, Kirchen. Das waren anschaulich erlebbare Ansprüche, mit denen man sich auseinandersetzen musste; gegenwärtig sind sie jedoch weitgehend bedeutungslos geworden, sodass man auf den ersten Blick sagen könnte, die Emanzipation des Jugendalters sei weitgehend gelungen. Jedoch zeigt sich bei näherem Hinsehen, dass die Zwänge sich nur verschoben haben. Sie sind unanschaulicher und abstrakter geworden und wirken vor allem als verinnerlichte. In dieser Lage bekommt die Gleichaltrigen-Gruppe eine alle anderen Sozialbeziehungen überragende Bedeutung für die Herausbildung der Identität. Da aber das Jugendalter andererseits im besonderen Maße hinsichtlich von Normen, Riten und Verhaltensweisen der Vermarktung durch die Massenmedien und die Konsumprinzipien unterliegt, muss die Identität in dem Maße labil bleiben, wie

---

10 Giesecke, Die Jugendarbeit, S. 97.

11 Ebd. S. 112.

jene Einflüsse z. B. ständig modischen Veränderungen unterliegen. Soll angesichts dieser Sozialisationslage der Begriff ‚Emanzipation' als pädagogische Leitvorstellung aufrechterhalten bleiben, so muss er neu präzisiert werden. Nun geht es um Befreiung von diesen abstrakt-verinnerlichten Zwängen, um Selbstbestimmung gegen jene Vergesellschaftungsprinzipien der Massenmedien und des Konsums, um Selbstbestimmung zum Zwecke der Identitätsfindung."[12]

Rückblickend lässt sich sagen, dass die teilweise Demontage der sogenannten Erziehungsmächte Familie, Schule und Kirche keineswegs die Tür zum Paradies, zum Reich der Freiheit eröffnet hat. Christliche Erziehung steht nach wie vor und gerade angesichts der heutigen Lage junger Menschen, auf die Gieseckes Analyse zutrifft, vor der Aufgabe einer geduldigen und nachgehenden Bemühung um die Weitergabe christlicher Maßstäbe. Ja, auch die Abschaffung von Sitten und Brauchtum, von Konventionen, die den Umgang erleichterten, kann auf breiter Linie in der Rückschau nicht nur als großer Befreiungsakt gefeiert werden. Was lange als Behinderung von Kommunikation angeklagt wurde – Umgangsregeln, Höflichkeitsformen, Takt u. a. – hat nach Abschaffung keine neuen Chancen eröffnet. Allgemein wird eine zunehmende Kommunikationsunfähigkeit diagnostiziert. Gemeinsame Maßstäbe haben auch u. a. mit der gegenseitigen Annahme und Kommunikation untereinander zu tun.

In diesem Bericht können nur einige Problemkreise aufgegriffen werden, deshalb Bezug nehmend auf Giesecke noch die kritische Erörterung der bedürfnisorientierten Jugendarbeit, als einem Konzept, das in der evangelischen Jugendarbeit sehr hofiert wurde.

Giesecke schreibt hierzu:
„Das zeigt sich nicht zuletzt in der Entwicklung der pädagogischen Konzepte: weg von den Ansprüchen der Erziehungsmächte, hin zu den Interessen und Bedürfnissen der Jugendlichen. Aber was sind schon die Bedürfnisse und Interessen, wenn sie sich nicht an durch Personen repräsentierten Ansprüchen abarbeiten und gerade dabei sich entfalten und bewusst werden können?

Wo die Jugendlichen Menschen erwarten, treffen sie auf partikularisierte Beziehungsangebote, auf ‚Rollendimensionen', hinter denen die persönlichen Konturen verschwinden. Auch in diesem Punkte ist eine eigentümliche Veränderung zu verzeichnen: Wurde in den sechziger Jahren die begrenzende Funktionalisierung der pädagogischen Beziehungen in Schule und Beruf als weitgehende Befreiung von totalen Erziehungsansprüchen erlebt, von denen man genug hatte, so wird heute diese Tatsache eher als leer und unmenschlich empfunden. War die zunächst als ‚fortschrittlich' empfundene Hinwendung zu den Interessen und Bedürfnissen der Jugendlichen, die sich in den pädagogischen Konzepten der sechziger Jahre vollzog, nicht vielleicht auch eine Übertragung von Marktprinzipien auf die Jugendarbeit,

---

12 Ebd. S. 114.

also selbst ein Teil der Durchsetzung der heute als fragwürdig erlebten kapitalistisch-kulturellen Prinzipien?«[13]

Giesecke bringt die bedürfnisorientierte Jugendarbeit in Verbindung mit dem neuen Machtgötzen *,Konsum'* und fügt kritisch hinzu:
„Hatte die Jugendarbeit früher mit ihren ,jugendgemäßen' Angeboten einen zähen Kampf gegen den modernen Konsum geführt, so ist sie inzwischen weitgehend dessen Prinzipien untertan: Sie versucht herauszufinden, was gefällt, ist verunsichert, wenn die Kunden unzufrieden sind. Das gilt bis in die pädagogischen Konzepte hinein. Aus der Hinwendung zu den Jugendlichen als Subjekten ihrer Lernprozesse – das Kernstück der pädagogischen Konzeptionen der sechziger Jahre – ist weitgehend die Anbetung der Subjektivität geworden, die Identifikation mit jedweder Stimmung und Unlust der jugendlichen Kunden – so wie ein Kaufmann gemeinsam mit dem Käufer über die hohen Preise schimpft.«[14]

Eine evangelische Jugendarbeit, die sich in der Nähe des kirchlichen Auftrags gehalten hat, vermochte auch in dieser Phase junge Menschen auf verschiedenen Wegen vom Glauben her anzusprechen. Pfarrer Dannenmann wies in Osnabrück auf die beträchtlich gestiegene Mitgliederzahl im CVJM hin, gerade im vergangenen Jahrzehnt. Mit diesem Hinweis soll nur angedeutet werden, dass für eine substanzielle, identitätsbildende Weitergabe christlicher Inhalte Raum besteht und wir durchaus mutiger ohne Bemäntelung Gebet, Bibel, praktizierenden und reflektierenden Glauben weitertragen können. Ein bestimmtes Maß an Widerstand und Ablehnung ist seit biblischen Zeiten nicht auszuschließen (ohne jede voreilige Verurteilung).

Insgesamt empfiehlt sich Gieseckes Buch als ein handlicher Überblick zur Jugendarbeit aus säkularer Sicht. Darüber hinaus möchte ich mich noch drei weiteren Aspekten von Jugendarbeit in aller Kürze zuwenden – der Radikalität, dem Problem der Gleichaltrigengruppe und der Frage nach Ehe und Familie, wie sie von unserer Synode in Form eines Gesprächs mit der jungen Generation angegangen wurde.

Zur Radikalität gibt es ja ein geläufiges, knappes Sprichwort, das darauf Bezug nimmt: *„Wer in seinen Zwanzigern nicht revolutionär ist, hat kein Herz, wer mit 40 nicht konservativ wird, hat keinen Verstand."* Dieses Sprichwort ordnet die Generationen einander zu als notwendige Pole von Emotion und Veränderungswillen einerseits sowie von Reflexion und bewahrender Standpunkttreue andererseits. Im Stichwort *,revolutionär'* liegt das Moment des Radikalen, des Grundsätzlichen des bereits Entschiedenen. Die jeweilige Ideologie hat alles bereits geklärt – es geht nur mehr um den entschlossenen Vollzug.

---

13 Ebd. S. 185.

14 Ebd. S. 188.

Hierfür gibt es politische, religiöse, philosophische bis populärphilosophische Beispiele aus der Gegenwart in Fülle. Im linken Spektrum haben sich eine ganze Anzahl radikaler Gruppierungen gebildet, die jeweils abgegrenzte Ideologien verfolgen. Man kann sagen, dass dieser Flügel besetzt ist, um sich heute noch besonders zu profilieren. Chaoten, Spontis und Anarchogruppen kommen noch hinzu.

Religiöser Radikalität kommen die verschiedenen Jugendreligionen und Sekten entgegen, ob asiatischer oder amerikanischer Provenienz. Es steht uns hier sicher noch einiges bevor an Aberglauben in mannigfacher Variation. Hierin nähern wir uns sicher der antiken Situation an.

Bisher weniger gefüllt war das rechte Spektrum. Es bietet noch Raum für radikale Profilierung, für radikale ideologische Ausformung. Es würde mich nicht wundern, wenn nach einer Renaissance von Karl Marx in der entsprechenden zeitlichen Abfolge eine Nietzsche-Renaissance aufkommen würde. Auch da lässt sich manches populär radikalisieren. Interessant ist heute schon die Hochschätzung dieses Philosophen in einschlägigen französischen und italienischen Kreisen. Ich spreche diesen Problemkreis deshalb an, weil ich vermute, dass sich früher oder später das Problem der Zusammenarbeit stellen könnte. Wir haben ja diesbezüglich eine lange Diskussion und mancherlei Erfahrungen hinter uns, was die Zusammenarbeit mit linksradikalen Gruppen anlangt. Dabei gehen die Differenzen oft schon bei der Definition an. Weil dies so ist, plädiere ich für die evangelische Jugendarbeit für ein Höchstmaß an Eigenständigkeit und Selbstständigkeit in Äußerungen und Engagements. Die nächstliegende Möglichkeit der Zusammenarbeit ist dabei die ökumenische.

Zum Stichwort Gleichaltrige – Peergroup und die Distanzierung zur Eltern – und Erwachsenenwelt. Dazu einleitend ein paar Zitate aus Allerbeck/Rosenmayr, Einführung in die Jugendsoziologie:
„Tatsächlich kommt es in der Adoleszenz zu einer gewissen ‚Ich'-Akzentuierung (L Rosenmayr 1963) und zu einer Intensivierung der Ich-Präsentation, die sich z. B. in lautem und prahlerischen Verhalten (etwa in provokantem Lärmerzeugen gewisser Gruppen der männlichen Jugend), in der Betonung von Kosmetik, Frisur und Kleidung bei den Mädchen, neuerdings in ‚blumenbekränztem Narzissmus' und metaphysizierendem oder quasi-sozialrevolutionärem Masochismus ebenso äußern kann wie in dem Bestreben, in

besonderer Zurückgezogenheit auf sich selbst, sich den eigenen Problemen durch Selbstbeschreibung und Selbstreflexion zuzuwenden."[15]

Zitat Seite 106:
„Die ‚Zuwendung zum Ich', wie sie sich unter verschiedenen Bildungsvoraussetzungen auch verschieden vollziehen mag, ist aber nicht aus einer Abnahme der Tiefenbindungen an die Eltern abzuleiten, sondern, sofern sie eintritt, eher mit dem Aufbau von neuen emotionalen Zusammenhängen, und zwar zu Personen, die wir als ‚ich-nahe' bezeichnen möchten. Diese neuen Bezugspersonen müssen eine Reihe von Voraussetzungen erfüllen: Sie sind zunächst meist etwa gleichen Alters wie der oder die Jugendliche selbst, und sie ‚helfen' dem Jugendlichen, die mit der ‚Ich'-Akzentuierung verbundene Rollenunsicherheit zu überwinden."[16]

Zitat Seite 107:
„Der Stellenwert dieser Beziehungen nimmt im Zuge der Entwicklung der modernen Gesellschaft als Folge zunehmender institutioneller Differenzierung immer weiter zu. Die Tendenz zur Alterssegregation in der Freizeit ist den (wenigen einigermaßen vergleichbaren) verfügbaren Daten zufolge in den USA noch ausgeprägter als in Europa."[17]

Zitat Seite 113:
„Die Gleichaltrigen weisen auf Situationen hin und eröffnen unter Umständen auch diese, und sie tun dies zumeist, ohne eine den Positionen der Eltern vergleichbare Über-Ich-Bedeutung einzunehmen. Gewiss, auch der übermächtige Capo oder Tyrann der kriminellen Bande, der den überstrengen Vater ersetzt, beschäftigt die Fachliteratur. Aber die Hauptfunktion der Gleichaltrigen liegt in der Regel weniger im ‚Einrücken' in bereits vorhandene Über-Ich-Positionen, sondern mehr im Flüssig-Machen des Handelns, der konkreten Verhaltensrealisierung und -determination. Wertrichtungen und Vorbilder mögen durch die Über-Ich-Struktur festliegen; was daran realisiert wird oder was hinzutritt, darüber entscheiden in dem Maße die Gleichaltrigen, als sie Spielraum zur Verhaltensbeeinflussung durch die elterliche, schulische und (etwa in den sozialistischen Ländern) staatliche Sozialisation erhalten."[18]

Diese Zitate möchte ich unter der Fragestellung reflektieren, ob wir in unserem erzieherischen Handeln die Tendenz zur Subkultur, zur Abgrenzung verstärken sollen oder ob wir auf die Begegnung und Kooperation mit der Eltern – und Erwachsenengeneration hinarbeiten sollen. In unserer Ordnung ist sehr deutlich die Zusammenarbeit intendiert

---

15 Klaus Allerbeck/Leopold Rosenmayr, Einführung in die Jugendsoziologie – Theorien, Methoden und empirische Materialien, Heidelberg 1976, S. 182.

16 Ebd. S. 106.

17 Ebd. S. 107.

18 Ebd. S. 113.

(Ordnung Nr. 2 Abs. 1: Jugendarbeit ist eine unentbehrliche Arbeitsform der Kirchengemeinde. Sie bietet neben dem Gottesdienst und kirchlicher Unterweisung Möglichkeiten der Begegnung der Jugendlichen untereinander und der Zusammenarbeit mit der Erwachsenengemeinde.)

Es ist klar, dass hierbei die eigene Konstellation der Erziehenden zu ihren Eltern und Großeltern eine große Rolle spielt und die jeweilige Konzeption in dieser Frage nach Peergroup und Erwachsenenwelt stark beeinflusst. Biblisch liegt es auf der Hand, dass das Miteinander der Generationen erfülltes Leben mit konstituiert. Ein staatlich verordneter Generationenvertrag zwingt zumindest die steuerzahlenden Bürger in diese Richtung. Was geschieht dazwischen aus Überzeugung, aus Verantwortung, aus Mitmenschlichkeit? Was bahnt unsere Erziehung an, unser Vorbild?

In die gleiche Richtung zielend verstehe ich die Briefe unserer Synode zu Familie und Ehe. Sie nehmen Bezug auf den gesellschaftlichen Wandel und wollen vom christlichen Glauben her helfen zu einer verantwortlichen Partnerschaft in Ehe und Familie. Wie schon in anderem Zusammenhang gesagt, heißt Wandel noch lange nicht Fortschritt in Richtung besser. Vielmehr bringt unser konkreter Wandel in unserem Kulturkreis einen Fächer neuer Probleme mit. Die nachgehenden Untersuchungen bei schwierigen Jugendlichen werden fast immer im Familienbereich erklärend fündig. Zumindest liegen dort wichtige belastende Faktoren, und es fehlt die erforderliche Kompensation. Wir werden hier im Bereich der Jugendarbeit unsere Möglichkeiten nicht überschätzen aber, soweit dies geht, der jungen Generation helfen, auf eine verantwortliche Partnerschaft und Elternschaft zuzugehen. Die veröffentlichten Briefe der Synode stellen eine gute Gesprächsgrundlage dar für alle, die nach Orientierung fragen. Wo es geht, sollten wir auch die ansprechen, die sich bereits für Lösungen entschieden haben, von denen sie meinen, dass sie sie persönlich verantworten können, die aber nicht im Sinne einer biblischen Beschreibung von Ehe und Familie liegen.

Manches konnte in diesem Bericht nur anklingen. Ich bitte hierfür um Nachsicht. Ich möchte schließen mit einem Wort von Udo Smidt, das er 1948 in Nürnberg bei dem Landestreffen der alten BK-ler[19] sagte:
„Unsere Unruhe, unsere Nervosität bestimmt nicht den Schritt Gottes. Man wird um Stille beten müssen. Wir brauchen den langen Atem der Geduld. Was ist seit 1934 nicht alles über uns hereingebrochen! Was Gott uns aber in jenen Jahren schenkte, ist jenes wache Warten. Wir warten auf den einzelnen! Es geht jetzt um Kleinarbeit, um Kleinstarbeit!"[20]

Etwas von dem Geist dieses Wortes wünsche ich Ihnen und mir für unseren Dienst.

---

19 BK steht für (Schüler)-Bibel-Kreise.

20 Zitiert nach *‚Ziel und Weg'* – Dokumente in Wort und Bild aus der Geschichte der Schüler-Bibel-Kreise (BK) in Bayern, Band 4/1980, Seite 225.

MEHR RAUM FÜR FRÖMMIGKEIT

EINLEITUNG

Für die Juniausgabe des Korrespondenzblattes des Pfarrervereins in der Evangelisch-Lutherischen Kirche in Bayern des Jahres 1980[1] führten Werner Müller und Bernd Seufert ein Interview mit dem damaligen Landesjugendpfarrer Heinrich Herrmanns. Er war zu diesem Zeitpunkt etwa ein Jahr im Amt, und es ist interessant zu sehen, dass seine Wahl wegen seiner ausgeprägt lutherischen Grundhaltung nicht unumstritten war. Zwar war offensichtlich im Landeskirchenrat eine geistliche Persönlichkeit für ein derartiges Spitzenpfarramt wie das des Landesjugendpfarrers noch mehrheitsfähig, in den Gremien der Jugendarbeit hatte offenbar bereits die Machtübernahme durch eher theologieferne, einseitig politisch links orientierte Kreise stattgefunden. Als ich wenige Jahre später erstmalig als Verbandsdelegierter des bayerischen Jugendverbandes *‚Entschieden für Christus‘* (EC) an einer Sitzung des Landesjugendkonvents teilnahm, staunte ich nicht schlecht. Beantragt war eine Distanzierung vom Rechtsradikalismus durch die Evangelische Jugend. Diesem folgte ein Antrag, sich auch vom Linksextremismus zu distanzieren. Es folgte eine hitzige Diskussion, die mit einem Schlag per Abstimmung beendet wurde, nachdem ein etwas in die Jahre gekommener Jugendlicher, der wie ein Abziehbild eines noch nicht ergrauten Karl Marx aussah, aufstand und feststellte, dass doch hier wohl nicht Wenige mit den Linksextremen sympathisieren würden und daher eine solche Distanzierung nicht infrage käme. Es blieb dann meiner Erinnerung nach bei der Distanzierung vom Rechtsextremismus. Geistliche Fragen waren meiner Erinnerung nach eher unterrepräsentiert. Dieser Landesjugendkonvent war für mich – obwohl politisch nicht uninteressiert – eine völlig neue Welt. Im Rückblick und über *‚die 68er‘* aufgeklärt, löst sich manches Rätsel. Erstaunlich ist für mich, wie sehr Heinrich Herrmanns sich als Landesjugendpfarrer schon damals um *‚Mehr Raum für Frömmigkeit‘* einsetzen musste und als wie wenig selbstverständlich ein solcher Einsatz schon damals akzeptiert und gesehen wurde. Umso wichtiger und notwendiger war dieser Einsatz und wäre er es auch heute.

---

1 Werner Müller/Bernd Seufert: Mehr Raum für Frömmigkeit – Interview mit Landesjugendpfarrer Heinrich Herrmanns, in: Korrespondenzblatt, Herausgegeben vom Pfarrerverein in der Evangelisch-Lutherischen Kirche in Bayern, 95. Jahrgang, Nr. 6 (Juni), Neuendettelsau 1980.

MEHR RAUM FÜR FRÖMMIGKEIT

INTERVIEW MIT LANDESJUGENDPFARRER HEINRICH HERRMANNS

Frage: ***Seit dem 1. Januar 1979 sind Sie Landesjugendpfarrer im Amt für die evangelische Jugendarbeit. Wie wird man Landesjugendpfarrer?***

Der rein rechtliche Vorgang ist in der Ordnung der evangelischen Jugend festgelegt. Nachdem Sie sicher auf die näheren Umstände anspielen, unter denen ich ernannt worden bin, lässt sich das in Kürze so zusammenfassen: Die Berufung wird von der Kirchenleitung vollzogen unter Mitwirkung der Landesjugendkammer. Dabei besteht die Mitwirkung der Landesjugendkammer darin, einen Rat abzugeben zu dem einen vorgeschlagenen Kandidaten. Der Rat, der mit der Mehrheit der Kammer abgegeben worden ist, fiel gegen mich aus. Die Kirchenleitung konnte sich aber dann die Begründung dieses Rates so nicht zu eigen machen.

Und jetzt müsste man vielleicht etwas auf die Inhalte eingehen: Ich habe mich damals bemüht, mehr von einem geistlichen Ansatz von Jugendarbeit auszugehen. Es ist mir offensichtlich nicht gelungen, dies so deutlich zu machen, dass die Landesjugendkammer mehrheitlich sich hätte anschließen können. Ich habe mich als einer vorgestellt, der sehr wohl zu seinem Pfarrer-Sein stehen will, zu dem, was einem Pfarrer aufgetragen ist für die Jugend und die gesamte Gemeinde.

Frage: ***Sie sprechen damit selbst Widerstände und Spannungen an, die es damals gegeben hat. Mancher Pfarrer hätte sich nicht gewundert, wenn Sie Ihr Ja zurückgezogen hätten. Sie haben es nicht getan. Welchen Grund hatten Sie, sich trotz aller Spannungen an diese Aufgabe heranzuwagen?***

Es hat für mich in diesem Zusammenhang, der nicht ohne Aufregung war, ein Gespräch mit dem Herrn Landesbischof eine große Rolle gespielt, aus dem ich entnehmen konnte, dass unser Landesbischof weithin die Situation ähnlich sah, wie ich sie damals einschätzte. So war das Ergebnis jenes Gespräches, dass ich mich auch angesichts der neuen Lage weiterhin für eine Entscheidung der Kirchenleitung zur Verfügung halte. Und das war für mich dann auch – und jetzt geht's ja wohl um die ganze Frage von Berufung und Pfarrer-Sein – der Punkt, an dem ich von außen her, von der Kirche her, gerufen wurde. Ich werte diese Berufung als geistliche Entscheidung unserer Kirchenleitung in einer ganz bestimmten geistlichen Situation.

Frage: ***Schon vor Ihrer Berufung waren viele bayerische Pfarrer der Meinung, ein Kurswechsel im Amt für Jugendarbeit sei nötig. Als Sie dann ernannt waren, fiel prompt wieder das Wort vom ‚Kurswechsel'. Wie stehen Sie dazu?***

Das Wort vom Kurswechsel hat für mich eine zu stark dirigistische Komponente. Der Hintergrund, auf dem ich unsere heutige Lage in der Jugend und auch in der

Gesamtkirche sehe, ist ein länger währender, nachdenklicher Vorgang seit Anfang der Siebzigerjahre. Und in diesem Vorgang des Nachdenkens, den man nun sehr verschieden nachzeichnen kann, sind im Blick auf die Aufbrüche, Hoffnungen und Erwartungen der ausgehenden sechziger Jahre und Anfang der Siebzigerjahre auch allmählich manche Defizite bewusst geworden. In diesem Vorgang des Nachdenkens über Defizite, unter Umständen auch Fehlentwicklungen oder Entwicklungen, die zu intensiv geworden sind, – in diesem Zusammenhang sehe ich das, was mein Anliegen ist: Ein Stück persönliche Frömmigkeit, den Schwerpunkt Gemeinde, Gottesdienst und Sakrament wiederzugewinnen. Dabei aber nicht so zu tun, als ob man das bisher nicht gewusst hätte, sondern dem mehr Raum zu schaffen. Ich fühle mich eigentlich wohler, wenn der Vorgang, in dem ich mich da gerne einbringe, als der Versuch eines Balancefindens geschildert würde.

Frage: ***Nun konkret zu Ihrer jetzigen Tätigkeit. Als Landesjugendpfarrer sind Sie der Leiter einer nachgeordneten Dienststelle des Landeskirchenrates. Unter Ihren Vorgängern wurde versucht, die Eigenverantwortung der Referenten im Hause zu stärken und grundsätzliche Entscheidungen im Team zu fällen und auch zu tragen. Wie sehen Sie nach über einjähriger Praxis Ihre Rolle im Umgang mit Ihren Mitarbeitern?***

Ich denke, dass es davon abhängt, wie man das Gefüge eines solchen Amtes anschaut. Ich meine, dass die Vorgabe die ist, dass jeder Referent ein voll zu verantwortendes Referat auszufüllen hat und es mit seiner Qualifikation und Ausbildung zu meistern versucht. Aber die Gesamtverantwortung für das Amt für evangelische Jugendarbeit ist nach unserer landeskirchlichen Ordnung dem jeweiligen Leiter übertragen. An diesem Konzept möchte ich eigentlich festhalten.

Frage: ***Stichwort: Team. Das war ja ein wichtiges Wort in Ihrem Hause.***

Das Stichwort *‚Team‘* würde ich so verstehen, dass ich es für eine Selbstverständlichkeit halte, dass zusammengearbeitet wird an allen Berührungspunkten und Kooperationspunkten, die in einem solchen Amt vorkommen. Das ist meiner Ansicht nach, auch mit dem Konzept, das diesem Amt vorgegeben ist, in keiner Weise infrage gestellt.

Frage: ***Ein anderes Stichwort: Demokratie ist mühsam. Ist sie auch sinnvoll im Bereich der evangelischen Jugendarbeit (Wir denken an Jugendausschüsse, Kammern, Konvente, wie sie in der Ordnung der Evangelischen Jugend vorgesehen sind)? Sie haben auf Landesebene ja mit entsprechenden Gremien zu tun. Wie sind Ihre Erfahrungen, die Sie gemacht haben? Ganz konkret: Wer spricht in der Öffentlichkeit für die evangelische Jugend in Bayern?***

Es ist ein Ziel in der neuen Ordnung der Evangelischen Jugendarbeit, dass in den Gremien nach demokratischen Grundsätzen verfahren wird. Dieses Teilziel sehe ich als ein wesentliches Moment der Einübung von demokratischem Verhalten in unserem Staat und auch in unserer Kirche an. Schwierig wird es aus meiner Sicht, wo Glaubensinhalte demokratischen Vorgängen unterworfen werden. Da würde ich für mich persönlich die Grenze der Demokratie sehen und möchte sie auch an diesem Punkt beachten. Die Mitbeteiligung und Mitverantwortung bejahe ich im Grundsatz gerne. Rückblickend auf die Ordnung, die bis 1974 galt, hat die jetzige Fassung weitreichende Veränderungen gebracht. Deshalb bedaure ich, dass etliche der jungen Delegierten oftmals nicht so voll zufrieden mit ihren Möglichkeiten sind. Dabei zeigt ein Blick auf die geschichtlichen Zusammenhänge augenfällig, ja fast bruchartig, die Veränderung hin zu einem Mehr an Demokratie.

Frage: ***Lassen Sie uns jetzt unmittelbar auf die Jugend eingehen, mit der es die Jugendarbeit unserer Kirche zu tun hat. Es ist sicher schwierig, generalisierend von der heutigen Jugend zu sprechen. Können Sie trotzdem versuchen, in der gebotenen Kürze etwas darüber zu sagen, wie Sie die augenblickliche Situation von jungen Menschen in Deutschland beurteilen?***

Wir haben uns bemüht, in der ersten Nummer des *‚Baugerüstes‘* für das Jahr 1980 genau dieses Thema anzuschneiden. Wie ich meine, bietet dieses Heft eine ganze Reihe von guten und hilfreichen Beobachtungen in einer größeren Spannweite. Gerade von diesem Heft her fällt es mir schwer, wie Sie sagen, in gebotener Kürze etwas zu sagen, denn das Signum dieser Generation scheint mir vor allem darin zu bestehen, dass man kaum generalisierende Urteile abgeben kann. Der früher nur diskutierte Pluralismus wird jetzt Wirklichkeit, wird jetzt gelebt. Die unterschiedlichsten Erziehungsvorstellungen, die, glaube ich, erst deutlich seit den sechziger bis Siebzigerjahren praktiziert werden, haben jetzt ihre Auswirkungen in einer sich weit aufdifferenzierenden jungen Generation. Die Generalisierungen kann man eigentlich eher herleiten durch die äußeren Umstände, unter denen junge Leute leben: allgemeine Ausbildungsgegebenheiten, Umbrüche in Zivilisation und Technik, wirtschaftliche Gegebenheiten. Das sind Nenner, die für alle zutreffen, aber auch schon wieder ganz unterschiedlich aufgenommen werden. In der persönlichen Begegnung, in dem, was junge Menschen erfüllt, was sie besorgt, was sie ängstigt, was sie freut, was sie beschwingt und ausfüllt, da differenziert sich das Feld ungeheuer auf.

Frage: ***Dadurch wird es aber für das Amt für Jugendarbeit schwierig, die Rolle eines Anwalts der Jugend so zu übernehmen, wie es von ihm erwartet wird. Gehört es nicht zu den Aufgaben des Amtes, für diese Jugend um Verständnis zu werben, gerade angesichts der Kritik, der sie von Seiten der Älteren ausgesetzt sind?***

Wenn wir die Generation der Eltern betrachten und notwendig auch die Großeltern, dann kommt man nicht darum herum, dass man deutlich die Beispielfunktion der Eltern und Großeltern in Beziehung setzt zum Lebensstil, zur Lebenserfüllung ihrer Nachkommen, aber auch zu der Gefährdung und zum Scheitern ihrer Nachkommen.

Man könnte hier das ganz saloppe Wort anfügen: ‚*Die ganze Erziehung hilft ja doch nichts, die Kinder machen uns ohnehin alles nach.*' In diesem Sinn zitiert, rücken einem dann die Kinder und Jugendlichen sehr viel näher in ihren Anfragen, in ihren Problemen, vielleicht auch in ihren aus dem Contra gewonnenen neuen Entwürfen. Dies also gesagt aus der Fragerichtung der älteren Generation im Blick auf die Jungen.

Frage: ***Sie haben mehrfach die ‚kirchliche Pädagogik des letzten Jahrzehnts' kritisiert. Diese Pädagogik war zweifelsohne beeinflusst von den Erkenntnissen der allgemeinen pädagogischen und jugendpolitischen Diskussion. Stichwort: emanzipatorische Jugendarbeit. Liegt hier der Ansatzpunkt Ihrer Kritik und halten Sie das Gespräch mit außerkirchlichen Konzeptionen von Jugendarbeit für hilfreich und für nötig?***

Das Stichwort ‚*Emanzipation*' gehört für mich in einen sehr viel größeren Zusammenhang. Es umfasst all das, was sich an Aufbrüchen und Neuentdeckungen in den letzten 10 bis 12 Jahren vollzogen hat. Ich glaube auch, an diesem Wort ‚*Emanzipation*' lässt sich das wieder deutlich machen, dass es nicht um ein Falsch – Richtig geht, Emanzipation ja oder nein, sondern vielmehr um ein Problem der Dosierung. So sehe ich das ganz ähnlich zu einer ganzen Menge anderer Aufbrüche insgesamt in den Humanwissenschaften, wenn wir es mal so ganz allgemein hinstellen wollen. Wie so oft, war die evangelische Kirche jene, die vielleicht mit relativ wenig kritischem Widerstand die Rezeption vollzogen hat, bis hin zur Seelsorge oder Sozialpädagogik in Grund – und Detailfragen. Zu kurz gekommen ist, – und das ist meine wertende Sicht auf die Zeit, das, was unser Anliegen als Kirche ausmacht – die Verkündigung des Evangeliums, in aller Knappheit jetzt mal so gesagt. Es geht darum, wie bei allem Lernen aus dem säkularen Bereich der Auftrag der Kirche sein Recht, sein Gewicht und seinen Raum bekommt. Die Dominanz säkularer Anthropologie und ihrer oft unterschiedlichen Prämissen war zu ausgeprägt. Das theologische Moment erhielt oft die Funktion nachträglicher Legitimation.

Frage: ***Gerade auf den Kirchentagen wird eine Jugend beobachtet, die sich von der Jugend früherer Jahre deutlich abhebt. Klaus von Bismarck hat auf dem Kirchentag bemerkt, die gegenwärtige Jugend sei zwar fromm, aber nicht kirchlich. Darauf haben einige kirchliche Verantwortliche recht verschreckt reagiert. Teilen Sie die Beurteilung Klaus von Bismarcks?***

Ich teile sie. Und versuche natürlich nachzudenken, wo wohl die Ursachen dafür liegen. Ich meine, dass jene umfassende Institutionskritik, wie sie in den Siebzigerjahren begonnen hat, jetzt auf vielen bewussten und unbewussten Kanälen sehr wohl ihre Wirkung tut, und zu diesen Institutionen zählt eben auch unsere Kirche. Eine andere Frage ist, wie wir damit umgehen. Auch hier muss man sagen, dass wir als evangelische Kirche, die ohnehin viel stärker den Individualismus pflegt, wesentlich weniger Widerstandskräfte haben gegen eine solche Kritik der Institutionen, weil die ganze Einübung und Beheimatung in der Kirche bei uns bei Weitem nicht so im Zentrum steht. Mir wäre es ein

Anliegen, dass wir die ekklesiologische Dimension wieder stärker gewinnen und uns bemühen, den jungen Menschen die echte Geborgenheit, die eine Kirche geben kann, zu vermitteln. Dass dies schwierig ist in unserer kulturellen und kirchlichen Großwetterlage, ist mir klar. Kirche und Gemeinde sollen einladend wirken, nachdem viel aufgewandt wurde, sie infrage zu stellen, sie einer Dauerkritik zu unterziehen.

Frage: ***Auf der Ebene der Ortsgemeinde sind die Jugendlichen doch wenigstens teilweise integriert. Sie fühlen sich, wenigstens teilweise, dort zuhause. Trotzdem wird darüber geklagt, dass in vielen Orten zwei Gemeinden bestünden, die Gemeinde der Jungen und die Gemeinde der Erwachsenen.***

Sie haben sicher recht damit, dass dies zum Teil so zu beobachten ist. Ich glaube allerdings, dass dies kein zwangsläufiges Muss ist. Es gibt eine Reihe von anderen Erfahrungen in verschiedenen Gemeinden. Ob in der Diaspora oder in den Stammgebieten der Evangelischen Kirche in Bayern, es hängt wahrscheinlich davon ab, inwieweit es in einer Gemeinde als eine Aufgabe gesehen wird, die Generationen zusammenzuführen. Hier komme ich gerne auf den Kirchentag zurück. Ich sehe in dem Übersetzen des Kirchentages in die Dekanats – und in die Gemeindesituation wohl Möglichkeiten, die Generationen wieder zusammenzuführen unter dem Moment des Erlebens, unter dem Moment des Feierns, auch hier vor allen Dingen in dem verdichteten Raum des Heiligen Abendmahls.

Frage: ***Im normalen Gemeindegottesdienst scheinen aber die beiden Ebenen doch stark auseinanderzutreten. Wir hören immer wieder die Klage, dass dieselbe Jugend, die mit sehr viel Ernst und Hingabe ihre eigenen Gottesdienste feiert, dem normalen Sonntagsgottesdienst ihrer Gemeinde doch weitgehend fern bleibt. Sehen Sie einen Weg, hieran etwas zu ändern?***

Jetzt müssten wir eigentlich ausführlich über den Gottesdienst reden, der mir ein ganz wesentliches Anliegen ist. Ich möchte als erstes sagen, dass ich den Eindruck habe, wir verlangen zu viel vom Gemeindegottesdienst. Gerade der Gottesdienst wird oft von etwas Fernerstehenden mit enorm hohen Erwartungen bedacht. Da, meine ich, sollten wir in aller Ruhe klarmachen, was der Gottesdienst geben kann und was er nicht geben kann. Wenn wir vom Gottesdienst erwarten, dass er alle unsere Bedürfnisse nach Ich-Du-Kommunikation, nach Kleingruppenkommunikation abdeckt und das Gefühl vermittelt, zu einer großen Gemeinde zu gehören, zur Christenheit, was ja im Glaubensbekenntnis zum Ausdruck kommt, – wenn wir all diese Erwartungen, um nur mal die kommunikative Ebene hier anzusprechen, auf den Gemeindegottesdienst projizieren, kann er unmöglich dies alles abdecken.

Wenn wir aber bei den Grundlinien des Neuen Testamentes bleiben, dass der Gottesdienst die Gemeinde in ihrer Vielfalt und Gegliedertheit versammelt und dies zu vermitteln suchen, bin ich überzeugt, dass wir der richtigen Spur folgen.

Frage: ***Wir möchten jetzt konkret die Jugendarbeit der Ortsgemeinde ansprechen, mit der ja viele Pfarrer als einzige hauptberufliche Mitarbeiter der Kirche befasst sind und dabei ins Schwimmen geraten. Viele fühlen sich alleingelassen. Sind Ihnen von dieser Seite Erwartungen an das Amt für Jugendarbeit bekannt geworden? Was kann das Amt für den in der Jugendarbeit stehenden Pfarrer tun?***

Ich kann mich jetzt aus neuester Zeit auf einige Begegnungen bei Pfarrkonferenzen stützen und habe da festgestellt, dass das Nachdenken darum kreist, was der jeweilige Hauptberufliche an Jugendarbeit machen kann und wie ein praktikables Konzept gefunden wird, das möglichst viele der Pfarrer teilen und unterstützen. Mein Anliegen wäre, von Ihrer Frage ausgehend, dass sich möglichst viele Pfarrer tatsächlich selbst entschließen, ein ganz kleines Stückchen Jugendarbeit zu machen, und zwar selbst zu machen in unmittelbarem Kontakt zu jungen Leuten. Dabei käme es mir darauf an, dass man das Ziel nicht zu hoch schraubt, sondern durchaus eine Kindergruppe oder eine Konfirmandengruppe, wenn's wirklich nur eine Gruppe wäre, versucht, über einen bestimmten Zeitraum zu begleiten oder auch mal selbst zu führen. Wenn dieser Kontakt zu der ganz bescheidenen Grundform von Kinder – und Jugendarbeit da wäre, meine ich, dass sowohl für die dort jeweils tätigen Hauptberuflichen daraus ein Moment der Bestärkung und Unterstützung käme und vielleicht auch eine leichtere Möglichkeit, sich zu verständigen über das, was unsere Jugendarbeit ausmacht.

Frage: ***Sie meinen also, das Amt für Jugendarbeit sei zu weit von der örtlichen Ebene entfernt, als dass es hier Hilfestellung leisten könnte?***

Die hauptberuflichen Jugendleiter sind die ersten Ansprechpartner zusammen mit den Dekanatsjugendpfarrern. Leider haben wir noch nicht überall eine gleichmäßige Versorgung mit Jugendleitern. Manchmal wird über Dekanatsgrenzen hinweg ausgeholfen. Trotz solcher Voraussetzungen bitte ich doch sehr, die Jugendarbeit nicht im Stich zu lassen. Vom Konzept, das wir in unserer Jugendarbeit in Bayern haben, versucht das Amt zunächst einmal, sich unmittelbar gegenüber den Hauptberuflichen als Anlaufstelle bereitzuhalten und zur Verfügung zu stehen. Der unmittelbare Kontakt in die Kirchenkreise geschieht durch unsere Kirchenkreisbeauftragten, die dort auf der Ebene der Regionalkonferenz regelmäßig präsent sind, dort auch ständig mit den Hauptberuflichen, den Dekanatsjugendpfarrern und den ehrenamtlichen Delegierten zusammenarbeiten. Da ist gewissermaßen ausgelagert der Kontakt zum Amt. Ansonsten soll man sich das Amt für evangelische Jugendarbeit nicht zu großartig vorstellen. Die Funktionen sind jeweils in den Dienstanweisungen sehr klar beschrieben. Es sind Aufgaben, die in der *‚Ordnung‘* beschreiben sind. Es sind Fachbereiche mit einer gewissen Servicefunktion. Das beginnt bei der Spielberatung über den Eichenkreuzsport, es setzt sich fort über Evangelisation, Ökumene, Schülerarbeit, Arbeitshilfen und *‚Baugerüst‘*. Es geht weiter mit Praxisberatung, Supervision, Begleitung der Gremien sowie Grundfunktionen an Verwaltung und Rechtsfragen. Ein bedeutender Anteil der Arbeitskraft fließt ohne Zweifel in das umfangreiche Geflecht von Gremien, das sich aus der *‚Ordnung‘* entwickelt hat.

Frage: ***Angenommen, ein junger Pfarrer kommt in eine Gemeinde und hat dort die Chance eines Neuanfangs in der Jugendarbeit. Wo sollte er nach Ihrer Meinung ansetzen? Was würden Sie ihm empfehlen?***

Konkret sehe ich zwei wichtige Ansatzpunkte. Das ist einmal die Kinderarbeit – wenn man versucht, auf lange Sicht anzusetzen. Ist ein Kindergarten da, dann ließe sich daraus allmählich eine Jungschararbeit mit dem Beginn des Schulalters entwickeln. Der zweite Ansatzpunkt ist bei der Konfirmation, mit den Konfirmierten. Das wären für mich zwei gute, mögliche Ansatzpunkte, um als Pfarrer eine Kinder – oder Jugendarbeit in der Gemeinde zu beginnen. Die Gewinnung von weiteren Mitarbeitern, ihre Schulung und Begleitung wird ganz von selbst zur Zusammenarbeit mit dem Dekanatsjugendleiter führen. Durch seine Hilfe und auch die Beratung durch den Dekanatsjugendpfarrer kann am ehesten die Angebotspalette des *‚Hummelsteiner Weg 100‘* abgerufen werden: vom Praktischen bis hin zum Geistlichen.

Wir danken Ihnen für das Gespräch.

SCHWERPUNKTE UND PROBLEME GEGENWÄRTIGER KIRCHLICHER JUGENDARBEIT

EINLEITUNG

Die von Heinrich Herrmanns bereits um das Jahr 1985 skizzierten Schwerpunkte und Probleme haben sich als erstaunlich zeitlos erwiesen. Immer, heute mehr denn je, ist die Gefahr groß, dass das Proprium kirchlicher Jugendarbeit von den freilich auch dazugehörigen, oder mitunter auch unberechtigt hineingetragenen Bereichen überwuchert wird.

Auch in frommen Kreisen muss immer wieder hinterfragt und kritisch reflektiert werden, ob die Arbeit noch auf das Ziel zuläuft, jungen Menschen die Begegnung mit dem Auferstandenen zu ermöglichen, oder ob sich nicht andere – zugegeben mitunter auch wichtige – Aspekte in den Vordergrund geschoben haben, wie der Gemeinschaftsaspekt, Bildung und Spiele. Diese haben freilich ihren eigenen Wert und helfen dazu, wenn alles vom Zentrum, Christus, ausgeht und zu ihm hinführt, den Glauben zu stärken, zu bewähren und weiterzugeben.

Gerade die Fähigkeit der Vermittlung von durchaus auch komplexen Sachverhalten wird in der Jugendarbeit in hohem Maße gelernt. Meine Heimatgemeinde hatte und hat eine große Jugendarbeit – wohl den mitgliederstärksten EC-Ortsverband in Bayern. Aus dieser Arbeit sind unzählige Leute hervorgegangen, die sich den klassischen christlichen Berufen verschrieben haben, Lehrer, Prediger, Pfarrer, Krankenschwestern und Ärzte und Erzieher. Es ist erstaunlich, wie die Jugendarbeit dazu beigetragen hat, Kernkompetenzen in der Konfliktlösung, Sprachfähigkeit, Vermittlungsfähigkeit von Inhalten u. s. w. zu fördern. Diese Fähigkeiten waren aber immer nur Nebenprodukte (was ihren Wert nicht schmälert) einer klar christuszentrierten Verkündigung. Dies schloss Gemeinschaftserlebnisse, Spiele und die damit eingeübte Geschicklichkeit auf verschiedenen Feldern nicht aus.

In guter Weise zeigt der folgende Beitrag die Leitfragen und Säulen einer christlichen, auf geistliches Werden, Wachsen und Reifen hin orientierten Jugendarbeit. Besonders die geistlich-theologischen Fragen sind heute aktueller denn je, da sich die alten emanzipatorischen Formen im neuen Gewand einer fromm grundierten Transformationstheologie neu einstellen und mitunter heute in den Gemeinden den Eindruck erwecken, die politisch-sozialen Fragen seien dringend nötiger Schwerpunkt vor der Evangelisation.

SCHWERPUNKTE UND PROBLEME GEGENWÄRTIGER KIRCHLICHER JUGENDARBEIT

HEINRICH HERRMANNS

In der evangelischen Jugendarbeit werden verschiedene Schwerpunkte gesetzt: politisch-gesellschaftliche, emanzipatorisch-bildungsorientierte, ökologische, biblisch-missionarische, spielerisch-unterhaltende, erlebnis- und gefühlsorientierte.

Es ist gut, wenn wir uns von der Frage leiten lassen, worin kirchliche Jugendarbeit unverzichtbar ist, worin sie unvertretbar ist, worin sie ihr Proprium hat. Es gibt deutliche Überschneidungen zur Jugendarbeit der Parteien, der Gewerkschaften und anderer gesellschaftlicher Vereinigungen (z. B. Bund Naturschutz), zu Freizeit – und Unterhaltungsangeboten von Vereinen und kommerziellen Unternehmungen, zu bildungsorientierten Angeboten diverser Träger, die in Form von Seminaren und ähnlichen Veranstaltungen Jugendliche ansprechen.

Unser Schwerpunkt liegt eindeutig im geistlich-kirchlichen Anliegen. Ohne falsche Alternativen zu konstruieren, haben wir in der Glaubensweitergabe, Glaubensfestigung und Förderung der jungen Gemeinde unser Zentrum. Das ist das Zentralmotiv, weshalb unsere Kirche Jugendarbeit betreibt. Diesem Hauptziel ordnen sich viele Methoden, Formen und Gestaltungsweisen zu, die wir aus der Pädagogik, der Freizeitpädagogik, der Beobachtung von Gruppen etc. gelernt haben. Auch wichtige Gegenwartsfragen sind von dem Hauptziel der Glaubensvermittlung her aufzugreifen und zu bedenken. Nicht umgekehrt!

Nicht die dominierenden Themen sollen uns die inhaltliche Schwerpunktsetzung diktieren. Wir brauchen eine eigene Linie, auf der wir in der kirchlichen Jugendarbeit Nähe und Distanz zu unserer Gegenwart finden. Weder Flucht noch ein Totaleintauchen in die Zeitströmungen ist hilfreich.

Dazu kommt auch das wichtige Ziel, Jugendlichen einen Raum zu gewähren, in dem sie sich persönlich entwickeln und erproben können. Die unentwegte Konfrontation mit der Problematik unserer Zeit verstellt vielen jungen Menschen den Weg, sich auf ganz persönliche Entwicklungsfragen zu konzentrieren und an ihrer Persönlichkeit zu wirken und zu arbeiten.

Wenn wir nun über Jugendarbeit sprechen, dann soll Jugend nicht isoliert betrachtet werden. Die Jugend ist nicht ein Patient, über den man sich teils interessiert, teils besorgt beugt. Es ist nötig, aus unserer Sicht immer Jugend und Gemeinde zusammenzuhalten.

BIBLISCHE LINIEN

1. Korinther 14,12 wird von Paulus der Gesichtspunkt benannt: *„Was die Gemeinde aufbaut“*. Die Auferbauung der Gemeinde wird als Ziel für alle Begabungen innerhalb der Gemeinde anvisiert. Das Miteinander der Generationen und ihrer jeweiligen speziellen Fähigkeiten ist hier mit eingeschlossen.

Apostelgeschichte 2,42 werden die Gemeinschaft, die Lehre der Apostel, das Abendmahl und das Gebet als Kennzeichen der Gemeinde angegeben. Die *‚Lehre der Apostel‘* ist Verkündigung nach außen und innerhalb der Gemeinde, und es ist Lehre für Christen, die zum Glauben gekommen sind. Hebräer 6,1–2 wird beiläufig auf diese Lehrinhalte Bezug genommen: *„Darum wollen wir jetzt nicht länger über die Anfangsgründe der Lehre von Christus reden, sondern uns dem zuwenden, was vollkommen ist; wir wollen nicht noch einmal mit den Grundlagen anfangen – mit der Abkehr von den Werken, die den Tod bringen, mit dem Glauben an Gott, mit der Lehre von den Taufhandlungen, vom Händeauflegen, von der Auferstehung der Toten.“*

Die missionarische Aufgabe ist ein Lebenselement der christlichen Gemeinde (vergleiche Apostelgeschichte 2,41: *„Die nun sein Wort annahmen, ließen sich taufen.“) Eine Form von Generationenvertrag wird in Apostelgeschichte 2, 45–46 angedeutet:* „Verkauften Güter und Habe und teilten sie unter alle, je nachdem einer in Not war.“ Dies geschah unter dem Eindruck der Naherwartung Jesu, der unmittelbaren Erwartung des Jüngsten Gerichts. Nur wenige Jahre später musste Paulus unter den Gemeinden in Griechenland für die Gemeinde in Jerusalem eine Kollekte sammeln. Er wird auch nicht müde, für geregelte Arbeit einzutreten als Grundlage für das Teilen und Geben. Die Diakonie in der Gemeinde wird Apostelgeschichte 6, 1–7 neu geregelt. Das Amt des Diakons wird geschaffen zur

Betreuung der Hilfsbedürftigen in der Gemeinde. Diakone aber stehen ebenfalls im verkündigenden Dienst (siehe Stephanus).

Für unsere Jugendarbeit in den Gemeinden ergeben sich daraus als Prüfsteine diese Fragen:

- Was dient dem Aufbau der Gemeinde?
- Was hilft zu gottesdienstlicher Gemeinschaft?
- Was führt zum Abendmahl?
- Was fördert das Gebet?
- Was stärkt das Glaubensbewusstsein, die Kenntnis christlicher Lehre, Bibelkenntnis, Katechismuskenntnis?
- Was stärkt den Zusammenhalt der Generationen?
- Wie steht es um den missionarischen Auftrag?

» Was geschieht im Dienst der Nächstenliebe – an einzelnen, in der Gemeinschaft, zu der wir gehören im Staat und Gesellschaft?
» Was geschieht für die Fernen Nächsten?

Diese Prüffragen stellen einen inneren Zusammenhang dar, der nicht beliebig aufgelöst werden kann. Unsere Begabungen, die Gott uns gibt, setzen Schwerpunkte, aber machen die anderen Fragen für uns nicht überflüssig. Diese Fragen können unsere Stärken wie auch unsere Defizite in der kirchlichen Jugendarbeit kenntlich machen.

DER GESCHICHTLICHE HINTERGRUND UNSERER GEMEINDEN

In Anlehnung an Dr. W. Lück (Praxis Kirchengemeinde, Kohlhammer-Verlag, Band 642/1978) gibt es verschiedene Traditionsstränge in den evangelischen Gemeinden, wie Christen ihre Zugehörigkeit zu Glaube und Kirche erleben, vermittelt bekommen, teilnehmend oder gestaltend wahrnehmen.

1. Lück stellt als Hauptstrang der kirchlichen Bindung die *Zugehörigkeit zur Parochie* heraus. Es ist die Linie, die sich seit der Christianisierung unserer Länder und Landschaften als Hauptlinie durchgezogen hat. Die Zugehörigkeit ist bestimmt durch die Taufe, die Kasualien, den Gottesdienst und das Abendmahl, durch das Gotteshaus und den Friedhof, Es ist gewissermaßen die volkskirchliche Einbindung, die stark bestimmt ist vom Ineinander und Miteinander der Ortsgemeinde und der Kirchengemeinde, von Sitte und Tradition und Brauchtum, von tragfähigen sozialen Bindungen im Wechselspiel von Individuum und Gemeinschaft (Lebensgemeinschaft, Glaubensgemeinschaft, Solidargemeinschaft). Es sind die ländlichen, kleinstädtischen Gemeinden, die weiterhin von dieser Prägung bestimmt sind, sowie große Teile der Arbeiterschaft.
2. Ein zweiter Strang evangelischer Gemeindezugehörigkeit ist seit der Reformation die *spezielle Beziehung zum Pfarrhaus*, zur Pfarrfamilie, das Pfarrhaus verstanden als Brücke zwischen Kirche und Nachbarschaft und als christliches Lebensbeispiel mit helfenden und lehrenden Funktionen neben der Verkündigungsaufgabe des Pfarrers. Es entstehe so etwas wie Personalgemeinde, die sehr stark abhängig ist von der Einschätzung des Pfarrers und seiner Familie seitens der Gemeindeglieder, von Ausstrahlung und Glaubwürdigkeit.
3. Ein dritter Strang ist im *19. Jahrhundert* in der *Vereinsbewegung* zu sehen. Vor allem der Pietismus, der die individuelle Entscheidung in den Vordergrund stellt (Entscheidung, Bekehrung, persönliche Heiligung, persönliches Zeugnis), findet in der Form des Vereins eine geeignete Form sich zusammenzuschließen (Jünglingsvereine, CVJM, Gemeinschaftsverbände, aber auch Missionsvereine, Diakonievereine, Arbeitervereine: in der Gemeinde, neben der Gemeinde und manchmal auch gegen die Gemeinde). In der Vereinsmitgliedschaft kommt eine besondere persönliche Entscheidung zum Ausdruck, eine ausgeprägtere Identifikation durch Mitarbeit und Unterstützung. Die Stärkung durch Gleichgesinnte im Verein wird positiv erfahren

angesichts einer Gesellschaft, die sich zur Massengesellschaft mit Anonymität und Mobilität entwickelt in Richtung Verstädterung und Industrialisierung.

4. Mit einer ernsthaften Rezeption der Demokratie in die evangelische Kirche kommt nach einer Wiederaufbauphase der 50iger Jahre in den 60iger Jahren ein neuer Typus hinzu. *Gemeindeglieder, die sich dem gesellschaftlichen Feld zuwenden*, weltweite Zusammenhänge entdecken und von diesen Herausforderungen mehr dem *Tatchristentum*, dem konkreten Engagement zuneigen. Formelhaft gesagt: Was vom christlichen Glauben her nicht gesellschaftlich bedeutungsvoll wird, kein Veränderungspotenzial erbringt, ist philosophischer theologischer *'Überbau'* und deshalb ggf. zweitrangig. Allenfalls psychologische Nebeneffekte in Beratung und Therapie sind willkommen. Diese junge Tradition, die im Engagement, in der Veränderung, im konkreten Handeln ihren Schwerpunkt sieht, ist der ungewohnteste Strang in den Gemeinden. Er kann sich den bisherigen Formen von Zugehörigkeit und Identifikation am schwersten verständlich machen und wird umgekehrt nur schwer verstanden.

Diese vier Stränge sind hier in aller Vergröberung in Kürze angedeutet. Zu einer sorgfältigen Beschreibung auch der Mischtypen bedürfte es einer umfangreicheren Darstellung. Diese angedeuteten Typen von Gemeindebezug sind aber interessant unter der Frage, was tut die Kirche in den katechetischen Handlungsfeldern im Blick auf diese Traditionen – bestärkend, vernachlässigend, versäumend, und was tun wir speziell im Bereich der kirchlichen Jugendarbeit? Worauf konzentrieren wir unsere Kräfte, über die wir verantwortlich nachzudenken und Rechenschaft abzulegen haben, wenn wir unsere Arbeitsschwerpunkte planen und absprechen? Was tun wir mit den verschiedenen gesellschaftlichen Entwicklungen und Trends, was tun wir ohne sie und gegen die Trends und warum?

Hinzugefügt werden muss hier der Hinweis auf die besondere Tatsache, dass wir in den letzten zwei Jahrzehnten einen deutlichen Rückgang an Glaubenswissen zu verzeichnen haben. Dies betrifft die Generation der Kinder und Jugendlichen, aber auch schon einen Teil der jetzt jungen Eltern, die gegenüber ihren Kindern vor der Aufgabe der Glaubensvermittlung stehen.

In diesem Zusammenhang wird gerne darauf hingewiesen, wie viele Jugendliche etwa durch den evangelischen Kirchentag erreicht werden. Hier möchte ich doch anmerken, dass man die Zahlen des Kirchentags nicht überbewerten soll. Weithin wird der Kirchentag von einer großen Zahl von Hauptamtlichen Jugendleitern, von Jungend – und Gemeindepfarrern getragen und unterstützt. Viele der Teilnehmer kommen überwiegend aus dem Feld gemeindlicher und auch teilweise verbandlicher Jugendarbeit in den Landeskirchen. In der Untersuchung *'Jugend auf dem Kirchentag'* (eine empirische Analyse von Andreas Feige, Ingrid Lukatis und Wolfgang Lukatis, Kreuz-Verlag 1984) wird auf Seite 132 festgestellt: *„Die jungen Kirchentagsbesucher sind fest in ihrer Gemeinde verankert: Die Teilnehmer repräsentieren die jugendspezifische Vielfalt kirchengemeindlichen*

Lebens. Diese reicht von den gemeindlich getragenen Jugendgruppen über Verbandszugehörigkeit wie CVJM, VCP oder EC, Mitarbeit in Kindergruppen, bei Bibel – und Hauskreisen bis zu den vielen Musikgruppen. Viele junge Besucher erfüllen besondere Funktionen in ihrer Kirchengemeinde als neben-, ehren – oder hauptamtliche Mitarbeiter. [...] nur ein sehr kleiner Teil der Befragten steht außerhalb kirchlicher oder kirchengemeindlich getragener oder begleiteter Aktivitäten." Wenn man sich vor Augen führt, dass die betreffenden Jahrgänge zwischen 14 und 30 einige Millionen in der EKD ausmachen, dann relativieren sich die Zahlen des Kirchentages auf ein nüchternes Maß.

EINIGE KONSEQUENZEN

Eine erste Konsequenz bestünde darin, die vorhandenen kirchlichen Kräfte zu konzentrieren. Es sollen wirklich keine falschen Alternativen entstehen, aber vorrangig sollte die geistliche Durchdringung je nach Situation im Vordergrund stehen. Ohne die Notwendigkeit zu verkennen, dass in der Abholung der Jugendlichen jeweils ihre persönliche und ihre Hintergrundsituation gesehen werden muss, sollte die Verkündigung in vielerlei Weisen als Hauptaufgabe gesehen werden. Mit anderen Worten, das spezifische der evangelischen Jugendarbeit ist vor allem zu fördern. Dabei entlastet es uns doch außerordentlich, von vielen anderen Vereinen und Angeboten umgeben zu sein, die je spezifische Angebote machen. Wir selber in der evangelischen Jugendarbeit müssen unsere geringen Kräfte, so gut es geht, bündeln.

Weiterhin möchte ich dafür eintreten, die kirchliche Jugendarbeit vor allem in ihren Gremien nicht mehr weiter zu politisieren. Hier scheint es mir wichtig, immer wieder die Möglichkeit ins Gedächtnis zu rufen, dass Jugendliche, die aus der kirchlichen Jugendarbeit geprägt worden sind, auf ihre Verantwortung hingewiesen werden, im Rahmen unserer Demokratie Verantwortung zu übernehmen. Es gibt ein weites Feld für gesellschaftliches und politisches Engagement in unserem Staat. Diese Felder des Engagements warten auf geprägte und bewusste Christen. Durch diese sinnvolle Arbeitsteilung würde unsere kirchliche Jugendarbeit erheblich entlastet. Ähnliches scheint mehr und mehr auch für die Erwachsenengremien unserer Kirche zuzutreffen.

Die Neigung ist ständig gewachsen, wie ein Innen – und Außenministerium zugleich, die Vielfalt der Fragen und Probleme aufzugreifen und beantworten zu wollen. Die Menge dieser Probleme ist so groß, der Informationsvorgang so umfangreich, die Bewertung so differenziert, dass es rasch zu Überforderungen kommt. Diese Erfahrungen von Überforderung münden dann leicht auch in Frustrationen ein. Eine Beschränkung auf einzelne Fragen ist dringlich.

Wenn evangelische Jugendarbeit mehr von ihrer disponiblen Kraft für die Weitergabe des Glaubens bereitstellen soll, dann ist die Prägung und die persönliche Haltung ihrer hauptamtlichen Mitarbeiter von ganz wesentlicher Bedeutung. Hier liegt in der Auswahl der hauptberuflichen Mitarbeiter eine wesentliche Weichenstellung, ob mit der evangelischen Botschaft identische und mit unserer Kirche einverstandene Mitarbeiter angestellt werden oder hauptamtliche Mitarbeiter, die einen langen Weg vor sich haben, erst in der Kirche Heimat zu finden, ihre geistliche Dimension und ihren Auftrag anzunehmen.

Die Schwierigkeit der Situation, die Schwierigkeit, Jugendliche abzuholen mit ihren bisherigen Prägungen, Stilen, Einstellungen, sollte nicht dazu führen, die christliche Botschaft passend zu machen. Auch den Jugendlichen unserer Zeit in ihrer Verschiedenheit und ihrer pluralen Bandbreite sind wir das ganze Evangelium schuldig, den ganzen Christus. Hier ist den Thesen zuzustimmen, die Pfarrer Heckel in München für die dortige Dekanatssynode vorbereitet hat. In einer theologischen Konzentration wird in folgender Weise zusammengefasst:

1. Unsere evangelische Jugend braucht das Wort Gottes unverkürzt und unverfälscht.
2. Unsere evangelische Jugend braucht Jesus Christus.
3. Unsere evangelische Jugend braucht die Heilsgewissheit in Christus für den gerechtfertigten Sünder.
4. Unsere evangelische Jugend braucht ein konkretes Leitbild christlichen Lebens unter den Zehn Geboten in der Nachfolge Christi.
5. Unsere evangelische Jugend braucht das Leben in und mit der christlichen Gemeinde.
6. Unsere evangelische Jugend braucht die Hoffnung des Ewigen Lebens.

Hier wurde eine theologische Summe formuliert, die durch Einsatz vieler Zwischenschritte den Kindern und Jugendlichen weitergegeben werden soll. Für diese Zwischenschritte in aller methodischen Vielfalt haben wir in unserer Landeskirche eine große Zahl von pädagogisch kompetenten Mitarbeitern angestellt. Gerade deren Gaben und Befähigung sollte für diese Übersetzungsarbeit eingesetzt werden angesichts einer immer mehr differenzierten pluralen Situation, in der Jugendliche leben. Die Pluralität kann aber nicht bedeuten, dass wir loslassen von dem formulierten Konsens, von dem Fundus unseres gemeinsamen Glaubens in der Tradition unserer Kirche.

EINZELNE BEOBACHTUNGEN

In meinem diesjährigen Bericht 1985 habe ich als Schwerpunkt die kirchliche Jugendverbandsarbeit gewählt. Die Möglichkeiten und Chancen dieser Arbeitsform scheinen mir bei Weitem noch nicht ausgeschöpft zu sein.

Insbesondere die biblisch-missionarischen Verbände haben bei entsprechender Unterstützung erstaunliche Möglichkeiten. Das heißt nicht, dass nicht thematische, aktionsbezogene, offene Jugendarbeit geschehen soll. Aber auch dort im breiten Feld auch der Gemeindejungend darf die Frage nicht ruhen, wie der Glaube zu Wort kommt, Wachstumsschritte des Glaubens bei Kindern und Jugendlichen gefördert werden, persönliche und gemeindliche Frömmigkeit auf den Weg gebracht wird. Der Apostel Paulus schreibt 1. Korinther 3, dass er zunächst nur Milch weiterreichte und nicht feste Speise. Das *Ziel aber ist die feste Speise, der ganze Glaube.* Bei allem, was an Einfühlung, an geduldiger Abholung notwendig ist, es kann nicht nur bei der Milch bleiben.

Kirchliche Jugendarbeit hat es schwer in einer theologisch so diffusen Phase, wie wir sie jetzt durchleben. Der einzelne Jugendliche hat es schwer, sich zu orientieren. In der kirchlichen Jugendarbeit kommt die Unsicherheit, die Streubreite der Ziele und Beschreibungen von Kirche und Christsein zum Austrag.

Es ist die schon länger währende Unklarheit, Nebelhaftigkeit und *die Streit – und Spannungssituation der Gesamtkirche,* die im Feld der Jugendarbeit Wirkung zeigt. In der Jugendarbeit treten deutlicher und schärfer die Lösungsvorstellungen zutage, die aus der spannungsreichen Lage herausführen wollen. Der Dauerkonflikt, eingespannt in die Mechanismen von Gremien und ihr jeweiliges Kräftespiel, wird nicht eine Lösung auf lange Sicht sein können. Wenn die Ziele und Schwerpunkte auseinandergehen, wird es auf die Länge der Zeit schwer zu tragen sein, sich nur gegenseitig auf Kompromisse hin abzubremsen, sprich: sich zu behindern.

Symptomatisch liegt dies auf der Hand im unterschiedlichen Profil von Gemeindetag und Kirchentag. Die Gesamtkirche stellt hier die Jugendlichen und die Jugendarbeit vor die Alternativen verschieden profilierter und gestalteter Formen von Christsein.

Im Sektor der verschiedenen politischen Optionen, wie sie in Synoden der Gesamtkirche und auch in den Gremien der Jugendarbeit ausgefochten werden, werden die Konturen noch schärfer. Unter der Diskussionsebene ethischer und sozialethischer Fragen liegen die parteipolitischen Sichtweisen und Entscheidungen der beteiligten Kirchenglieder. Da stehen unausgesprochen Positionen hinter einer künftigen Bündnispolitik, einer Umorientierung in verschiedenen Feldern des Rechts, der technischen Entwicklung, der Zuordnung unseres Landes im Weltzusammenhang – ideologisch, wirtschaftlich, politisch.

Die Dominanz dieser existenziellen Fragen in unseren Gremien der Gesamtkirche und der Jugendarbeit wirkt desorientierend und destabilisierend. Die Hereinholung aller dieser Fragen in die Gremien und Abstimmungsmechanismen der Kirche zehrt an der Konsenssubstanz, die noch vorhanden ist. Der Konsens selbst bekommt keine Nahrung, keine Unterstützung. Er wird kaum mehr definiert, identifiziert, repräsentiert. *Die Hauptkraft fließt in die Konflikte,* die fast immer von außen her in die Kirche getragen werden.

Von dieser Situation möchte ich das Gleichnis von den beiden Söhnen (vom verlorenen Sohn – Lukas 15) zu Wort kommen lassen. Es stellt an uns die Fragen: ob wir noch aussagen können, wer der verlorene Sohn ist und wer der treue, zu Hause gebliebene Sohn? Ob wir beschreiben können, wo das Vaterhaus steht, wo man hin zurückkehren kann und wo man bleiben darf?

Sind wir, um ein anderes Gleichnis anzuführen, in der Lage zu sagen: *Hier ist die große Herde der 99, und da ist das Verlorene*, um es dorthin zu bringen – vom Hirten! – wo die ganze Herde ist. Wie ist dies Jugendlichen heute nicht nur angesichts einer polarisierten Situation, sondern man kann sagen, ‚*polyzentrierten Situation*', in unserer Kirche zu vermitteln? Längst nicht alle lassen sich in polaren Strukturen verorten.

In der Apostelgeschichte wurde die Gemeinde deutlich beschrieben: „*Sie waren täglich und stets beieinander, einmütig im Tempel und brachen das Brot hin und her in den Häusern, nahmen die Speise mit Freuden und lauterem Herzen, lobten Gott und hatten Gnade bei dem ganzen VoLuk. Der Herr aber tat hinzu täglich, die gerettet wurden, zu der Gemeinde.*"[1]

Das mag manchem heute als idealisierte Idylle der frühen Christenheit erscheinen. Aber in der Substanz beschreibt dieses Wort christliche Gemeinde, beschreibt es die Herde, das Vaterhaus. Es genügt heute nicht, die verschiedenen Strömungen nebeneinander laufen zu lassen, aufeinanderprallen zu lassen und zu schauen, wer der Stärkere ist nach den Regeln des Interessenstreits einer pluralen Gesellschaft, sondern es wird *nötig* sein, *das Miteinander zu beschreiben, zu fördern und seine Bedingungen zu benennen.*

Eine eigene Anforderung an kirchliche Jugendarbeit sollte in der Unsicherheit und Rollenunklarheit gesehen werden, vor der heute Mädchen und junge Frauen stehen. *Die Erziehung von Mann und Frau* als ein Erziehungsziel ist völlig an den Rand gerückt. Bürgerliche Leitbilder, emanzipatorische bis feministische bieten jeweils Konturen einer Identität an. Meist stellt es sich als ein Experimentieren dar, das viel Bruchstückhaftigkeit zur Folge hat. Junge Paare, die sich aufeinander zubewegen, erleben schmerzhaft und leidvoll die Vielzahl der unausgegorenen Ansätze in sich selbst und beim jeweiligen Gegenüber.

Häufig begegnete ich einem mitleidig bis verständnislosen Kopfschütteln, wenn ich die Anregung aussprach, dass wir uns als Christen vielleicht einigen biblischen Grundansichten vom Menschsein und auch vom Frau – und Mannsein zuwenden könnten. Die Jahrzehnte des Experimentierens, der ungebundenen Freiheit und des damit verknüpften Umbruchs, die wir bisher durchschritten haben, bescheren uns in Ehe und Familie

---

1 Apostelgeschichte 2, 46–47.

und der Zufriedenheit aller Beteiligten keineswegs die strahlenden Ergebnisse, wie sie ursprünglich verheißen wurden.

Biblischer Rückbezug, biblische Reflexion, Kontinuität in den Glaubenserfahrungen unserer Kirche – fruchtbar gemacht für unsere kirchliche Jugendarbeit – das wäre eigens und gesondert nötig.

Das Studienzentrum für evangelische Jugendarbeit in Josefstal fühlt sich von seinen Anfängen her der emanzipatorisch-gesellschaftspolitischen Linie verpflichtet. Es wäre wichtig, daneben ein Studienzentrum zu haben, das seine Kraft der biblisch-missionarischen Jugendarbeit widmet und auch der lutherisch-volkskirchlichen Tradition in unseren Gemeinden.

Es ist sicher nicht unbillig, an unsere Landeskirche die Erwartung heranzutragen, dass diese geprägten Traditionen unserer Landeskirche in der Jugendarbeit eine eigene Unterstützung verdienen. Ich erinnere hier an den kurzen Abriss der Prägungen, wie sie in unserer Kirche vorhanden sind und von W. Lück recht zutreffend beschrieben wurden. Evangelische Jugendarbeit geht nicht nur in der emanzipatorisch – gesellschaftspolitischen Akzentuierung auf.

Unumgänglich ist es aber, darauf hat Bischof Wilkens aus Nordelbien in einem Interview mit ‚*Idea*' hingewiesen – dass die anderen Prägungen innerhalb der Kirche – er sprach speziell die pietistische und die christlich-konservative an – deutlich ihren Platz in der Kirche reklamieren und ausfüllen. Das ist wiederum kein gesondertes Jugendproblem, sondern ein gesamtkirchliches.

Und damit ende ich bei der wichtigen Grundfeststellung, dass Jugend und Gemeinde als Zusammenhang, als Zusammengehörige begriffen werden im Sinne vieler neutestamentlicher Aussagen.

BERUFUNG UND GEMEINDE

IM BLICK AUF DIE GESTALTUNG EINER AMTSEINFÜHRUNG

EINLEITUNG

Der Text aus dem Jahre 1975 mag merkwürdig anmuten. Warum hier die Verwendung dieses Textes, warum diese zwölf Punkte, die doch nur Selbstverständliches enthalten? *„Warum muss das denn noch gesagt sein…?“*, fragt sich vielleicht mancher Leser.

Es muss gesagt sein, weil das Selbstverständliche manchmal so unbegründet selbstverständlich wird, dass es irgendwann hinterfragt wird, unerklärt bleibt und dann eines Tages gar nicht mehr selbstverständlich ist. Es bedarf also immer wieder der Verständlichmachung des Selbstverständlichen. Dazu ist dieser Text eine Hilfe. Hätten Dekan, Pfarrer und Kirchenvorstand einer Schwabacher Gemeinde dies verstanden, wäre es nicht zu folgendem Ereignis gekommen.

Im Jahr 2012 wurde in Schwabach ein Pfarrer installiert. Pfarrer Lutz Domröse bat einen muslimischen Freund, bei seiner Installation in Schwabach zu assistieren. Das bedeutete, ihm unter Handauflegung den Segen für seine Berufung zuzusprechen. Ebenso wie die vier anderen Assistenten und der Dekan, Klaus Stiegler, hatte der Muslim, der in Nürnberg islamischen Religionsunterricht erteilt, ein Segenswort zu sprechen und durch Handauflegung den Segen Gottes zu erbitten. Entgegen dem selbstverständlichen Brauch wurde also ein Pfarrer unter Beteiligung eines Muslims eingesegnet. Ausweislich des Gemeindebriefes Ausgabe 4/2012 ist besagter Pfarrer für die *‚Koordination Konfirmandenarbeit und geistliche Gemeindeentwicklung‘* zuständig. Ein solcher Bruch mit der gesamten kirchlichen Tradition, wie die Installation eines Pfarrers durch einen Muslim, kann nur aus einem völligen Unverständnis dessen, was bei einer Installation geschieht, geschehen. Wenn es Dekan, Pfarrern, Kirchenvorstehern und – ausweislich der Äußerung des Pressesprechers – der Kirchenleitung[1] nicht mehr unmöglich erscheint, dass ein

---

1 Vgl. idea-Meldung *„Kann ein Muslim den Segen Gottes für einen Pfarrer erbitten?“* vom 20. Mai 2012: *„Gegenüber idea bestätigte der Sprecher der bayerischen Kirchenleitung, Johannes Minkus (München), dass es keine kirchenrechtlichen Einwände gebe, wenn ein Muslim bei der Einführung eines Pfarrers assistiere.“*

Anhänger einer anderen Religion[2] einen, zumindest doch vom Eigenanspruch her, Diener des Dreieinigen Gottes in sein Amt miteinführt, dann ist Aufklärung über den wahren Sachverhalt sicher das Mindeste. Hier ist sie, wenn auch ursprünglich einem anderen Kontext beigeordnet.

BERUFUNG UND GEMEINDE – IM BLICK AUF DIE GESTALTUNG EINER AMTSEINFÜHRUNG

WOLFHART SCHLICHTING

1. Christliche Gemeinde sammelt sich nicht als Interessengemeinschaft, sondern der erhöhte Christus selbst versammelt sie. Sie entsteht durch das verkündigte Wort, das Kraft des Heiligen Geistes Glauben findet.

2. Das Wort ist jedem Glaubenden zum Weitersagen gesagt (Allgemeines Priestertum der Gläubigen).

3. Unterschiedliche Begabungen geben diesem Weitersagen unterschiedliche Reichweite (1 Kor. 12,28: „*... etliche zu Aposteln, etliche zu Propheten, etliche zu Lehrern ...*“). Nicht die Gemeinde vermittelt die Gaben, sondern der erhöhte Herr selbst durch den Heiligen Geist.

4. Aus der Begabung und aus Führungen im persönlichen Leben wird die Berufung zu bestimmten Diensten erkennbar, die wiederum nicht von der Gemeinde, sondern durch den Heiligen Geist vom erhöhten Herrn selbst ausgeht.

---

2 Dies alles ist umso erstaunlicher, da gleich im ersten Artikel der Confessio Augustana, der Islam als Häresie verworfen wird: „*Der 1. Artikel – Von Gott. Erstlich wird einträchtig gelehrt und gehalten, laut des Beschlusses des nicaenischen Konzils, dass ein einziges göttliches Wesen sei, welches genannt wird und wahrhaftig ist Gott, und sind doch drei Personen in demselben einen göttlichen Wesen, gleich gewaltig, gleich ewig, ohne Stück, ohne Ende, von unermesslicher Macht, Weisheit und Güte, ein Schöpfer und Erhalter aller sichtbaren und unsichtbaren Dinge. Und durch das Wort Persona wird nicht verstanden ein Stück, nicht eine Eigenschaft in einem anderen, sondern es besteht selbst, wie denn die Väter in dieser Sache dies Wort gebraucht haben.*
Deshalb werden verworfen alle Ketzereien, die diesem Artikel zuwider sind, wie die Manichäer, die zwei Götter gesetzt haben, einen bösen und einen guten, ebenso die Valentinianer, Arianer, Eunomianer, Mahometisten und alle dergleichen, auch Samosatener, alte und neue, die nur eine Person setzen und von diesen zweien, Wort und heiligem Geist, Sophisterei machen und sagen, dass es nicht unterschiedene Personen sein müssen, sondern Wort bedeute leibliches Wort oder Stimme, und der heilige Geist sei eine erschaffene Regung in den Kreaturen.“ Vgl. Bekenntnisschriften der Evangelisch-Lutherischen Kirche (BSELK), Göttingen 1992, S. 50 f.

5. Die Berufung kann in einen bestimmten Beruf, z. B. den eines Pfarrers der Kirche, der ich angehöre, einweisen. Dann wird der Dienst, zu dem der Herr beruft, in Form der Ausübung dieses Berufes geleistet.

6. Als in einen bestimmten Beruf, nämlich den eines ‚*Geistlichen*', Berufener stehe ich in der Nachfolge anderer, die vor mir zu diesem Dienst berufen wurden.

7. Bei Dienstantritt soll dadurch, dass Worte der Heiligen Schrift gesprochen und ausgelegt werden, unverkennbar zum Ausdruck kommen, dass der erhöhte Christus der Dienstherr ist.

8. Als Repräsentant der organisierten Kirche, die es ermöglicht, dass die Berufung in Form der Ausübung eines bestimmten Berufes, und zwar in einer bestimmten Gemeinde, ausgeübt werden kann, nimmt der Dekan die Amtseinführung vor.

9. Dabei assistieren möglichst der Geistliche, der vorher die neu zu übernehmende Funktion wahrgenommen hat, und der Senior als Repräsentant der Pfarrerschaft, in deren Gemeinschaft der Dienst auszuüben ist.

10. Handauflegung bezeichnet die Übertragung des Auftrags und die Zueignung der damit verbundenen Verheißung.

11. Die Gemeinde trägt den Dienst des durch den erhöhten Christus aus ihrer Mitte zum Dienst an ihr Berufenen durch Fürbitte, Mitarbeit, Beisteuer und kritische, die Ausübung des Dienstes an der Heiligen Schrift prüfende, Begleitung.

12. Bei der Amtseinführung sollten Sprecher der Gemeinde den neu Beauftragten ermahnen, seinen Pflichten nachzukommen und die Fürbitte für ihn formulieren und vorbringen.

DAS WESEN DER GEMEINDE

EINLEITUNG

Im folgenden Beitrag erläutert Wolfhart Schlichtung, was Kirche nach biblischem Verständnis ist. Der Beitrag nimmt dabei die Auslegungen der lutherischen Bekenntnisschriften auf und grenzt den Kirchenbegriff ab. Die Abgrenzung erfolgt hier vordringlich gegen ein soziologisches Kirchenverständnis, wie es leider zunehmend innerkirchlich wahrgenommen wird. – Mit verheerenden Konsequenzen.

DAS WESEN DER GEMEINDE

WOLFHART SCHLICHTING

LUTHERS DEFINITION DES BEGRIFFES

Bekannt ist Luthers schlichte nicht nur jugend-, sondern sogar kindgemäße Definition dessen, was Kirche ist. *„Es weiß, gottlob, ein Kind von sieben Jahren, was die Kirche sei, nämlich die heiligen Gläubigen und die Schäflein, die ihres Hirten Stimme hören."* (Schmalkaldische Artikel III, XII)

» Das Alter von sieben Jahren galt als die unterste Grenze der Selbstständigkeit.
» Jedes Kind also, das die erste Unterweisung genossen hat, weiß, was Kirche ist.
» Im Blick auf Joh. 10,3 – *„meine Schafe hören meine Stimme"* – ist in klassischer Kürze gesagt, was das Wesen der Kirche ausmacht: *‚das Hören auf die Stimme des guten Hirten‘*.

ZUR ETYMOLOGIE DES WORTES ‚KIRCHE'

Die –wahrscheinlichste – Etymologie des deutschen Wortes *‚Kirche‘* weist in die gleiche Richtung. Das Wort dürfte abgeleitet sein vom griechischen Adjektiv *‚kyriaké‘*, d. h.: die dem Herrn, dem *‚kyrios‘*, Gehörige.
Kirche ist, was sie ist, durch ihre Zugehörigkeit zum *‚kyrios‘*. Das Wesen der Kirche besteht in der Zugehörigkeit von Menschen zu Christus.
Die Gemeinschaft solcher, die dem *‚kyrios‘* gehören, stellt das Reich Gottes dar.

Reich Gottes heißt: Gott herrscht. Diese Herrschaft erstreckt sich über seine Geschöpfe. Durch den Abfall der Geschöpfe ist Gottes Herrschaft infrage gestellt.
Der Sündenfall mit seinen Folgen – bzw. die Wirklichkeit, wie wir sie vorfinden, in dieser ihrer biblischen Deutung – stellt eine Geschichte der Bestreitung der Gottesherrschaft dar.
Gott herrscht zwar über die Völker. Aber ein bejahendes Echo findet seine Herrschaft nur bei seinem auserwählten VoLuk.
Dieses Volk hat er aus der Menschheit herausgerufen, damit es seine Stimme höre. Aus diesem Volk, das mit hörenden Ohren hörte und doch nichts vernahm, hat er immer wieder einen Rest herausgerufen, der seine Stimme hörte:
Josua 24,15: *„‚Ich aber und mein Haus wollen dem Herrn dienen'. Wählt ihr euch heute, wem ihr dienen wollt.“* Als *‚kyriaké'* ist die Gemeinde derer zu bezeichnen, die sich entschließen, dem Herrn gehören zu wollen: wir wollen dem Herrn dienen.

DIE KONSTITUIERUNG DER GEMEINDE DURCH DAS HÖREN

Nach Luthers Definition, – die nicht nur für den katechetischen Hausgebrauch, sondern immerhin als Verhandlungsgrundlage für ein ökumenisches Konzil dienen sollte –, ist die Kirche durch das Hören auf die Stimme Christi konstituiert.
Dieses Hören macht die Kirche aus. In diesem Hören konstituiert sie sich. Ohne dieses Hören verliert sie sich; sie löst sich auf.
Die Kirche hört auf die Stimme ihres Hirten. Diese Stimme ist es, die sie zusammenruft und zusammenhält. Diese Stimme ist für die Kirche absolut maßgeblich. Auf diese maßgebliche Stimme hören, heißt, ihr gehorchen. Auf sie hören, heißt, sich ihr anvertrauen, sich auf sie verlassen. Auf diese Stimme hören, heißt, ihr glauben.

Eine Stimme hören, heißt normalerweise, Worte hören. Unartikulierter Stimmaufwand kann nur in Ausnahmefällen maßgebliche Bedeutung erlangen. Wer die maßgebliche Stimme hört, hört ihre maßgeblichen Worte.

Die Stimme des Herrn hören, heißt also, Worte, Verba, vernehmen. Worte hört man aber nur, wo Worte gesprochen werden. Die Stimme des guten Hirten hört man nur, wenn er redet. Er redet aber so, dass seine Boten reden. Sie berufen sich auf seinen Spruch: *„Wer euch hört, hört mich.“*

Die Stimme des guten Hirten ist also in der Verkündigung seiner Boten zu hören. Dabei ist verbale Verkündigung gemeint.

Kirche entsteht also dadurch und besteht darin, dass eine Anzahl von Menschen in der verbalen Verkündigung der Boten Christi die für sie maßgebliche Stimme des guten Hirten hört.

DIE KONSTITUIERUNG DER GEMEINDE DURCH BEKEHRUNG

In Römer 10,14 ff. hat Paulus die Kette der Konditionen, die Glauben möglich machen, dargestellt: Wie soll man an den glauben, von dem man nichts gehört hat? Wie soll man aber hören ohne Verkündigung? Wie soll man aber verkündigen ohne Sendung?

Die Sendung Christi (missio) setzt Verkündigung in Gang. Verkündigung sucht Gehör. Im Hören der Verkündigung wird Glaube möglich. Zum Glauben kommt es, wenn sich die Verheißung erfüllt: Wer euch hört, hört mich, – wenn also Hörer der verbalen Verkündigung der Boten Jesu in dieser Verkündigung die absolut maßgebliche Stimme des guten Hirten hören.

Das Korrelat dieses Hörens, die menschliche Reaktion darauf, ist der Entschluss: Ich aber und mein Haus wollen dem Herrn dienen, – bzw. im Bereich des neuzeitlichen abendländischen Individualismus: Ich für meine Person will dem Herrn dienen und in meinem Umkreis sein Zeuge sein.

Das Hören der Stimme des guten Hirten führt also zur Hinwendung, zur Hinkehr zu ihm. Diese Hinkehr bedeutet Umkehr. Umkehr ist, wenn Wille und Entscheidungsfähigkeit in sie einbezogen werden, Bekehrung.

Kirche entsteht und besteht also da, wo aus dem Hören der maßgeblichen Stimme des guten Hirten in der verbalen Verkündigung seiner Boten Bekehrung folgt.

DER POLEMISCHE KONTEXT VON LUTHERS DEFINITION

Luthers schlichte Definition von ‚*Kirche*' steht in einem polemischen Kontext: *„Wir gestehen ihnen nicht (zu), dass sie die Kirche sein (seien), und sind's auch nicht, und (wir) wollen's auch nicht hören, was sie unter dem Namen der Kirchen gebieten oder verbieten."*
Der Kirchenbegriff ist also umstritten. Dieser Streit ist aktuell. Luther meinte den röm.-kath. Kirchenbegriff. Dieser sieht in der Kirche eine soziologische Größe, so greifbar und sichtbar wie die Republik Venedig (Bellarmin). Luther bestreitet, dass die Kirche in ihrem Wesen eine soziologische Größe sei.

DAS BIBLISCHE WORT FÜR ‚GEMEINDE'

Der neutestamentliche Begriff, der im Deutschen mit ‚*Kirche*' oder ‚*Gemeinde*' wiedergegeben wird, heißt ekklesía.
In der Umwelt des Neuen Testamentes bezeichnete dieser Begriff die Volksversammlung, vgl. z.B. Apg. 19, 32, 39 f.

Die zur Volksversammlung erscheinenden Bürger sind die ékkletoi, d. h. die durch einen Herold aus ihren Häusern heraus und im Theater Zusammengerufenen. Ek-kaleo heißt: ich rufe heraus.

Schon die Etymologie dieses Wortes zeigt, dass ekklesía durch das Hören auf die Stimme eines Rufenden entsteht.

Durch das Ergehen eines Rufes und durch das Hören auf diesen ergehenden Ruf entsteht ‚*ekklesía*'. Sie konstituiert sich, indem Menschen dem Ruf Folge leisten.

Christliche Gemeinde entsteht demnach dadurch, dass der Ruf Christi ergeht und Gehör, d. h. Gehorsam, findet.

Dieser Ruf Christi ergeht in der Verkündigung seines Wortes durch seine Boten. Er ergeht also im Gottesdienst.

Gemeinde tritt also in Erscheinung, wo man zum Hören der Verkündigung zusammenkommt. Gemeinde stellt sich als Gottesdienstgemeinde dar.

Gottesdienst kann unterschiedliche Formen haben. Das Verlauten der Stimme des guten Hirten und das Hören darauf machen aber sein Wesen aus. Auch junge Gemeinde kann nur – in welcher Form auch immer – Gottesdienstgemeinde sein.

ABGRENZUNG GEGENÜBER EINEM SOZIOLOGISCHEN KIRCHENBEGRIFF

Aus dieser aus dem Sprachgebrauch des Neuen Testaments, der seinerseits auf die griechische Übersetzung des Alten Testaments zurückgeht, zu erhebenden Feststellung folgt notwendig eine polemische Abgrenzung gegenüber einem Kirchenbegriff, wie er in der Untersuchung der EKD über die Stabilität der Kirche vorausgesetzt zu sein scheint.

Es handelt sich dabei um eine soziologische Untersuchung.

Soziologische Untersuchungen haben, wie der Name schon sagt, gesellschaftliche Größen zum Gegenstand. Eine soziologische Untersuchung kann die Kirche nur als soziologische Größe in den Blick bekommen.
Sie könnte über die Kirche nur dann sachgemäße Aussagen machen, wenn die Kirche wie Roberto Bellarmini, der große Theologe der Gegenreformation lehrte, eine gesellschaftliche Größe wäre, die mit dem Königreich Frankreich und der Republik Venedig vergleichbar ist. Die Zugehörigkeit zur Bundesrepublik Deutschland wirkt sich im Zahlen der Steuern aus. Die innere Einstellung spielt bei der Zuerkennung staatsbürgerlicher Rechte keine Rolle.

Eine Kirche, die sich mit gesellschaftlichen Größen dieser Art für vergleichbar hält, müsste ebenfalls als im Vollsinn zugehörig zählen, wer den Willen erkennen lässt, dieser gesellschaftlichen Größe anzugehören und seinen einklagbaren Verpflichtungen nachzukommen. Die innere Einstellung dürfte in diesem Fall auch bei der Kirche nicht entscheidend sein.

Dann ergäbe sich eine Definition, die lauten müsste: Die Kirche ist eine soziologisch beschreibbare Größe, die durch den Entschluss ihrer Mitglieder, ihr angehören und sie durch einen finanziellen Beitrag am Leben erhalten zu wollen, Bestand hat. Für die Existenz der Kirche wäre es unwesentlich, ob ihre Mitglieder die Stimme ihres Herrn hören oder nicht.

Ein solcher soziologischer Kirchenbegriff scheint unter anderem in den Ausführungen des Kurhessischen Landesjugendpfarrers über ‚*Die Jugendarbeit der Ev. Kirche von Kurhessen-Waldeck*‘ vorausgesetzt zu sein.[1]

Demnach würde es genügen, den Wunsch zu haben, zur Kirche zu gehören, um als Christ zu gelten. Die Frage, ob man den Wunsch hat, die Stimme des Herrn zu hören und gar ihr zu gehorchen, wird nicht gestellt.

Für diese Kirche, die durch den Wunsch ihrer zahlenden Mitglieder, dabeizubleiben, konstituiert wird, wird das NT-Bild vom Leib Christi in Anspruch genommen.

Dann wären aber solche, die nicht gewillt sind, auf die Stimme des guten Hirten zu hören, im Vollsinn Glieder am Leib Christi.

Ihnen wären Charismen zuzuschreiben.[2]

Das hieße aber, dass die Zugehörigkeit zum Leib Christi unabhängig von der Zughörigkeit zu dessen Haupt wäre. Man könnte demnach Glied des Leibes Christi sein, ohne vom Haupt dieses Leibes bestimmt zu werden. Man könnte Christ sein, ohne auf die Stimme Christi zu hören. Man könnte Christ sein, ohne Christi Ruf zur Umkehr, zur Bekehrung Folge zu leisten.

Für das Christsein wäre Hören auf die Stimme Christi und Gehorchen unwesentlich. Das Hören wäre eine Spezialtätigkeit bestimmter Glieder am Leib. Die übrigen Glieder wären ohne diese Bereitschaft, zu hören, gleichrangig.

---

1 Vgl. A. Riebensahm: Die Jugendarbeit der Evangelischen Kirche von Kurhessen-Waldeck, S. 4.

2 Ebd.

Charismen wären also ohne die hörende und gehorchende Beziehung zum Haupt des Leibes zu erreichen. Sie wären überall vorauszusetzen, wo der Wunsch besteht, zur Kirche zu gehören, oder jedenfalls nicht der ausdrückliche Wunsch, ihr nicht anzugehören.[3]

Das Schema: Kerngemeinde-Randsiedler, so heißt es, treffe die tatsächliche Situation der Kirche in der BRD nicht. Gemeinde, die nicht als Gottesdienstgemeinde in Erscheinung tritt, die sich also nicht wie *‚ekklesía'* herausrufen lässt, um die Stimme des Hirten zu hören, soll gleichwohl als Gemeinde im Vollsinn gelten.

Der Leib Christi konstituiert sich abgesehen vom Haupt.

Die Herde wird statistisch erfasst, ohne dass die Stimme des Hirten Beachtung fände, die sie zusammenruft.

Als Weinstock gilt plötzlich die Kirche. Die Reben beziehen aus ihr – oder woraus? – charismatische Kraft. In Joh. 15 sagt Jesus aber: *„Ich bin der Weinstock."* *„Wer an mir bleibt, bringt Frucht."* Nicht die Zugehörigkeit zu der soziologischen Größe *‚Kirche'*, sondern die Zugehörigkeit zu Jesus, vermittelt Charismen.

Neben der ihre Zugehörigkeit zu Jesus lebenden Kerngemeinde gibt es keine anderen Formen des Christseins.

FOLGERUNGEN FÜR DIE JUGENDARBEIT

Wenn die Kirche eine soziologische Größe ist, dann genügt es für kirchliche Jugendarbeit, wenn Jugendliche sich aus irgendwelchen Gründen in irgendeiner von ihnen als positiv empfundenen Weise der Kirche zugesellen.

Wenn die Kirche dadurch entsteht und darin besteht, dass Menschen die Stimme des guten Hirten hören, dann kann nur da von kirchlicher Jugendarbeit die Rede sein, wo diese Stimme vernehmlich wird und wo das Vernehmen dieser Stimme zur Folge hat, dass Verirrte zu dem Rufenden umkehren.

Luthers Polemik aus den Schmalkaldischen Artikeln erweist hier ihre Aktualität.

Der in dem zitierten Bericht vorausgesetzte Kirchenbegriff und die daraus abgeleitete Konzeption und Praxis kirchlicher Jugendarbeit ist mit reformatorischem Bekenntnis meines Erachtens nicht zu vereinbaren.

---

3 Ebd.

GELEBTE ‚GEMEINSCHAFT' (APOSTELGESCHICHTE 2,42) IN HAUSKREISEN DER ESG[1]

EINLEITUNG

Hauskreis? In vielen Gemeinden hat sich der Hauskreis etabliert. Er ist ein zusätzliches Angebot geistlicher Gemeinschaft entweder für die Kerngemeinde oder (oft auch gleichzeitig) ein Instrument missionarischen Gemeindeaufbaus. Uns scheint das Konzept modern, und auf die Länge der Kirchengeschichte hin betrachtet, mitunter neu. Interessant, dass die Überlegung zum Modell ‚*Hauskreis*' sich direkt aus der Bibel ableiten lässt, wie Wolfhart Schlichtings Beitrag zeigt. Interessant auch, dass schon Luther, wenn er von der ‚*Dritten Weise des Gottesdienstes*' spricht, etwas beschreibt, was wir heute Hauskreis nennen würden. Einzige Ausnahme: Luther wollte ursprünglich sogar die Sakramente in den Hauskreis verlegen. Das wäre vielleicht wirklich neu …

„Aber die dritte Weise (des Gottesdienstes), welche die rechte Art der evangelischen Ordnung (an sich) haben sollte, dürfte nicht so öffentlich auf dem Platz unter allerlei Volk geschehen. Sondern diejenigen, die mit Ernst Christen sein wollen und das Evangelium mit der Tat und dem Munde bekennen, müssten sich mit Namen (in eine Liste) einzeichnen und sich etwa in einem Hause für sich allein versammeln zum Gebet, (die Schrift) zu lesen, zu taufen, das Sakrament zu empfangen und andere christliche Werke zu üben. In dieser Ordnung könnte man die, welche sich nicht christlich hielten, kennen, strafen, bessern, ausstoßen oder in den Bann tun nach der Regel Christi Matth. 18,15ff. Hier könnte man den Christen auch ein gemeinsames Almosen auferlegen, das man freiwillig gäbe und unter die Armen nach dem Vorbild des Paulus austeilte (2. Kor. 9,1). Hier bedürfte es nicht vieler und großer Gesänge. Hier könnte man auch Taufe und Sakrament auf eine kurze feine Weise halten und alles aufs Wort und Gebet und die Liebe richten. Hier müsste man einen guten kurzen Unterricht über das Glaubensbekenntnis, die zehn Gebote und das Vaterunser haben. In Kürze: wenn man die Menschen und Personen hätte, die mit Ernst Christen zu sein begehrten, die Ordnungen und Regeln dafür wären bald gemacht.

Aber ich kann und mag eine solche Gemeinde oder Versammlung noch nicht ordnen oder anrichten. Denn ich habe noch nicht die Menschen und Personen dazu, ebenso sehe ich auch nicht viele, die sich dazu drängen. Kommt's aber dazu, dass ich's tun muss und dazu gedrängt werde, sodass ich's mit gutem Gewissen nicht lassen kann, so will ich das Meine gerne dazu tun und auf das Beste, so ich's vermag, helfen. Bis dahin will ich's bei den

1 Evangelische Studentengemeinde

angeführten zwei Weisen (des Gottesdienstes) bleiben lassen und öffentlich unter dem Volk solchen Gottesdienst über die Predigt hinaus fördern helfen, um die Jugend zu üben und die andern zum Glauben zu rufen und anzureizen, bis dass sich die Christen, welche das Wort mit Ernst meinen, von selbst finden und auf einer Änderung bestehen (auf dass nicht eine Spaltung draus werde, wenn ich's von mir aus betreiben wollte. Denn wir Deutschen sind ein wildes, rohes, tobendes Volk, mit dem nicht leicht etwas anzufangen ist, es treibe denn die höchste Not)."[2]

GELEBTE ,GEMEINSCHAFT' (APOSTELGESCHICHTE 2,42) IN HAUSKREISEN DER ESG

WOLFHART SCHLICHTING

Die Kirche ist so lange allseits wohlgelitten, als sie einen Rahmen tieferer Sinndeutung um das Leben legt. Bei Bedarf bedient man sich ihrer.
Wenn Gemeinde aber mehr wird, wenn sie anfängt, zu ,*binden*', sodass man ,*gebunden*' ist durch die Gemeinde und an die Gemeinde, sobald sie anfängt, etwas zu kosten, Zeit, Kraft, Geld zu kosten, sobald die Zugehörigkeit zu ihr Verzichte notwendig macht, wird es schwierig. Dann bekommt man gesagt: ,*Die nützen dich ja doch nur aus. Du musst mehr auf dich selber achten*'.

Wenn die Gemeinde nicht nur einen würdigen Rahmen für das Gemälde des Lebens abgibt, sondern das Bild selber bestimmt, das Leben verändert, dann tritt das ein, was immer eintrat, wenn die Kirche lebendig war: Die einen halten das für eine Torheit, und den anderen ist es ein Ärgernis, die einen lächeln über so viel Naivität, und die anderen regen sich auf.
Ich erinnere an die Berufungsgeschichte des Petrus (Lukas 5, 1–11). Solange Jesus schöne Worte sagte, hörte der Fischer gerne zu und stellte sein Boot als ,*Kanzel*' zur Verfügung. Aber als ihm Jesus in seine Arbeit hereinredete, als er ihn zu etwas veranlasste, was man vernünftigerweise nicht täte, da erschrak er. Er merkte, dass er die Führung über sein Leben verlor; und das wollte er nicht. Er wünschte sich, wieder zu leben wie vor dieser Begegnung. ,*Geh weg von mir!*' sagte er. „*Ich bin ein sündiger Mensch*", und ich will bleiben, wie ich bin, ich will ich selber bleiben.
Aber es geschahen wunderbare Dinge; Unerwartetes, Unvorstellbares geschah. Petrus schreckte davor zurück. Aber er ahnte doch, dass in diesem Erschrecken die Wahrheit des Lebens bei ihm anklopfte: das wahre Leben. Paulus schrieb: Was andere als Torheit und

---

2 Martin Luther: Deutsche Messe und Ordnung des Gottesdiensts (1526), in: Martin Luther: Gesammelte Werke, hg. von Kurt Aland, S. 3862, in: Digitale Bibliothek Band 63, (vgl. Luther-Werke Bd. 6, S. 89–90).

Ärgernis empfinden, zeigt sich doch uns, den Berufenen, als göttliche Kraft und göttliche Weisheit (1. Kor 1,18–25).

Das ist Gemeinde: Die Gruppe derer, die in dem, was allgemein als Torheit gilt oder Ärgernis verursacht, was als übertrieben, unnötig, sinnlos und gefährlich angesehen wird, eine Kraft entdeckt, von der sie vorher nichts wusste, und überhaupt erst den wahren Sinn. Wie soll ein Einzelner eine solche veränderte Sicht der Dinge, eine derartige Umwertung aller Werte gegen den Druck der allgemeinen Meinung durchhalten können? Es bedarf dazu der Gemeinschaft. Daher kann es Christen nicht als Einzelgänger, sondern nur in Gemeinschaft geben. Christen existieren also als Gemeinde. Die Gemeinde tritt als solche in Erscheinung, wenn sie sich versammelt, um, wie es im Katechismus heißt, *„die Predigt und Sein Wort gerne (zu) hören und (zu) lernen“* und sich dadurch wieder in die neue Sicht aller Dinge einweisen zu lassen.

Daher können wir uns eine Evangelische Studentengemeinde nicht anders vorstellen als so, dass sie sich sonntäglich, wie es christliche Gemeinden von jeher taten, zu Predigt, Gebet und Abendmahlsfeier versammelt, also zum Gottesdienst, wobei dieser in unterschiedlicher Form gestaltet sein kann, vor allem möglichst viel Raum geben soll, dass jeder seine eigenen Fragen, Erfahrungen, Empfindungen und Anliegen einbringen und so mit allen teilen kann. Das praktizieren wir in der Regensburger Evangelischen Studentengemeinde seit fünf Jahren. Mittelpunkt des Gemeindelebens ist der Gottesdienst am Sonntagabend, dem ein gemeinsames Abendessen folgt. Um diesen Gottesdienst herum gruppiert sich eine Fülle von Veranstaltungen, die zum Teil von der Gottesdienstgemeinde getragen werden; zum Teil aber auch, da zu zahlreich, leider nahezu beziehungslos neben ihr her blühen oder verkümmern.

Vor drei Jahren fanden wir, dass der Gottesdienst für das geistliche Leben der Gemeinde nicht genügt. Dem persönlichen Sich-Einbringen sind in einer gottesdienstlichen Versammlung von dreißig bis vierzig Studenten doch deutliche Grenzen gesetzt. Es bleibt nicht aus, dass die Predigt an den eigentlichen Fragen des einen oder anderen vorbeiredet, dass Widerspruch verschluckt und unmutig mit nach Hause genommen wird, dass jemand sich in den Liedern und Gebeten nicht vorfindet, dass der Zugang zum Abendmahl sich einem innerlich verschließt. Und überhaupt: wie es einem persönlich ergeht, wie man sich fühlt, – das in einem solchen Kreis zu offenbaren, kostet mehr Überwindung, als gerade der, dem es schlecht geht, aufbringen kann. Und die thematischen Arbeitskreise sind auch nicht der Ort, wo dies Platz hat. Und bei Festen fühlt man sich verpflichtet, gute Stimmung mindestens vorzutäuschen. Bleiben die späten Nachtgespräche; sie bleiben aber erfahrungsgemäß meist, je tiefsinniger, desto folgenloser; es fehlt ihnen ein gewisses Maß an Nüchternheit.

Im Neuen Testament aber lesen wir, dass man sich in den Gemeinden gegenseitig ermahnte und tröstete. Wo kommt dergleichen bei uns vor, fragen wir? Wo teilen wir

unsere Fragen und Schwierigkeiten, unsere Enttäuschungen und Ängste miteinander, und wo teilen wir, in Beziehung dazu, unsere Hoffnung und unseren Glauben, unser Vertrauen zu Gott miteinander? Und wo ermutigt einer den andern, es wieder und wieder mit der Nachfolge Jesu zu versuchen, das als töricht Geltende, das, worauf andere manchmal ärgerlich reagieren, was uns aber als das wahre Leben erschienen ist und nicht mehr loslässt, durchzuhalten und darin weiterzukommen?
Einige von uns hatten schon Erfahrungen mit Hauskreisen gemacht. Also versuchten wir es mit Hauskreisen. Anfangs waren es zwei, im Augenblick wieder; zeitweilig waren es fünf, meist drei. Acht bis zwölf Studenten setzen sich da in der Bude eines Kommilitonen oder im Wohnzimmer bei einem Studentenehepaar einmal wöchentlich an einem Abend zusammen. Jeder weiß, dass er erwartet oder auch vermisst wird.

Wir haben festgestellt, dass unsere Gespräche manchmal darunter gelitten haben, dass wir zwar unter einem Thema zusammenkamen, dass aber einer vom andern nicht wusste, woher er gerade kam. Und es wäre wichtig, davon etwas zu wissen, weil man sonst manche Reaktionen nicht verstehen kann; jedenfalls gilt das in Fällen, wo etwas Beunruhigendes, Enttäuschendes oder auch etwas Beglückendes vorangegangen ist. Wir beginnen diese Abende im Hauskreis, wo Gläser auf dem Tisch stehen, damit, dass jeder, der will, etwas von sich erzählen kann: wie es ihm geht, wobei darunter besonders die seelische Befindlichkeit zur Sprache kommen kann, ob er sich gerade besonders unter Druck fühlt (Klausuren), wie er mit seiner Examensvorbereitung vorankommt u. s. w. So lassen wir einander Anteil nehmen an dem, was uns bewegt; wir teilen es miteinander. Das verstehen wir unter ‚*Gemeinschaft*', wenn in der Apostelgeschichte (2,42) als Kennzeichen der Gemeinde neben ‚*Apostellehre*', ‚*Brotbrechen und Gebet*' die ‚*koinonia*' genannt wird: dieses Aneinander-Anteilnehmen. Freilich kann einer an dieser Stelle oft einmal nicht sprechen. Das Wichtigste bleibt ungesagt. Aber wir denken doch, dass es bis an die Schwelle des ‚*Ausgesprochenwerdens*' kommt. An einem bestimmten Punkt brechen wir das Erzählen und Mitteilen ab. Einer spricht ein Gebet. Wir sammeln uns, um Gottes Wort zu hören. Wir lesen den unter thematischen Gesichtspunkten ausgesuchten oder sich in fortlaufender Lektüre eines biblischen Buches ergebenden Text. Dann sind wir mindestens zehn Minuten lang still darüber. Jeder liest den Text, liest ihn wieder, denkt nach, sucht einen Zugang, vergleicht mit seiner Erfahrung. Irgendjemand eröffnet dann das Gespräch, sei es mit einer Verständnisfrage oder mit der Hervorhebung eines Wortes oder Verses. Die Leitfrage ist immer, wie das Geschriebene, Gesagte gelebt werden kann.

Ohne dass wir eine Methode daraus machen oder machen wollen, ergibt es sich oft, dass der Text in die eingangs geschilderten Situationen hineinzusprechen beginnt. Darum geht es uns im Grunde. Das Wort der Bibel soll nicht etwas sein, was außerhalb dessen stehen bleibt, was uns wirklich bewegt. Wir möchten uns gegenseitig helfen, zu entdecken, dass es die Möglichkeit wahren Lebens für jeden von uns enthält.
Oft bleibt es im Hauskreis nur bei Andeutungen. Diese werden dann aber in Einzelgesprächen wieder aufgegriffen. Und da beginnt dann das wirkliche Miteinander teilen.

Dies ist allgemein unsere Erfahrung: Der Hauskreis beschränkt sich nicht darauf, an einem Abend in der Woche gemeinsam in der Bibel zu lesen. Man trifft sich öfter. Man geht auch in der Uni stärker aufeinander zu, als es die tun, die sich nur beim Gottesdienst gesehen haben oder in einer thematischen Veranstaltung zusammenkamen. Aus Hauskreisen erwuchsen Sportgruppen. Man unternahm gemeinsame Ausflüge oder ging gelegentlich abends zum Essen. Auch Ferienpläne und Ideen für die weitere Gemeindearbeit entstehen in diesen Kreisen. Das sind erste Schritte, immer mehr miteinander zu teilen, – wie es in der christlichen Gemeinde ursprünglich der Fall war.

Solche kleinen Kreise stehen in Gefahr, innerhalb der Gemeinde ein Eigenleben zu führen oder sich sogar aus der Gemeinde zu lösen. Dem versuchen wir nach Kräften entgegenzuwirken, indem wir möglichst einmal im Monat einen ‚*gemeinsamen Hauskreis*' in unserem ESG-Zentrum abhalten, zu dem öffentlich eingeladen wird. Wir nennen diese Veranstaltung ‚*Gemeindeschule*'. Dabei wird über einen Text oder ein Thema eher in Form eines Vortrags gesprochen. In die darauf folgende Aussprache gehen Erfahrungen der Hauskreise ein. Auch in die Gottesdienste versuchen wir gegebenenfalls einzubringen, was uns in Hauskreisen wichtig und klar geworden ist, gelegentlich auch so, dass der Predigttext vorbesprochen wird.

Das Bibelgespräch im Hauskreis schließt mit gemeinsamem Gebet. Jeder betet in der Stille, und der eine oder andere stellt in die Stille ein Anliegen, das wir uns alle zueigen machen und gemeinsam vor Gott bringen. Das Element der Nähe und die Kontinuität der Hauskreise sind aus der Art unseres Umgangs mit dem Wort Gottes und miteinander in der Evangelischen Studentengemeinde in Regensburg nicht mehr wegzudenken.

SPIRITUALITÄT UND POLITIK

EINLEITUNG

Luthers Zwei-Reiche-Lehre ist, wie die (Kirchen)Geschichte zeigt, in der Theologie leider meistens missverstanden. Was wurde da nicht alles geschrieben! Selbst große Lutheraner stolperten im sogenannten Dritten Reich über unzulängliche Interpretationen und gefährliche Anwendungen.[1] Dies mag daran liegen, dass Luther sich bei aller Klarheit des Denkens und aller Eindeutigkeit in Lehrfragen immer wieder auch sprunghaft, situationsbezogen und oft recht dialektisch äußerte. Insbesondere die Zwei-Reiche-Lehre blieb mitunter in der Rezeption und den Bekenntnisschriften unscharf. Damit gab Luther vielen Interpretationen Raum. Der vorliegende Aufsatz bietet eine der klarsten und biblisch eindeutig begründeten Darlegungen der Zwei-Reiche-Lehre auf knappem Raum. Wer über das Verhältnis der zwei Reiche zueinander und des christlichen Lebens in diesen Reichen das Wesentliche erfahren möchte, ist bei diesem Aufsatz an der richtigen Stelle. Natürlich haben sich die Problemfelder etwas verschoben und die Beispiele sind aktualisierbar. Der Streit etwa zwischen Pietismus und lutherischer Orthodoxie dürfte heute weniger hart sein, da sich die Profile abgeschliffen haben. Und die bekennenden Marxisten in den Gemeinden haben einem allgemein linken Gutmenschentum Platz gemacht, das bei Weitem nicht mehr so leicht zu greifen ist. Dies macht den Aufsatz jedoch nur noch aktueller, da in der Profillosigkeit eines dahinwabernden, unscharfen Christentums die Lehrfragen umso dringender der Be- und Verantwortung bedürfen.

SPIRITUALITÄT UND POLITIK

WOLFHART SCHLICHTING

MÖGLICHKEITEN UND GRENZEN DES POLITISCHEN HANDELNS

Das Ja zum politischen Handeln aus dem Glauben

Wenn Christen sich mit Politik befassen, müssen sie zweierlei voraussetzen:

---

1 Man denke nur an den berüchtigten Ansbacher Ratschlag der Erlanger Theologieprofessoren Elert und Althaus zur Frage der Übernahme des Arierparagrafen in der Kirche.

1. Dass Jesus, nach seiner politischen Funktion gefragt, antwortete: *„Mein Reich ist nicht von dieser Welt."* (Johannes 18,36)

2. Dass der gleiche Gott, der sich in Jesus offenbarte (*„wer mich sieht, sieht den Vater."*[2]) durch Mose sagen ließ: *„Die ganze Erde ist mein."* (Exodus 19,5)

Beide Sätze sind vorauszusetzen. Nur in Berücksichtigung beider können wir christlich von Politik reden. Keiner von beiden darf vernachlässigt werden, wenn nicht eine Verfälschung des Christlichen die Folge sein soll.

Aus dem ersten Satz ergibt sich, dass die Christen erstens das Volk eines Messias sind, dessen Reich *‚nicht von dieser Welt'* ist. Sie sind also nicht in erster Linie an den Problemen dieser Welt und ihren Lösungsmöglichkeiten orientiert, sondern an etwas jenseits davon. Das Reich ihres Meisters ist keine innerweltliche Erscheinung, sondern etwas, das sozusagen von außen hereinragt. Das organisierende Prinzip, das die Christen zusammenbringt, zusammenhält und ihre Zusammenarbeit ordnet, ist nicht ein politisches Interesse, sondern es hat religiösen Charakter:

Was eine christliche Gemeinschaft zusammenbringt, ist die gemeinsame Bindung an Gott. Mit anderen Worten: Die Gemeinschaft der Christen ist nicht die Aktionsgemeinschaft einer Bürgerinitiative oder die Kampfgemeinschaft einer politischen Partei. Sie ist vielmehr eine religiöse Gemeinschaft. Genauer: Sie ist Gemeinde; sie ist Kirche.

Christen sind Glieder der Kirche, des Leibes Christi, dieser eigentümlichen Körperschaft, deren Haupt Christus ist, – die nur in seltsamen Bildern beschrieben werden kann, weil sie ständig über das Immanente hinausragt, was den einen als Unsinn und den anderen als Quelle des Lebens erscheint. Kirche transzendiert ihre soziologische Beschreibung, oder sie ist nicht Kirche. Kirche horcht nach einer Stimme jenseits der Debatten widerstreitender Interessengruppen und lässt sich von dieser Stimme bestimmen. Sie fasst ein Reich ins Auge, das nicht von dieser Welt ist; sie hält die Augen in einer Richtung offen, von der die meisten meinen, dass da nichts zu sehen sei.

Politisches Handeln von Christen ist also politisches Handeln von Menschen, die einer Gemeinschaft angehören, die ihre Orientierung von jenseits der politischen Zusammenhänge empfängt. Es ist ein Handeln solcher, die in der Gemeinde zuhause sind.

Gemeinde ist aber laut Apostelgeschichte zusammengehalten *durch das Festhalten an Apostellehre, Gemeinschaft, Brotbrechen und Gebet* (Apostelgeschichte 2,42). Das politische Handeln der Christen entsteht also aus diesem Zusammenhang oder es ist, weil anderswo abgeschaut, nicht als *‚christlich'* nennenswert. Ein politisches Handeln von

2 Joh. 10,30.

Christen, das nicht aus dem Gebet und dem Forschen in der Schrift entspringt, sondern aus Ressentiment, Klasseninteresse oder irgendeiner anderen Motivation, ist Ausdruck christlicher Selbstentfremdung, statt christlicher Identität.

Politisches Handeln von Christen ist nur dann als christlich nennenswert, wenn die Christen darin als Christen identifizierbar sind. Politik, von Christen betrieben, setzt Spiritualität voraus. Sie kann, wenn Christen nicht mehr *‚nach dem Fleisch'*, sondern *‚nach dem Geist'* leben, auch nicht *‚fleischliche'*, sondern nur *‚geistliche Politik'* sein. (Das hat mit Klerikalismus nichts zu tun, wie dieser als Machtausübung ungeistlicher *‚Geistlicher'* im paulinischen Sinne eine ausgesprochen *‚fleischliche'* Angelegenheit ist). Das heißt, sie kann nur Politik im Geist Christi sein. Wenn Tertullian im *‚Apologeticum'* vom Jahre 198 (c. 39) die Besonderheit der christlichen Gemeinde so beschreibt: *„Wir kommen zusammen zu inniger Gemeinschaft, um Gott gleichsam in geschlossenem Trupp im Gebet mit Bitten zu bestürmen"*, und wenn er fortfährt: *„Wir kommen zusammen zur Verlesung der göttlichen Schriften, wenn die augenblickliche Lage Anlass gibt, etwas im Voraus zu bedenken oder sorgsam zu prüfen"*, wenn er also die besonderen Kennzeichen der christlichen Gemeinde in erster Linie darin sieht, dass sie zu Gebetsgemeinschaft und Bibelgespräch zusammenkommt, – er fügt noch Kollekte und Agapemahl hinzu –, dann kann auch politisches Handeln der Christen nur aus diesem Zusammenhang hervorgehen, oder es hätte mit dem Christsein der Christen nichts zu tun.

Wenn Jesus entgegen einem breiten Strom religiös-politischer Erwartung sagt: *„Mein Reich ist nicht von dieser Welt"*, dann schließt dieser Satz ein, dass auch etwaiges politisches Handeln seiner Jünger seinen Ursprung nur in jenem Reich jenseits der politischen Zusammenhänge haben kann. Dann aber dürfte die politische Parteinahme der Christen weder aus ihrer Klassenzugehörigkeit noch aus ihrer psychischen Situation, also weder soziologisch noch psychologisch ohne Weiteres ableitbar sein. Sie müsste ihren Ursprung jenseits davon verraten.

Die Christen dürften in der Politik weder als Kapitalisten noch als Sozialisten zureichend beschreibbar sein, sondern müssten als Christen auffallen. Denn ihr politisches Handeln ergäbe sich nicht aus innerweltlichen Faktoren, sondern aus einem Gesichtspunkt jenseits dieser, unter dem diese Faktoren einen neuen Zusammenhang gewinnen.

Der Glaube denkt zu allem als maßgebend Gott hinzu. Dadurch gewinnt alles ein anderes Ansehen. Es erscheint in einem größeren Horizont. Es wird auf Gott bezogen. Dadurch werden politische Konflikte relativiert. Sie geraten in eine Beziehung zu Gottes erlösender Liebe und zu dem Frieden Gottes, der höher ist als alle Vernunft.

Wenn die Christen Jünger Jesu sind, dessen Reich *‚nicht von dieser Welt'* ist, dann können sie nicht von politischen Gesichtspunkten dieser Welt, sondern müssen von der Ausschau nach jenseits davon bestimmt werden. Wenn sie aber nicht in erster Linie von politischen

Zusammenhängen bestimmt sind, dann sind sie es von unpolitischen. Das muss man zugeben. Die Christen sind durch ihre Orientierung an einem Reich, das nicht von dieser Welt ist, zunächst unpolitisch. Die christliche Gemeinde kommt nicht durch eine gemeinsame politische Zielsetzung, sondern ohne eine solche zusammen. Der ‚*Zweck der christlichen Gemeinschaft*' ist nach Tertullian Gebetsgemeinschaft und Gemeinschaft im Hören des Wortes Gottes, also gottesdienstliche Gemeinschaft, d. h. Gemeinschaft in der Hinwendung zum Unsichtbaren, zu dem ‚*Vater, der ins Verborgene sieht*'.

Im Philipperbrief schreibt Paulus unmissverständlich (3,20): „*Unser Staat (politeuma, unser Gemeinwesen, wo wir Bürgerrechte und -pflichten haben) ist im Himmel*", also in dem unsichtbaren Bereich der Herrschaft Gottes. Da sind wir zuhause. Das ist unser heimisches Milieu. Das hat uns geprägt. Nur von daher sind wir zu verstehen. Christen sind nicht primär durch ihre Klassenzugehörigkeit oder Nationalität, sondern durch die Gottesherrschaft bestimmt. Der letzte Bezugspunkt ihres Wertens, Urteilens, Wählens und Entscheidens ist nicht, wie es sonst naheläge, ihr persönliches oder das ihrer Gruppe gemeinsame Interesse, sondern der Wille Gottes, d. h. die Liebe Gottes.

Die Christen sind dadurch charakterisiert, dass sie die sonst übliche Verdrängung der Erinnerung an Gott im täglichen Leben aufgegeben und sich ihm zugewandt, sich zu ihm bekehrt haben. Die Bindung an ihn bestimmt sie in allem, d. h. etwas Unpolitisches. Politisches Handeln der Christen ist in dem Maße christlich, in dem es von ihrem Christsein, d. h. von etwas zunächst Unpolitischem, bestimmt ist.

Politik ist ein Feld der Sünde wie alles Leben, solange es nicht bekehrt ist. Politisches Handeln der Christen kann also nur ein Handeln sein, das aus der Bekehrung kommt. Von politischem Handeln der Christen kann nur insofern programmatisch die Rede sein, als es wie alles christliche Handeln aus der Buße kommt. Andernfalls sollte man nur in der Beichte davon reden.

Was auch nur aus Habgier, Neid, Ressentiment und Hass oder aus Geltungsbedürfnis, Ehrgeiz und Machtstreben kommt, kann nur Gegenstand christlicher Reue sein. Was aus den herrschenden Bestrebungen dieser Welt entsteht, verleugnet den Anbruch der Herrschaft Gottes und kann nur unter Missbrauch des Namens als christlich ausgegeben werden. Das begleitende verbale Bekenntnis zum Reich Gottes macht eine unchristliche Politik nicht christlich. Christlich wird sie nur durch Umkehr, durch konsequente Ausrichtung an dem Reich, das ‚*nicht von dieser Welt*' ist; d. h. an der Herrschaft der Liebe Gottes.

Aus dem ersten Satz folgt also, dass politisches Handeln der Christen nur aus dem alle politischen Zusammenhänge transzendierenden und insofern unpolitischen Wesen der Gemeinde hervorgehen kann.

Der zweite Satz zeigt aber zweitens, dass aus diesem unpolitischen Wesen der an einem Reich, das *,nicht von dieser Welt'* ist, orientierten Gemeinde politisches Handeln hervorgehen muss. Wenn Gott sagen lässt: *„Die ganze Erde ist mein"*, dann sagt er damit, dass es keinen Bereich irdischer Wirklichkeit gibt, in dem er von denen, die an ihn glauben, nicht respektiert werden müsste. Der Gott, dessen Reich *,nicht von dieser Welt ist'*, sondern alle politischen Zusammenhänge transzendiert, hat dieses sein Reich nicht abseits jener Zusammenhänge etabliert, sodass sie davon unberührt bleiben könnten. Der über das Politische hinausreichende und insofern unpolitische Charakter des Reiches Gottes besagt nicht, dass das Politische davon nicht behelligt würde. Zwar ist das Reich Gottes nichts Politisches; es geht nicht aus Politischem hervor; es ist etwas ganz anderes. Und die Kirche ist daher auch keine politische Größe; sie ist etwas ganz anderes. Und in der christlichen Jugendarbeit geht es daher auch nicht um politische Bildung oder politischen Kampf, sondern um etwas ganz anderes. Es geht um Buße, d. h. darum, dass das Leben in Gottlosigkeit aufhöre und ein neues, durch die Beziehung zu Gott bestimmtes Leben beginne.

Aber eben dies ist von politischer Tragweite. Ein durch die Beziehung zu Gott bestimmtes Leben ist ganz und gar und in allen Bereichen dadurch bestimmt. Wer bekennt: *„Jesus ist der Herr"*, für den ist er überall der Herr. Der Gott des Ersten Gebotes duldet keine *,herrenlosen'* Lebensbereiche. Jede Anerkennung von Eigengesetzlichkeit, die abseits des Willens Gottes Bestand hätte, wäre schon ein Ansatzpunkt zur Anerkennung fremder Götter, die das Erste Gebot untersagt. Die Luther-Deutung der letzten Jahrzehnte hat erwiesen, dass Luthers Zwei-Reiche-Lehre keineswegs eine *,herrenlose'* Eigengesetzlichkeit im *,Reich zur Linken'* einräumte. Eine machiavellistische Luther-Auslegung hatte dies glauben machen wollen: Als hätte Luther unterschieden zwischen dem Bereich, wo Gottes Gebote gelten, z. B. dem Privatleben, und dem Bereich, wo der Erfolg zählt, also dem öffentlichen Leben. Als hätte er die *,Obrigkeit'* ihrer Willkür preisgegeben und das große Wort des Paulus vergessen, dass die *,Obrigkeit' ,Gottes Dienerin'* sei, – die *,Obrigkeit'* also selbst untertan. Eine ideologische Verwendung der Zwei-Reiche-Lehre im Interesse unbeschränkter Eigenmächtigkeit begann von Eigengesetzlichkeit zu reden.

Aber für den Anhänger des Herrn, dessen Reich *,nicht von dieser Welt'* ist, gibt es keine anderen Gesetze mehr. Dieser Herr, der von jenseits hereinkam, macht sich breit, bis er alles erfüllt. Er hat für seine Gläubigen alle anderen Gesetzgeber entmachtet. Andere Götter neben ihm sind verboten.

Das schließt also ein, dass erstens jeder Form einer Gottes Herrschaft nicht berücksichtigenden Autonomie der Boden entzogen ist – *„du sollst keine anderen Götter neben mir haben"*, und dass zweitens die Gottesherrschaft keine Grenzen hat, jenseits deren etwas offen bliebe. Es gibt also weder andere Herren noch herrenloses Gelände. Das Liebäugeln mit solchen ist der Anfang des Unglaubens, der jederzeit wortgewandt ist, sich ideologisch zu rechtfertigen. Das Erste Gebot ruft täglich zur Umkehr aus der

Knechtschaft unter fremden Herren und aus der schweifenden Herrenlosigkeit. In der Buße gibt man seine inneren Reserven auf und verliert die äußeren Reservate, nach denen die Sünde immer Ausschau hält, aus den Augen. *„Wohin soll ich fliehen vor Deinem Zorn?“*

Weder entlässt Gott die Seinen irgendwo aus der Verantwortung, noch erlaubt er, auch nur den entlegensten Bereich des Lebens als ihm entzogen zu denken. *„Die ganze Erde ist mein“*. Es gibt nichts, worin Gott nicht Gott wäre. Es gibt keinen Bereich der Welt, in den das Reich, das nicht von dieser Welt ist, nicht hineinregierte. Es gibt keinen Zusammenhang, in dem der Christ etwa nicht Christ sein müsste, wo er *‚nur‘* als Fachmann, *‚nur‘* mit Sachverstand gefragt wäre, d. h. wo nicht er, sondern nur seine Funktion gefordert würde. Das ist das Phänomen der Entfremdung, dass man fungieren muss, aber selbst nicht bei der Sache ist; dass man innerlich nicht dazugehört, nicht beansprucht ist oder sich heraushält. Die Organisation der Arbeit im industriellen Produktionsprozess hat dieses Phänomen verstärkt, aber seine Ursachen liegen anderswo.

Zur Entfremdung kommt es dadurch, dass der Mensch selbst nicht *‚richtig beisammen‘* ist. Er ist mit seinem Herzen nicht bei Gott und daher auch in der Arbeit nicht bei sich. Es ist ein Irrtum, als könnte man irgendwo nur eine Funktion erfüllen, sich selber aber heraushalten, als könnte man etwas *‚mit der linken Hand‘* tun, der zur Entfremdung führt. Man *‚kann‘* das, offensichtlich. Aber es ist nicht gut, es ist nicht menschlich.

Es ist nicht gut, wenn der Mensch nur eine Funktion ausübt, ohne selbst dabei zu sein, weder in den menschlichen, z. B. sexuellen, Beziehungen, noch in der Arbeit, noch in der Politik. Es gibt keinen Zusammenhang, in dem es gut wäre, wenn ich mich nur teilweise engagiere. Erstens werde ich dadurch zerrissen, und zweitens geschieht auch nichts Ganzes. Darunter leiden wir heute wohl am meisten: unter dieser Zerrissenheit und Halbheit. Und darunter leidet auch das politische Leben. Man wird ihm nicht gerecht, wenn man im politischen Mandat einen Job sieht, von dem man sich zurückzieht, wenn man Misserfolg hatte und Schaden angerichtet hat.

In jeder Beziehung, die ich eingehe, und in jeder Arbeit, die ich übernehme, könnte ich *‚ganz‘* sein, wenn ich nur selbst *‚richtig beisammen‘* wäre. Und ich wäre richtig beisammen, wenn ich mit Gott im Frieden lebte. Wenn ich in dem Reich, das nicht von dieser Welt ist, zuhause wäre, dann wäre ich ganz ich selbst – und für die Welt eine Wohltat. Auch unter den entfremdendsten Produktionsbedingungen und unter den entfremdendsten gesellschaftlichen Verhältnissen könnte ich *‚ganz‘* sein und unentfremdet leben. Denn *„wer unter dem Schirm des Höchsten sitzt und unter dem Schatten des Allmächtigen bleibt, der spricht zu dem Herrn: Meine Zuversicht und meine Burg.“* (Psalm 91,1–2) Woraus soll denn unter entfremdenden Bedingungen Kraft kommen, das Entfremdende zu ändern, wenn der Mensch nur ein Spiegelbild der Verhältnisse wäre, unter denen er aufwächst, und wenn es nicht einen Aufbau von innen her gäbe, die oikodomé, von der Paulus spricht? Sie ist unter dem Namen *‚Erbauung‘* in Misskredit geraten, weil man auf den Kredit dieses Wortes zu lange Religion als Opium konnotiert hat, als illusionäre Vertröstung, statt sie als realen Aufbau einer Widerstandskraft zu erfahren, die in einer entfremdenden Welt unentfremdetes Leben ermöglicht.

Wer zu dem *‚Tempel Gottes im Heiligen Geist‘ ‚miterbaut‘* wird, *‚wo Jesus Christus der Eckstein‘* ist, der entwickelt eine Widerstandsfähigkeit gegen die zerfasernden Tendenzen des modernen Lebens. Wer in dem Reich, das nicht von dieser Welt ist, einheimisch wird, steht in dieser Welt gesammelt da. Er ist in jeder Situation er selbst. Denn er erlebt jede Situation in der Präsenz Gottes. Ihr Anspruch bleibt immer über ihm, auch wenn er, angefochten, ihre Tröstung und Kraft lange nur erflehen kann, wartend und suchend. Dennoch ist er auch darin, in der unverdrängten Erfahrung des Mangels, ganz bei sich und als Suchender und Betender ganz bei Gott. Das unterscheidet die biblischen Menschen von uns heutigen, und darin müssen wir ihnen durch Buße wieder ähnlich werden, dass sie auch in der Erfahrung des Zweifels und der Anfechtung, auch in der Erfahrung der Schuld, vor Gott blieben und darum bei sich selbst waren, während wir den Schmerz solcher Erfahrung des Widerspruchs nicht aushalten, Gott ideologisch wegschieben und uns damit uns selbst entfremden.

Wir alle leben in vielen Beziehungen und üben vielerlei Funktionen aus. Man kann sich darin verlieren, sodass man schließlich nicht mehr weiß, wer man ist. Man spielt nur noch Rollen, setzt Masken auf und ab, dem entsprechend, was gerade gefragt ist, und verliert dabei sein Gesicht. Wenn die Rede auf Politik kommt, dann schlüpft man flugs in die Rolle des Sozialisten oder des Konservativen, und wie das zu dem Evangelium stimmt, das man eben erst ausgelegt hat, oder auch nur zu dem Stil des privaten Lebens, das bringe zusammen, wer kann.

Das aber verbietet das Erste Gebot. Wenn Gott unser Herr ist, dann immer und überall. Dieser Gott teilt nicht mit anderen Göttern. Wer mit ihm lebt, lebt ungeteilt. Wer sich zu seinem Reich zählt, kann sich nicht teilweise dazuzählen. Wer Christ ist, kann nicht irgendwo aufhören, Christ zu sein, – etwa da, wo der Mammon zu regieren anfängt. Teilweises Christentum ist gar keines. Wer in der Kirche Christ und in der Politik Marxist ist, der ist wohl auch in der Kirche nicht Christ.

Gott zieht ja nicht in einen Sektor unseres Lebens ein, um die Entfremdung noch zu verstärken, sondern er bringt unser verlorenes Leben wieder zusammen. Er stellt uns wieder her. Er holt uns heim aus der Entfremdung.

Das ist kein Ausdruck christlicher Freiheit, dass man hier so und dort anders denkt, zum Beispiel hier christlich und dort sachlich. Das wäre nur ein Ausdruck innerer Zerrissenheit, das heißt aber ein Ausdruck der Unbekehrtheit des eigenen Lebens, das heißt aber der Verlorenheit, trotz gelegentlicher religiöser Worte.

Die Kultuskritik der Propheten hat dies unüberhörbar klar gemacht: Man kann nicht im Tempel Gottesdienst halten und im übrigen Leben Vorstellungen von Recht und Gerechtigkeit vertreten, die mit Gott nicht abgestimmt sind. Man kann sich nicht hier der Nähe Gottes erfreuen und sich dort davon entfernen. Man kann Gott nicht unter Verschluss halten in einem begrenzten Lebensbereich.

Das ist ja die Erlösung, dass er uns zerspaltene Menschen zusammenbringt. Er macht aus dem privaten, politischen und religiösen Leben, das jeder in irgendeiner Form führt, eine Einheit, indem er die Götter entmachtet und als der Eine und Einzige alle Ansprüche, die an uns herantreten, zusammenfasst. Der Christ ist der unentfremdete Mensch, weil bei ihm alles auf die eine Mitte bezogen ist. Wenn er also nicht von neuem der Entfremdung verfällt, wenn er sein Christsein nicht verleugnet und aufgibt, indem er es zum Lippenbekenntnis verkümmern lässt, muss auch seine Meinungsbildung im Politischen erkennbar von dieser Mitte bestimmt sein. Christen, die man als solche nicht wiedererkennt, wenn der politische Kampf beginnt, sind wohl auch sonst keine Christen. *„Dies Volk ehrt mich mit Lippen, aber ihr Herz ist ferne von mir"*. Ihr Herz schlägt nicht in der Verkündigung des Evangeliums, in der Botschaft von dem Reich, das nicht von dieser Welt ist, in dem Gebet: *„Dein Reich komme"*, sondern es schlägt im politischen Kampf. Das Lippenbekenntnis allein nützt nichts, – man mag es liturgisch oder evangelistisch noch so laut und eindrucksvoll gestalten. *„Gott sieht das Herz an"*. Er fragt, wo das Wollen herkommt. Er fragt nach den Motiven politischer Entscheidungen. Er fragt, warum es mir so wichtig ist, fortschrittlich zu sein.

Der *‚Ton macht die Musik'*: Es ist ein Indiz dafür, ob wir Christen auch im politischen Engagement Christen sind, in welchem Ton wir über politische Fragen reden. Ist es der gleiche Ton, der sonst üblich ist? Der Ton, der in der Auseinandersetzung der Parteien herrscht? Der Wahlkampfton? Der Bundestagston? Sind unsere Synoden nicht schon davon angefressen, – die in Fraktionen zerbrochenen Synoden, die die Zerrissenheit des Leibes Christi qualvoll sichtbar machen?

Wenn es in diesem Zusammenhang nichts ändert, dass ich Christ bin, dann ändert es sonst wohl auch nichts, dann ändert es wohl überhaupt nichts.

Wenn Nachfolge Jesu bedeutet, dass man sich selbst verleugnet und sein Kreuz auf sich nimmt, dann gilt das auch, wenn der Nachfolgende den Bereich der Politik betritt.

Wenn ich in eine Partei eintrete, trete ich doch nicht aus der Kirche aus. Wenn ich im Reich dieser Welt Funktionen übernehme, höre ich doch nicht auf, in dem Reich, das nicht von dieser Welt ist, zuhause zu sein. Seit Jahren spukt das böse Worte von der *‚Konversion zur Welt'* in den Köpfen vieler Christen. Diese Konvertiten erkennt man nicht mehr als Christen. Da kann keine Rede sein von *‚Salz der Erde'*, *‚Licht der Welt'*; da sind *‚alle Katzen grau'*, rot, schwarz, oder wie es die Umgebung eben erfordert. Wer als Christ in eine Partei eintritt, tritt als derselbe ein, der er in der Gemeinde ist. Als dieser muss er kenntlich bleiben.

Der Christ ist in der Kirche zuhause als der irdischen Gemeinschaft derer, die dem Reich angehören, das nicht von dieser Welt ist. Der Herr in diesem Reich ist aber derselbe, dem auch die ganze Erde gehört.

Nun kann der Christ seinem Herrn in zwei Formen ungehorsam werden. Er kann sich teilweise oder zeitweilig aus dem Reich, das nicht von dieser Welt ist, entfernen, um in dieser Welt nach den Gesetzen dieser Welt aktiv zu werden, als wäre sein Herr nicht auch der Herr der Welt. Oder er kann sich mit dem Bekenntnis zu dem Reich, das nicht von dieser Welt ist, auf die Kirche beschränken, gleichfalls, als gehörte nicht auch die Welt seinem Herrn.

Beide weigern sich, Salz der Erde zu sein, was Christen doch nach dem Wort ihres Meisters sind. Beide machen den Eindruck, als erschienen sie nur äußerlich wie Christen, ohne es wirklich zu sein, – wie Salz, das *,dumm'* geworden ist.

Man kann die Eigengesetzlichkeit des politischen Lebens anerkennen – und damit das Erste Gebot übertreten –, indem man aktiv nach solchen Gesetzen handelt oder indem man sich passiv daraus fernhält. In beiden Fällen verleugnet man die Herrschaft Gottes.

Die *,Christen für den Sozialismus'* sind in der Gefahr, eine anderswo, auf der Basis der ausdrücklichen Leugnung Gottes, entwickelte politische Doktrin als Instrument ihres politischen Urteilens und Handelns zu benutzen. Als ob man sein Leben als Christ so zerspalten dürfte, dass die Herrschaft Christi in diesem Bereich nichts zu suchen, dass man von ihr keine Leitung, keine Klärung des Urteils, keine Wegweisung des Handelns zu erwarten hätte.

Die pietistischen Christen sind in der Gefahr, aus übertriebenem Interesse an Fragen biblischer Apokalyptik den politischen Bereich vorschnell den satanischen Mächten als Tummelplatz zu überlassen und ihre Aufmerksamkeit darauf zu sammeln, die endzeitlichen Entwicklungen dort zu registrieren und schriftgelehrt zu deuten. Die Umkehr zu dem Gott, dem die ganze Erde gehört, erlaubt es nicht, die weltlichen Händel widerstandslos dem *,Fürsten dieser Welt'* zu überlassen. Das Volk dieses Gottes kann nicht zur Sekte werden, die abseits des Weltgeschehens fromm ist. So wäre sie nicht Gottes VoLuk. Dessen Zeugnis wird mitten im Weltgeschehen laut, und sei es als Martyrium.
Wer dem Volk Gottes angehört, dessen Reich nicht von dieser Welt ist, und dem doch zugleich die ganze Erde gehört, der bringt etwas von außerhalb in die Politik, aber er trägt es herein als etwas, das dazugehört. Vielmehr: Diese Welt und ihre Politik gehört dazu; das versucht er zu zeigen; und ihre ganze Misere kommt daher, dass sie sich ohne Gott definieren will.

Wer sich mit den Verhältnissen in der Stadt, in der polis, befassen will, oder großräumiger: im Staat, – wer sich in der Kunst üben will, das Zusammenleben und Zusammenwirken vieler Menschen in der polis zu ordnen: die politiké techné, die Kunst der Politik, – der braucht Sachverstand. Psalmen beten im Parlament ist gut, aber es macht die vernünftige Beschäftigung mit Sachproblemen nicht entbehrlich. Was Benedikt seine Mönche lehrte, gilt, wie in allen Bereichen, so auch dem Christen in der Politik: Bete und arbeite!

Aber dieses sachliche Arbeiten kann nun auf zweierlei Weise geschehen, – und da fällt die Entscheidung, ob es christlich ist oder nicht. Ich kann die Sachprobleme mit irgendeiner Methode, z. B. der des dialektischen Materialismus, angehen, als ob es Gott nicht gäbe (wohlgemerkt, obwohl ich ansonsten an ihn glaube). Oder ich kann davon ausgehen, dass ich auch die Sachprobleme nur angemessen erfassen kann, wenn ich sie mit Gott in Verbindung bringe, dem die ganze Erde gehört. Christliche ‚*Sachlichkeit*' der ersten Art ist ein Ausdruck der Entfremdung. Christliche Identität kennt keine Sachlichkeit abgesehen von Gott.

Wenn die ganze Erde Gott gehört, dann ist nur aus dem Reich, das nicht von dieser Welt ist, zu erwarten, was dieser Welt hilft. Wenn die Erde Gott gehört, dann ist es unsachlich, sie so zu behandeln, als ob sie ihm nicht gehörte. Wenn das Erste Gebot gilt, dann ist die einzige mögliche Sachlichkeit die, es zu halten, und zwar in allen Bereichen.

Wenn Gott Gott ist, dann muss jede ‚*Sachlichkeit*', die ihn leugnet, irgendwo ideologisch verzerrt sein. Zumindest der Christ, wenn er Christ bleiben will, kann es sich nicht erlauben, irgendwo von Gott abzusehen.
Daher ist es auch durchaus problematisch, ob Christen unbesehen Sozialisten sein können, oder Liberale, oder auch konservativ. Es ist weithin Konsensus in der Kirche, dass ein Christ jeder verfassungsmäßigen Partei angehören könne. Ich will das nicht bestreiten. Aber wir sollten diese Frage noch einmal von Grund auf überdenken. Viele Sozialisten akzeptieren Christen als Mitstreiter, obwohl diese Christen sind. Solange das Christsein ihre private Überzeugung bleibt, die nicht störend in Erscheinung tritt, sind auch Christen unter den Sozialisten willkommen. Wichtig ist nur, dass sie sozialistisch denken und handeln.

Der Liberalismus hat das Religiöse von jeher zur Privatsache erklärt, die als solche geduldet und geschützt wird, aber im öffentlichen Leben keine Rolle spielen soll.
Und selbst ‚*christliche*' Parteien haben, was jeder zugibt, den Ausdruck ‚*christlich*' so weit entleert, dass nur gewisse demokratische und soziale Werte konservativerer Prägung damit benannt werden, die zu teilen, man nicht Christ sein muss.

Christen können jeder Partei angehören, wenn ihr Christsein unauffällig bleibt.

Die dabei vorausgesetzte Grundthese aber, Religion sei Privatsachse, kann man um des Ersten Gebotes willen nicht akzeptieren. Zugegeben, das Reich Christi ist nicht von dieser Welt. Aber aus Jener Welt kommt der Anspruch: Die ganze Erde ist mein. Dadurch gewinnt das Christentum öffentlichen Charakter. Christen, die das Erste Gebot halten, sind ernstlich der Meinung, die Welt, also auch ihr politisches Leben, könne nur in Ordnung kommen, wenn überall Gott respektiert wird. Sie halten es im Ernst für notwendig, dass die Konservativen, Liberalen und Sozialisten Buße tun, so wie sie selbst täglich umkehren müssen aus ihren eigenmächtigen Ausflügen ins Eigengesetzliche, unter den Gehorsam der Herrschaft Gottes, d. h. mit anderen Worten: in der Freiheit der Kinder Gottes.

Die erste Bindung des Christen ist die an Gott und seine Gemeinde. Nur mit Vorbehalt kann er einer Partei angehören: mit dem Vorbehalt, dass er Gott mehr gehorcht als den Menschen. Die Partei kann er durchaus wechseln, ohne deshalb als wankelmütig gelten zu müssen.

Manchmal entsteht jedoch der Eindruck, dass die parteipolitische Bindung bei Christen stärker ist als die kirchliche. Das ist ein alarmierendes Symptom der Krankheit der Kirche.

Mitglieder der gleichen Kirche, die verschiedenen Parteien angehören, müssten miteinander tiefer, herzlicher und vertrauensvoller verbunden sein als mit ihren anderen Parteigenossen. Andernfalls kann man ihre Kirchenmitgliedschaft als quantité négligeable vergessen und künftig verschweigen. Wenn der politische Kampf stärker verbindet als die Zugehörigkeit zum Leib Christi, dann ist die letzte ein Lippenbekenntnis; und das Geplärr solcher Lieder mag Gott bekanntlich nicht hören.

Christen können in politischen Fragen verschiedener Ansicht sein; das haben wir lange genug betont. Es ist an der Zeit, hervorzuheben, dass Christen sich über politische Fragen verständigen können, wenn ihr Christentum nicht irrelevant ist. Es können nur Nuancen sein, um die ihre Zielsetzungen und Bewertungen der Methoden differieren. Ihre internen politischen Auseinandersetzungen müssten ein Beispiel des Friedens und der Liebe sein, – einer Sachlichkeit, in der man sich nahe kommt, weil man einander in dem Glauben nahe ist, dass Gott die ganze Welt gehört.

GLAUBE UND POLITIK

EINLEITUNG

Heutzutage mutet die Fragestellung nach Glauben und/oder Politik als Dimension christlichen Glaubens etwas merkwürdig an. In einer Zeit, in der man von manchen Landeskirchenämtern kaum etwas vom Glauben vernimmt, dafür zu jeder politischen Detailfrage ein Statement, scheint sich die Frage nach dem Verhältnis von Glauben und Politik einfach gelöst zu haben. Nur: Die Normativität des Faktischen ist keine dogmatische Größe, ist keine theologisch akzeptable Kategorie – auch, wenn amtskirchlicherseits dieser Eindruck mitunter vermittelt wird. Die Heilige Schrift will in erster Linie zum Glauben an den dreieinigen Gott rufen – keine Frage. Dennoch ist die politische Option nicht falsch, insofern Gottes Gebote und sein Wille in Handlungen konkret werden, auch in Bezug auf eine politische Gemeinschaft bzw. Größe. Wenn Gott in der Geschichte handelt, ist er Apriori *,politisch'*, bemerkt Wolfhart Schlichting.

Die Frage ist, in welchem Verhältnis stehen das Reden vom Glauben und das Reden vom Handeln (als politische Größe, bzw. politisches Reden) zueinander? Interessant ist dabei, dass diese Fragestellung sowohl bei frommen wie bei liberalen Menschen zu verwirrenden Antworten führt. Manch frommer Christ, der alles Politische aus der Kirche ferngehalten haben will, möchte dennoch, dass die Gesetze sich an der Bibel ausrichten, zumindest an den Zehn Geboten, etwa wenn es um das Verbot der Abtreibung geht. Hätte hier also die Bibel nicht doch gegebenenfalls eine *,politische'* Relevanz? Umgekehrt dekretierte der einstige Landesbischof Johannes Friedrich, der nach seinem Selbstverständnis für ein politisches Christentum stand: *„Die Bibel ist kein Nachschlagewerk zu den Wechselfällen des Lebens"*[1]. Er wollte damals, dass man bei bestimmten Themen lieber nicht nach Antworten in der Bibel sucht.

---

1 Der Satz stammt von Landesbischof Johannes Friedrich, der ihn in seinem Bericht vor der Synode *,Gemeinsam das Evangelium durch Wort und Tat verkündigen'* vortrug. Hier der ganze Absatz seines Berichtes, in dem er Stellung zur Ablehnung des Homo-Pastorats durch die bekennenden Gruppierungen der Landeskirche, ABC und KSBB, die zusammen über 8.000 Unterschriften gesammelt hatten, nahm. *„Es geht beim Bekenntnis nicht um dies und das, sondern um das Evangelium. Die Bibel ist kein Nachschlagewerk zu den Wechselfällen des Lebens, z. B. was wir essen und trinken dürfen oder wie wir uns zu kleiden haben. In der lutherischen Bischofskonferenz haben wir uns im März gründlich mit dem Bekenntnis beschäftigt und durch Fachvorträge in unserem Wissen vertiefen lassen. Schriftauslegung erfolgt nach lutherischem Bekenntnis so, dass die biblischen Schriften, die Texte und die Verse vom Rechtfertigungsglauben her zu interpretieren sind. Und das heißt:*

Woher diese Selbstwidersprüchlichkeit durch alle Lager? Vielleicht liegt es daran, dass die Zwei-Reiche-Lehre[2], bzw. Zwei-Regimenten-Lehre auch in Theologenkreisen zunehmend unbekannt, neudeutsch eine Art *'no-go-area'*, ist? Vielleicht liegt es daran, dass die Unterscheidung von Gesetz und Evangelium,[3] von der Luther sagte, dass deren Verständnis einen guten Theologen[4] ausmache, zunehmend unbekannt ist. Vielleicht liegt es aber auch daran, dass der dreifache Sinn des Gesetzes[5] und die Unterscheidung von Zeremonialgesetz, Judizialgesetz und Moralgesetz kaum mehr bekannt sind.[6]

Wir sind Gott recht nicht aufgrund unserer Lebensweise, nicht aufgrund unserer Leistungen, sondern aus Gnade durch den Glauben um Christi willen. Bedingungslos." Auch die Behauptung von der *'bedingungslosen'* Rechtfertigung ist ebenso unbiblisch, wie unlutherisch. Natürlich gibt es eine Bedingung, ein *'Werk'* gar, nämlich den Glauben. Luther schreibt in seiner Vorlesung zum Hebräerbrief: *„Gesetz und Evangelium unterscheiden sich auch in dieser Hinsicht, dass im Gesetz sehr viele Werke vorkommen, die aber alle äußerlich sind, im Evangelium aber nur ein einziges Werk, das dafür aber innerlich ist, und das ist der Glaube. Deshalb schaffen jene eine äußere Gerechtigkeit, dieser eine aber wirkt die in Gott verborgene Gerechtigkeit.*", vgl. Martin Luther, Vorlesung über den Hebräerbrief (1517/1518), in: Gesammelte Werke, hgg. von Kurt Aland, S. 795, in: Digitale Bibliothek Band 63 (vgl. Luther-Werke Bd. 1, S. 295).

2 Eine besonders gute Erklärung des Verhältnisses der beiden Reiche und des konkreten Umgangs mit ihnen als Christ findet sich im Beitrag von Wolfhart Schlichting, Spiritualität und Politik.

3 *„Gesetz und Evangelium unterscheiden sich vornehmlich darin, dass das Gesetz lehrt, was zu tun und zu lassen ist, auch was getan und unterlassen worden ist, und doch vermittelt es damit nur die Erkenntnis der Sünde. Das Evangelium aber lehrt die Vergebung der Sünde und die Erfüllung des Gesetzes, die geschehen ist, durch Christus. Daher lautet die Stimme des Gesetzes: Gib, was du schuldig bist; die des Evangeliums aber: Deine Sünden werden dir vergeben.*", vgl. Martin Luther, Vorlesung über den Galaterbrief (1516/1517), in: Gesammelte Werke, hgg. von Kurt Aland, S. 737, in: Digitale Bibliothek Band 63, (vgl. Luther-Werke Bd. 1, S. 265–266).

4 *„Nun beschwöre ich dich, was leistet wohl ein Mensch in der Theologie oder in der Auslegung der heiligen Schrift, der noch nicht so weit ist, Gesetz und Evangelium unterscheiden zu können, oder der, wenn er es kann, es nicht für nötig hält, darauf zu achten? So ein Mensch muss ja alles durcheinander werfen: Himmel und Hölle, Leben und Tod, und wird schließlich trotz aller Mühe gar nichts von Christus wissen.*", vgl. Martin Luther, Vom unfreien Willen (1525), in: Gesammelte Werke, hgg. von Kurt Aland, S. 2091, in: Digitale Bibliothek Band 63, (vgl. Luther-Werke Bd. 3, S. 239).

5 Ausführlich in Fußnote 8 erklärt.

6 Dabei ist die Dreiteilung des Gesetzes schon in der Bibel selbst angelegt und auch im Judentum bekannt. So unterschied das Frühjudentum unter Bezug auf 5. Mo. 6,1: *„Und dies ist das Gebot, die Satzungen und die Rechtsbestimmungen, die der HERR, euer Gott, euch zu lehren geboten hat, dass ihr sie tun sollt in dem Land, in das ihr zieht, um es in Besitz zu nehmen…*" Man unterschied *„Gebot (mizvah), Satzungen (choqim) und Rechtsbestimmungen (mischpatim) als Moral, Zeremonial – und Zivilrecht*", bzw. wie Luther sagt, als der Juden Sachsenspiegel. Auch die frühe Kirche kennt die Unterscheidung des Gesetzes in mehrere Teile, von denen Zeremonialgesetz und Judizialgesetz durch Christus erfüllt sind. Deshalb kann Paulus einerseits sagen: *„Christus ist des Gesetzes Ende*" (Röm. 10,4), und andererseits auf dem Einhalten bestimmter Teile des Gesetzes bestehen. Dies ist kein Widerspruch. Da das Moralgesetz Gottes unwandelbaren Willen wiedergibt und uns hilft, zu sehen, was in seinen Augen Recht und Unrecht, Gut und Böse ist. Wir müssen z. B. die Hexe nicht

Denn die Bibel ist selbstverständlich ein *‚Nachschlagewerk zu den Wechselfällen des Lebens'*. Was denn auch sonst?[7] Natürlich sollen wir gottgefällig leben (tertius usus legis), aber nicht, weil wir uns den Himmel zu verdienen meinen–, sondern weil wir als aus Gnaden gerechtfertigte Sünder Gottes Willen tun wollen.[8] Dazu müssen wir aber wissen, was Gott will.

---

steinigen oder (Ersatz)opfer zur kultischen Reinigung darbringen, aber wir sehen durch die Funktion des Moralgesetzes, dass Gott Hexerei als etwas Böses sieht und wir uns ihm mit reinem Herzen nahen sollen.
Näheres unter: http://www.serk-heidelberg.de/2011/01/die-dreifache-unterteilung-des-gesetzes/ [Stand: 25.09.2013]
Vgl. dazu auch die auf der Seite der SERK angegebenen Literaturhinweise: Thomas von Aquin, *Summa Theologica*, 2a, Frage 99, Art. 4, Augustinus, *Contra Faustum Manichaeum*, 6.2, Tertullian, Gegen Marcion, 2.17 und Gegen die Juden, Kap. 2 und 5, sowie Justin, *Dialog mit dem Juden Trypho*, keine Seitenangabe.

7 *„Der Mond regiert die Nacht, die Sonne regiert den Tag: das Gesetz dient zu diesem zeitlichen Leben, das Evangelium dient zum ewigen Leben. Solange diese zwei Lichter leuchten, kann man Tag und Nacht, Licht und Finsternis in ihrem Unterschied erkennen. Wenn aber diese zwei Lichter hinweg sind, so ist da eitel Nacht und lauter Blindheit und Finsternis, Amen."*, Martin Luther, Achtzehnter Sonntag nach Trinitatis. Matth. 22, 34–46, in: Gesammelte Werke, hgg. von Kurt Aland, S. 5761, in: Digitale Bibliothek Band 63, (vgl. Luther-Werke Bd. 8, S. 383).

8 Vgl. FC Solida declaratio VI, 1–4: „1. Nachdem das Gesetz Gottes nicht allein dazu nützt, dass dadurch äußerliche Zucht und Ehrbarkeit wider die wilden, ungehorsamen Leute erhalten, 2. desgleichen, dass durch solches die Menschen zur Erkenntnis ihrer Sünden gebracht, 3. sondern auch, wenn sie durch den Geist Gottes neugeboren, zu dem Herrn bekehrt und also ihnen die Decke Mose aufgedeckt, [dass sie] in dem Gesetz leben und wandeln: hat sich über diesen dritten und letzten [Ge]Brauch des Gesetzes ein Zwiespalt etlicher wenig Theologen zugetragen, 2] da der eine Teil gelehrt und gehalten, dass die Wiedergeborenen den neuen Gehorsam, oder in welchen guten Werken sie wandeln sollen, nicht aus dem Gesetz lernen, noch daraus dieselbe Lehre zu treiben sei, weil sie durch den Sohn Gottes freigemacht, seines Geistes Tempel [ge]worden und also frei, gleichwie die Sonne ohne einigen Trieb für sich selbst [von selbst] ihren ordentlichen Lauf vollbringt, also auch sie für sich selbst, aus Eingeben und Trieb des Heiligen Geistes, tun, was Gott von ihnen erfordert. 3] Dagegen hat der andere Teil gelehrt: obwohl die Rechtgläubigen wahrhaftig durch den Geist Gottes getrieben werden und also nach dem inwendigen Menschen aus einem freien Geist den Willen Gottes tun, so gebrauche doch eben der Heilige Geist das geschriebene Gesetz bei ihnen zur Lehre, dadurch auch die Rechtgläubigen lernen, Gott nicht nach ihren eigenen Gedanken, sondern nach seinem geschriebenen Gesetz und Wort zu dienen, welches eine gewisse Regel und Richtschnur sei eines gottseligen Lebens und Wandels, nach dem ewigen und unwandelbaren Willen Gottes anzurichten.
4. Zur Erklärung und endlichen Hinlegung [endgültigen Beilegung] dieses Zwiespalts glauben, lehren und bekennen wir einhellig, dass, obwohl die rechtgläubigen und wahrhaftig zu Gott bekehrten und gerechtfertigten Christen vom Fluch des Gesetzes erledigt und freigemacht sind, dass sie sich doch im Gesetz des Herrn täglich üben sollen; wie geschrieben steht Ps. 1 und 119: *„Wohl dem, der Lust zum Gesetz des Herrn hat und redet von seinem Gesetz Tag und Nacht."* Denn das Gesetz ist ein Spiegel, in welchem der Wille Gottes, und was ihm gefällig, eigentlich abgemalet ist, das man den Gläubigen stets vorhalten und bei ihnen ohne Unterlass fleißig treiben soll.", vgl. Bekenntnisschriften der Evangelisch-Lutherischen Kirche (BSELK), Göttingen 1992, S. 962 f.

GLAUBE UND POLITIK

WOLFHART SCHLICHTING

Hat denn beides: Christsein und Staatsbürger sein, Glaube und Politik, – hat beides etwas miteinander zu tun? Sind das nicht ganz getrennte Dinge?

Wie sollen sie innerlich zusammen gehören? In welchem Verhältnis stehen sie zueinander?

1.

Man spricht heute oft von einer *‚politischen Dimension‘* des Glaubens, von einer *‚sozialen Dimension‘* des Evangeliums. Was soll das heißen?

1. Wenn es eine politische Dimension des Glaubens gibt, dann heißt das, dass die Politik zum Glauben dazugehört, – sowie zu einem Relief die Tiefe: ohne Tiefe wäre es kein Relief. Das heißt, ohne Politik wäre das gar kein Glaube. Ohne Politik könnte von Glauben keine Rede sein. Zum Glauben gehört unabdingbar die politische Seite. Sie gehört zum Wesen des Glaubens. – So sagt man heute. Ist das richtig?

2. Ich meine: in einem gewissen Sinne ja! Das zeigt sich, wenn man die gegenwärtige politische Theologie mit einer anderen theologischen Richtung vergleicht, nämlich mit der bis vor kurzem vorherrschenden und fälschlich als *‚die moderne Theologie‘* bezeichneten sogenannten Existenzial-Theologie der Schule Rudolf Bultmanns. In dieser Schule sprach man von *‚präsentischer Eschatologie‘*. Das ist hölzernes Eisen. Eschatologie ist die Lehre von den Letzten Dingen. Eschatologie spricht die Überzeugung aus, der Glaube, das Evangelium habe etwas mit der Geschichte zu tun. Sie erwartet, dass Gott der Geschichte einen Abschluss gibt, ein Ziel setzt, ein Ziel, worauf zuletzt alles hinausläuft. Und der Glaube hat etwas mit der Welt, mit dem Kosmos zu tun. Er wartet nämlich auf einen neuen Himmel und eine neue Erde. – Präsentisch heißt gegenwärtig. Jetzt ist Präsens.

3. Wenn man nun aus der Eschatologie eine präsentische Angelegenheit macht, dann bedeutet das: Nein, der Glaube hat nichts mit der Geschichte, schon gar nicht mit einem Ziel der Geschichte zu tun; – das war nur eine mythologische Anschauung früherer Zeiten. In Wirklichkeit wird die Geschichte immer so weiterlaufen. Und mit der Welt, mit dem Kosmos hat der Glaube auch nichts zu tun. Worum es im Glauben geht, das ist, dass der Mensch lernt, sich selbst neu und anders zu verstehen. Die Welt verändert sich nicht. Was sich verändert, das ist das Selbstverständnis des Menschen. Der Glaube ist also eine Sache des Einzelnen, eine private, eine ganz innerliche Angelegenheit. Nur auf die Bekehrung des Einzelnen kommt es an. Die Welt bleibt, wie sie ist.

4. Gegen diese theologische Richtung protestiert die sogenannte politische Theologie. Schon der Philosoph Ernst Bloch hatte kritisiert, dass Bultmann das Eschatologische aus dem historisch-kosmischen Sprengraum in die einsame Seele verlegt, die mit ihrem Bürger-Gott lebt und die Welt mit ihren Arbeitsbedingungen, mit ihren sozialen Verhältnissen, mit ihrer Politik lässt wie sie ist. Diesem Glauben fehlt die historisch-kosmische Dimension; also ist er kein richtiger Glaube, jedenfalls nicht im christlich-jüdischen, biblischen Sinn. Der katholische Theologe Johann Baptist Metz versteht seine politische Theologie als Gegenschlag gegen die extreme Privatisierungstendenz bei Bultmann und seinen Schülern. Denn der Gott der Bibel hat es mit der Welt und ihrer Geschichte, nicht nur mit dem seelischen Privatleben zu tun.

5. Das Alte Testament berichtet von geschichtlichen Ereignissen, die – z. B. der Exodus aus Ägypten – durchaus eine politische Seite hatten, und bekennt, dass diese Ereignisse Gottestaten waren. Die Propheten sagen Gericht Gottes und Heil als geschichtliche Vorgänge voraus und reden damit in hochpolitische Angelegenheiten hinein. Jesu Leben, Tod und Auferstehung traten in die Geschichte ein und ließen die Politik der Zeit – Pilatus – nicht unberührt. Und wenn Gott nach dem Neuen Testament Partei nimmt für die Entrechteten und Ausgebeuteten, dann bedeutet das nicht nur, dass er ihnen ein neues Selbstverständnis anbietet, indem sie sich darüber hinwegsetzen, hinwegtäuschen könnten, – wie es manche unserer unzufriedenen, frustrierten Jugendlichen mit Hasch und dergleichen versuchen, – sonst wäre solcher Glaube in der Tat Opium des Volkes, – sondern es bedeutet, dass die Lage dieser Leute um Gottes Willen anders werden muss.

Nach der Bibel haben Männer wie Paul Lehmann und Richard Shaull, amerikanische Vertreter einer Theologie der Revolution, recht, wenn sie von *‚God political activity‘* reden. Gott ist politisch aktiv. Also muss der Glaube an Gott mit der Politik etwas zu tun haben. Also gehören Glaube und Politik zusammen. Also wäre das kein Glaube, wenn er für Politik blind wäre. In diesem Sinne ist es richtig, zu sagen: Der Glaube hat eine politische Dimension.

2. Aber nun passiert bei manchen Vertretern einer politischen Theologie – und vor allem bei manchen Predigern – etwas Seltsames: der ganze Glaube wird politisch; man hört nichts als Politik. Der Glaube hat nicht bloß mit Politik zu tun, sondern es bleibt eigentlich nur Politik übrig. Der Glaube löst sich in Politik auf.

1. Zum Teil erklärt sich das daraus, dass einige Theologen zu gründlich und unkritisch bei manchen neu-marxistischen Philosophen in die Schule gingen, z. B. bei Herbert Marcuse oder bei Ernst Boch. Bloch z. B. ist bewusst und ausdrücklich Atheist. Einen persönlichen, ewigen Gott, der die Geschichte begleitet, der über die Welt und ihre Geschichte hinausgeht, sie transzendiert (das heißt nämlich: darüber

hinausgehen), etwas Transzendentes also, gibt es nicht. Aber den Menschen ist es aufgetragen, über das Bestehende, Gewordene, über das, was schon ist, hinauszugehen, zu transzendieren, andere, neue Möglichkeiten zu verwirklichen. Das Reich Gottes kommt nicht. Man muss es herbeiführen, muss es schaffen. Revolutionen sind darauf aus, Neues, noch nie Dagewesenes zu verwirklichen. Daher kommt der Theologe Richard Shaull darauf, zu sagen: Da, wo die Revolutionen stattfinden, wo Neues sich anbahnt, da offenbart sich Gott. Und so entstand ‚*Theologie der Revolution*'. Hat er damit recht?

2. Ich meine, nein. Und zwar deshalb nicht, weil es so scheint, als ob eine derartige Theologie den Atheismus voraussetzen müsste. Nun ist zwar nichts zu seltsam, um nicht in der Theologie vorkommen zu können, so wie es präsentische Eschatologie gibt, so gibt es nun auch atheistische Theologie, – aber es macht doch einen etwas abwegigen Eindruck.

3. Jedenfalls heißt es in der Bibel, wenn vom Reich Gottes die Rede ist, nirgendwo, wir sollten es schaffen und herbeiführen. Denn schon der Name sagt, dass Gott das tun wird, ohne unser Zutun. Der Neutestamentler Walter Schmithals z. B. hat das mit Nachdruck gegenüber Vertretern einer Theologie der Revolution hervorgehoben.

4. Ich komme zu dem Ergebnis: Der Glaube hat mit der Politik zu tun. Aber der Glaube geht nicht in der Politik auf. Ein Glaube, der mit Politik nichts zu tun hätte, wäre kein Glaube im Sinne der Bibel. Denn Gott ist politisch aktiv. Wenn aber die Predigt nur noch von Politik spricht, – oder wenn z. B. Entwicklungshilfe an die Stelle der Mission tritt –, dann kann von Glauben im Sinne der Bibel auch keine Rede sein. Denn nach der Bibel ist Gott politisch aktiv. Hier aber ist nur noch von Aktivitäten der Menschen die Rede.

3. Es kommt also darauf an, klar und deutlich zu sagen, in welcher Weise Glaube und Politik zusammenhängen. Jeder muss eine klare Vorstellung von der Art des Verhältnisses beider Größen zueinander haben. Leider fehlt diese Klarheit weithin. Man kann auch so fragen: Wie gehören Eschatologie und Sozialethik zusammen?

1. Das Reich Gottes, den neuen Himmel und die neue Erde, in denen Gerechtigkeit wohnt, wird Gott schaffen, Gott allein. Diese Verheißung hat er festgemacht, indem er in der Auferweckung Jesu schon ein Stück Neuschöpfung vorwegnahm. Inzwischen macht Gott aus denen, die daraufhin an ihn glauben, die sich daraufhin bekehren, neue Menschen, jetzt schon Anwärter auf die Bürgerschaft in seinem kommenden Reich. Ihre feste Hoffnung findet sich mit den bestehenden Verhältnissen nicht ab. Weil die Christen glauben, dass die Welt nach Gottes Willen nicht so bleiben kann, wie sie ist, deshalb bemühen sie sich, jetzt schon Veränderungen

herbeizuführen. Weil sie glauben, dass Gott die Welt verändern wird, deshalb handeln sie so. Ihr politisches Engagement ist also eine Folge ihres Glaubens.

2. Es gibt heutzutage in der Kirche und im CVJM ein Politisieren, dem man nicht anmerkt, dass es eine Folge des Glaubens ist, weil nämlich von Glauben, von den großen Taten Gottes gar nicht mehr die Rede ist. Ein politisches Engagement, das nicht kenntlich ist als Konsequenz aus dem Glauben an das Handeln Gottes in der Geschichte, – ein solches Politisieren hat mit dem Glauben nichts zu tun. Es kommt für Christen genauso wenig in Betracht, wie ein Glaube, der keine Konsequenzen zieht, der also mit Politik nichts zu tun haben will.

3. Sowohl eine apolitische Kirche wie auch eine politisierte Kirche verleugnen den Glauben an das Handeln Gottes in der Geschichte. Was die Kirche zur Kirche macht, ist der Glaube an die frohe Botschaft von dem, was Gott getan und zu tun versprochen hat. Aber zu diesem Glauben gehört als unabdingbare Folge die Liebe. Und eine Form der Ausübung dieser Liebe ist das politische Engagement.

4. Die Kirche hat also in erster Linie in ihrer Verkündigung und in der Feier der Sakramente das Evangelium auszurufen. Das geschieht im Gottesdienst. Der Gottesdienst muss also im Mittelpunkt ihrer Tätigkeit stehen, und alle weitere Tätigkeit muss sich erkennbar von diesem Mittelpunkt herleiten.

KRITISCHE THEORIE, RHIZOM, PLURALISMUS – EINIGE ‚BRUCHSTELLEN' ALS HERAUSFORDERUNGEN FÜR DIE EVANGELISCHE JUGENDARBEIT

EINLEITUNG

Schon Ende der 70er, Anfang der 80er Jahre legte der damalige Landesjugendpfarrer Heinrich Herrmanns diesen beachtlichen Text vor, in dem er die grundsätzliche Anfälligkeit der evangelischen Kirche schildert, sich von sachfremden Theorien und Ideologien beeinflussen zu lassen. Nach der ‚Ehe von Thron und Altar' sowie der anschließenden Begeisterung für den Nationalsozialismus, die weite Teile des Protestantismus erfasst hatten, folgte nun eine progressive Öffnung für marxistische Ideen und deren Derivate, wie die sogenannte Frankfurter Schule mit deren Ausläufern. Aber auch die Ökologiebewegung mit ihren Anklängen an das ‚New Age' werden erfasst. Der Text erklärt auch dem Nachgeborenen in nachvollziehbarer Weise die Mechanismen zur Durchsetzung der neuen Zeitgeistströmung, sowie deren fatale Folgen für die Jugendarbeit und damit die gesamtkirchliche Entwicklung. Ein wichtiger Punkt ist auch, dass Herrmanns nicht nur die neuen geistigen Usurpatoren der Kirche benennt und die Folgen dieser Usurpation klar darstellt, sondern auch aufzeigt, was der Kirche damit entglitt und welche zentralen Tätigkeiten, Lehren und Grundlagen damit verloren gingen und wiedergewonnen werden müssten, weil die angemahnten Grenzziehungen nicht erfolgten.

KRITISCHE THEORIE, RHIZOM, PLURALISMUS – EINIGE ‚BRUCHSTELLEN' ALS HERAUSFORDERUNGEN FÜR DIE EVANGELISCHE JUGENDARBEIT

HEINRICH HERRMANNS

Anlass für diesen Beitrag ist eine andauernde Diskussion um den Kurs der evangelischen Jugendarbeit in München zwischen der kirchlichen Gruppierung *‚Lebendige Gemeinde'* in München und dem dortigen Jugendwerk.

Der Informationsbrief der Lebendigen Gemeinde München im Juli 1979 stößt in seiner Analyse und in seiner Kritik an der Jugendarbeit des Evangelischen Jugendwerks München zu Grundfragen vor. Es geht um die Rezeption von weltanschaulichen Theorien unmittelbar und im Gewand von pädagogischen, politischen und soziologischen Entwürfen. Die jeweiligen Vorentscheidungen über den Menschen, über Sinn und Ziel des Daseins werden von den ursprünglichen Theorien manchmal gar nicht mehr explizit genannt. Sie lenken aber die Zielsetzung der verschiedenen Wissenschaftsgebiete und beeinflussen die Ergebnisse wie auch die Schlussfolgerungen in pädagogischen, politischen und soziologischen Entwürfen. Für den späteren Leser, dem die Prämissen oft nicht so klar vor Augen stehen, wirken die jeweiligen Entwürfe recht plausibel. Erst wenn er mehrere Entwürfe zur gleichen Problemlage zur Kenntnis nimmt, wird die Gewichtigkeit der Prämissen offenbar und ihre stetige Wirkung im gesamten Forschungsgebiet.

Als Christen stehen wir diesem Sachverhalt mit erheblichen Schwierigkeiten gegenüber, da diese Forschungen im humanwissenschaftlichen Bereich, im geisteswissenschaftlichen Bereich wie im naturwissenschaftlichen Bereich ablaufen unter der Voraussetzung, *‚als ob es Gott nicht gäbe'* (etsi Deus non daretur). Allgemein kann man sagen, dass in der Evangelischen Kirche sehr dominierende und stringente Theorien außerordentlich rasch aufgesogen werden. Es fehlt oft an einer starken Rückbindung zum Grundkonsens der Kirche. Die selbstkritische Prüfung der rezipierten Theorien an den Grundaussagen der Kirche erfolgt erst später – meistens als schmerzhafter Prozess.

Mit Händen zu greifen ist ein solcher Vorgang – wie es ihn schon öfter gegeben hat (Rationalismus, Liberalismus, Historismus, Existenzialismus, in eigener Weise auch der Nationalismus) – bei der Rezeption der Leitgedanken aus der Studentenbewegung der 60iger Jahre. Die *‚Grundsatztexte zur evangelischen Jugendarbeit'*[1] in ihrer dankenswerten Zusammenstellung durch das Comenius-Institut aus dem Jahre 1978 geben davon ein beredtes Zeugnis.

Diese Dokumentation zeigt in ihrer Aneinanderreihung der verschiedenen Grundsatzäußerungen neue Satzungen und Ordnungen, in vielfacher Wiederholung die Aufnahme von Forderungen aus der Studentenbewegung, genauer der sie nährenden und motivierenden Theorien (Marcuse/Horkheimer, Adorno, Habermas/Bloch).

Als stärkste treibende Kraft erwies sich die Renaissance des Marxismus, den die deutsche Studentenschaft neu entdeckte. Die Vermittlung leistet u. a. die Frankfurter Schule mit ihrem undogmatischen Marxismus in der Ausformung der *‚Kritischen Theorie'*.

Der Neomarxismus in verschiedenen abgewandelten Grundformen durchdrang dann rasch die diversen wissenschaftlichen Bereiche, natürlich vor allem die Gesellschaftswissenschaften und den korrespondierenden Bereich der Humanwissenschaften, aber nicht

---

1 M. Affolderbach (Hrsg.), Grundsatztexte zur evangelischen Jugendarbeit. Materialien zur Diskussion in Praxis, Lehre und Forschung. Im Auftrag des Referates für Jugend- und Studentenarbeit in der Kirchenkanzlei der EKD ausgewählt und bearbeitet von Martin Affolderbach, Münster 1978.

nur diese. Dazu kommen die Entwürfe aus der säkularen Jugendarbeit (Mollenhauer: Erziehen will Befreiung von unbegriffenen Mächten, Lernen an Konflikten, Veränderung der Gesellschaft, Emanzipation).

„Prüfet aber alles, und das Gute behaltet" – dieser gute Rat aus 1. Thess. 5,21 ist vonnöten. Dazu stellt sich die Notwendigkeit, Distanz zu gewinnen, sich der eigenen Maßstäbe zu vergewissern, den Konsens der Kirche im Biblisch-Bekenntnismäßigen zu suchen.

Fast wie weggewischt waren Dokumente wie das der VELKD zum Thema *‚Jugend und Kirche'* aus dem Jahre 1963 oder ein so wesentliches Buch wie *‚Treffpunkt Gemeinde'*[2] von Christof Bäumler, das Gemeinde und Kirche klar im Blick hatte. Von diesen deutlich am christlichen Glauben, der Verkündigung und der Kirche orientierten Veröffentlichungen trennen uns nicht einmal zwei Jahrzehnte!

Es ist richtig, wenn es im Dokumentenband S. 25 heißt: *„Evangelische Jugendarbeit hat diesen Prozess (der Theoriebildung) mehr rezeptiv als gestaltend und prägend mitgemacht."* Das ist wahr, und vor allem geriet der Auftrag der Verkündigung, der Glaubensweitergabe, der unmittelbare Umgang mit dem Wort Gottes, gerieten Gebet, Gottesdienst und Heiliges Abendmahl, die Orientierung der Gewissen an biblischen Maßstäben weit in den Hintergrund. Die Rezeptionswelle erfasste viele, ich sage hier: viele von uns.

Nach der Rezeptionsphase durch Teile der betreffenden Jahrgänge kam aber auch durch Ältere rasch die Umsetzungsphase in der erzieherischen Wirkung zu Hause bei eigenen Kindern, in der Schule durch die betreffenden Pädagogen, durch Jugendleiter und Pfarrer in der Jugendarbeit.

Der biblische Bezug wurde meist nachträglich gesucht. Bestimmte Gewährstexte tauchen immer wieder auf. Weite biblische Partien bleiben unbeachtet, wohl auch ungelesen. Ein ähnlicher Vorgang – nur sanfter und abgemildert – erfasste auch die katholische Kirche. Es kam zur Beratungsarbeit durch die Synode, darunter auch als Ergebnis ein Papier zur Jugendarbeit.

Jugendliche und auch Jugendleiter wurden ebenfalls erfasst und beeinflusst von den zeitgenössischen Ideen. Die Phase der Prüfung, die Suche nach einer neuen Balance scheint eingesetzt zu haben.

Das Deutsche Allgemeine Sonntagsblatt (22.02.79) schreibt unter der Überschrift *„Runter vom Boden der katholischen Soziallehre – Neomarxismus, Fortschrittsgläubigkeit, zu viel Selbstständigkeit: das werfen die Bischöfe ihren Jugendverbänden vor"*:

---

2 C. Bäumler (Hrsg.), Treffpunkt Gemeinde – Jugend im Gemeindeaufbau, in der Reihe: Studien zur Praktischen Theologie, Band 2, München 1965.

„... So wird immer wieder der Vorwurf laut, die Jugendverbände verblieben zu sehr im ‚Vorfeld', als ‚ginge es der kirchlichen Jugendarbeit vor allem darum, Lernfelder sozialen Verhaltens und humaner Reifeprozesse bereit zu stellen' (Tenhumberg). Die lebendige Verbundenheit mit Gott und Jesus Christus in Wort und Sakrament, in Gebet und Meditation werde zu wenig betont und praktiziert. Das habe dann zur Folge, dass Arbeitskonzepte zu horizontal, zu politisch, zu ideologisch geraten würden."

„... Mit dem Horizontalismus-Vorwurf hängt auch die bischöfliche Warnung an die Jugendverbände zusammen, sie glaubten zu sehr an die ‚Machbarkeit', huldigten also im Feld der Gesellschaftspolitik einem allzu munteren Fortschrittsglauben. Die Bischöfe argumentieren hier theologisch, sie verweisen auf die grundsätzliche, tiefe Wahrheit von den Grenzen der menschlichen Möglichkeiten."

„... Sie fordern eine Rückkehr zu einer pastoral – seelsorgerlich ausgerichteten Jugendarbeit."

Bestätigt wird die Suche nach theologischen Inhalten in einem Aufsatz der Katechetischen Blätter 5/79 zum Thema ‚*Die katechetische Dimension der kirchlichen Jugendarbeit*' S. 363: „*Konsequenzen für die Verantwortlichen der kirchlichen Jugendarbeit*".

Die katechetische Funktion der Mitarbeiter in der kirchlichen Jugendarbeit wird in den Aussagen des Synodenbeschlusses zum ‚*Personalen Angebot*' deutlich:
„Um das Heilsangebot Gottes Jugendlichen nahezubringen, müssen Mitarbeiter die Fähigkeit haben, gemeinsame Erfahrungen mit den Jugendlichen auf ihre möglichen Tiefen – und Glaubensdimension hin zu deuten. Sie sollen im Vollzug und in der Reflexion gemeinsamer Erfahrungen deutlich machen können, wie wichtig ihnen Jesus und seine Botschaft ist."

Von den Jugendlichen und Erwachsenen Mitarbeitern wird demnach erwartet, dass sie

» ihr Glaubenswissen durch eigenes Bemühen und die Teilnahme an Glaubensseminaren vertiefen, um der Forderung von 1. Petrus 3, 15, Rechenschaft zu geben über unsere Hoffnung, gerecht zu werden,

» sich um ihren Glauben bemühen und in Jesus Christus die Mitte ihres Lebens und den Maßstab ihres Handelns sehen,

» sich mit Fragen des Glaubens auseinandersetzen und ihre eigene Erwartung klären,

» sich dem Anspruch der Heiligen Schrift in persönlicher Lesung und im Gespräch stellen,

» Formen und Modelle suchen, in denen sich ihr Glaube und der Glaube der Jugendlichen, mit denen sie zu tun haben, zeitgemäß und verständlich ausdrücken kann.

Hier ergeben sich Berührungspunkte zu einem Beitrag von Karlheinz Eber[3], in dem er auf die Notwendigkeit und Bedeutung der Lehrevangelisation hinweist. Es geht ihm um die Weitergabe von elementaren Wahrheiten des christlichen Glaubens.[4]

Wir stehen allenthalben vor Grundlagenproblemen. Der Titel des Buches von Klaus Müller ‚*Wende der Wahrnehmung*[5] signalisiert dies in aller Grundsätzlichkeit. Ist in der Auffächerung des Katalogs der Wissenschaften und ihrer jeweiligen Eigendynamik und Differenzierung der Pluralismus unumkehrbar abgefahren? Ist der Pluralismus der verschiedenen Weltanschauungen und Wertsysteme unumkehrbar abgefahren? Ist das Ringen um einen Konsens noch möglich, überhaupt noch sinnvoll? Ist Konsens überhaupt noch leistbar? Diese Fragen stellen sich zunehmend auch als innerkirchliche Fragen. Die Wirklichkeit des Pluralismus reicht tief hinein in unsere Kirche und ihre Mitarbeiterschaft.

Nach außen gesehen, stehen wir als Christen gewaltigen Herausforderungen gegenüber. Es ist einmal das Gegenüber der Naturwissenschaften, und dort vor allem sind es die neuen Fragestellungen und auch Erkenntnisse der theoretischen Physik. Das Galileische Verständnis von Experiment und Theorie wurde abgelöst durch Relativitätstheorie, Quantentheorie, Unbestimmtheitsrelationen.

Ebenso gewichtig erscheint die Dynamik und Entwicklung im Bereich der Biologie, Biochemie, Genetik.

Ein weiterer Großbereich von Auseinandersetzung ist für uns Christen das Wirken des Marxismus auch in seinen verschiedenen westlichen Spielarten, der Positivismus und in beiden ihre implizierten atheistischen, materialistischen Vorentscheidungen, ihre Wertsetzung oder auch Wertneutralität.

Ebenso nahe liegen uns die ökologischen Probleme, der Nord-Süd-Konflikt, der Ost-West-Konflikt.

Bedrohlich und Ängste auslösend wirkt die Großtechnologie in ihren verschiedenen Formen, aber besonders festgemacht an der Kernenergie.

---

3 K. Eber war bis 1991 Generalsekretär des CVJM-Landesverbandes Bayern.

4 Vgl. Arbeitshilfe für die Arbeit mit jungen Erwachsenen 1979, Herausgeber: CVJM-Landesverband Bayern – Redaktion Hermann Traub und Wolfgang Hagemann, S. 40.

5 K. Müller, Wende der Wahrnehmung, Erwägungen zur Grundlagenkrise in Physik, Medizin, Pädagogik und Theologie, München 1978.

Ähnlich angstauslösend wirken die gewaltigen Informationssysteme von Computern mit ihren Möglichkeiten von Kontrolle, Überwachung und Steuerung.

Die Summe dieser Probleme und Herausforderungen ist nun entweder so groß, dass darüber der Zerfall des Denkens und Begreifens einsetzt, d. h. dass man als einzelner die Zusammenhänge nicht einmal mehr in starker Vergröberung überschauen kann. Es sei denn, wir finden wieder einen Ur-Ansatz, wir fänden wieder zurück zu einem Ur-Ansatz.

In der theoretischen Physik, die wohl die Führung in Fortsetzung der klassischen Philosophie übernommen hat, zeigen sich zaghafte Versuche – wie ich meine, fragliche Versuche – eines Gesamtansatzes, wenn ich an Klaus Müller oder Karl Friedrich von Weizsäcker denke.

Klaus Müller schreibt in seinem Buch *‚Wende der Wahrnehmung'*:
„Wir stehen heute im Grunde in der Theologie vor folgender Situation: Wo man den Inhalt der zentralen Mitte Gottes oder der Göttlichkeit einer letzten, verpflichtenden Instanz festhalten wollte, enthüllt sich die dann unvermeidliche affirmative Deduktion als Bemächtigung dessen, der gerade als der Mächtigere behauptet wird – das Heil gerät unter die Räder theologischer Denkfiguren und ihrer sublimen Rechtfertigung. Wo man aber diesen Inhalt gegenüber gelebter Glaubenspraxis stärker freigab, stellt sich alsbald ein Glaubenspluralismus ein, der – jedenfalls an theologischer Schlüssigkeit gemessen – jede Systematisierung des dann noch gemeinsamen Credos bis ins Unerträgliche erschwert. Diese Situation erleben wir besonders ausgeprägt in der Gegenwart. Ich kann sie freilich nicht als eine bloße Verfallserscheinung verstehen, sondern möchte die heutige Lage vielmehr hoffnungsvoll so charakterisieren: Neben die Schriften des Alten und Neuen Testaments, welche traditionell den Glauben geleitet haben, treten heute und in Zukunft die neuen ‚Schriften' in der Natur, aus denen wir im Glauben an die eine Schöpfung genauso Wegweisung des Heils buchstabieren dürfen. Die Kanonisierung der Bibel muss um den Kanon der Naturbezüge erweitert werden. Freilich meine ich hier nicht das Skelett ‚Natur' der Physik allein, sondern die Natur humanökologischer Wechselbeziehungen, in welcher materielle Strukturen, seelische Bezüge und Offenbarungspotenzen ineinander spielen."[6]

Diesem Ansatz von Klaus Müller über die biblischen Schriften hinaus, gewissermaßen ein neues *‚Testament'* hinzuzufügen, nämlich die *‚Schriften'* der Natur, kann ich so nicht folgen. Unabdingbar bleibt der eindeutige und uneingeschränkte Bezug zur biblischen Offenbarung unsere Grundlage. Verstehen kann ich aber die Suche nach dem Moment der Mobilität, des Vorwärtsschreitens, der Weiterentwicklung und auch das Moment der Erhellung.

---

6 K. Müller, Wende, a. a. O., S. 221.

Ich meine aber, dass dies sich uns nur erschließt im unmittelbaren Bezug zum biblischen Zeugnis. Die Lösungsgedanken, die Klaus Müller vorantreiben möchte, gehören aus meiner Sicht hinein in den dritten Glaubensartikel, in die Theologie des Heiligen Geistes, persönlicher gesagt, zur Gegenwart und zum fortwährenden Wirken des Heiligen Geistes.

Die theologischen Lehrer sind inzwischen meistens in irgendeinem Dschungel der Humanwissenschaften oder anderer Wissenschaftsbereiche untergetaucht und werfen von Zeit zu Zeit Detaileinsichten in Buchform aus ihrem Gestrüpp heraus. Eine Gesamtschau ist nicht in Sicht, geschweige eine Konzentration, eine Elementarisierung christlichen Glaubens und christlicher Existenz vor Gott unter den Menschen und in der Welt. Die dennoch in den letzten Jahren laufende Bemühung um Katechismusentwürfe zeigt aber an, dass das Problem erkannt, zumindest geahnt wird.

Es fehlt uns an der Schwelle zum vorletzten Jahrzehnt dieses Jahrhunderts (Jahrtausends – dies besagt wohl weit weniger) eine länger verfolgbare Linie. Es fehlt uns eine Gesamtschau für das Notwendige – ein Entwurf, der das viele Auseinanderstrebende zu ordnen vermag, der die vielen disparaten Aktionismen bündelt. Es fehlt an Wegweisung und Orientierung, ja es fehlt als Vorstufe dazu überhaupt an Überblick, an Durchblick. Das eine oder andere Prokrustesbett hilft auch nicht weiter. Ich denke hier an den Marxismus, der die Seele des Menschen auf der Strecke lässt. Ich denke an den Positivismus von Popper oder Albert, diese unterkühlte kritische Rationalität als Grundprinzip. Ganz rasch wird dieser Denkansatz radikalisiert bis zur unbrauchbaren Relativierung bei Helmut Spinner in ‚*Theoretischer Pluralismus*‘[7].

Es fehlt an einer menschengemäßen, ermutigenden, den ganzen Menschen einbeziehenden Gesamtschau. Ist diese Aufgabe nicht mehr leistbar, nicht mehr zu bewältigen?

Manche haben sich schon darauf eingestellt. Man hat die fehlende Kraft zu einem umfassenden Entwurf eingesehen und macht aus der Not eine Tugend. Lothar Baier beschreibt die mittlerweile europäisch verbreitete Subkultur als ‚*neue zweite Kultur*‘ – vorsichtig setzt er ein Fragezeichen dazu. Seit man die Unzulänglichkeiten der marxistischen Totalanschauung erkannt hat, gibt man sich mit der geheimnisvollen Erklärung nach dem Modell ‚*Rhizom*‘ zufrieden.

„Mit dieser materiellen Autonomisierung geht auch ein Bewußtseinsprozeß einher: Seit es auch in der Praxis Rückzugsmöglichkeiten gibt, ist man weniger darauf angewiesen, sich die fehlende Sicherheit aus der Theorie zu holen. Darin ist zweifellos einer der Gründe dafür zu suchen, weshalb der Marxismus als theoretische Rückversicherung weithin unattraktiv geworden ist. Den meisten ist die Geduld ausgegangen, sich mit organisatorischer

7 H. F. Spinner, Theoretischer Pluralismus, in: H. Albert, (Hrsg.), Sozialtheorie und soziale Praxis, Eduard Baumgarten zum 70. Geburtstag, Meisenheim 1971, S. 17 ff.

Kleinarbeit die Zeit zu vertreiben, bis sich die Verhältnisse zur Revolutionsreife entwickelten. Die Marxsche Lehre, soweit sie in der organisierten Arbeiterklasse das Subjekt der Geschichte namhaft macht, wurde als Vertröstungstheorie zurückgewiesen: ‚do it now', heißt stattdessen die Parole. ‚Wir wollen alles, und wir wollen es jetzt', wurde bei TUNIX verkündet, wobei die Alternativbewegung es vorzieht, jetzt den kleinen eigenen Laden zu wollen, statt alles in einer fernen Zukunft."

In dieser Situation wurden Theorien attraktiv, die mit der Marxschen Geschichtsphilosophie längst gebrochen hatten und es erlaubten, die neue Praxis der unorganisierten, verstreuten ‚*alternativen*' Projekte revolutionär zu verstehen. Vor allem die Texte des französischen Philosophen Gilles Deleuze und des Psychiater Fèlix Guattari erlebten einen regelrechten Boom, weil sie das, was den Alternativen immer als Schwäche vorgehalten wurde, als Stärke lesbar machten.

Mit dem Begriff ‚*Rhizom*' gaben sie der Wunschvorstellung Ausdruck, dass auch ohne Organisation alles mit allem irgendwie zusammenhängt und eine neue Kraft hervorbringt. Rhizom (ein Begriff der Botanik, der ein unter der Oberfläche liegendes Wurzelgeflecht bezeichnet) ist für Deleuze und Guattari das Modell für eine Art von Verbindung, die weit auseinanderliegende Elemente dezentral miteinander verknüpft: „*Das wichtigste Merkmal eines nicht zentrierten Systems: die lokalen Initiativen werden unabhängig von einer zentralen Instanz koordiniert, und Kalküle werden im gesamten Netzwerk (Vielheit) erstellt*", heißt es in dem Essay ‚*Rhizom*' von Deleuze und Guattari.[8]

Ihre Theorien hatten darüber hinaus den Vorzug gegenüber den gängigen Revolutionslehren, dass sie der langwierigen Suche nach dem Subjekt, das die Geschichte macht, ein Ende setzen. „*Es muss da eine andere Subjektivität auftauchen*", sagte Guattari in einem Gespräch, dessen deutsche Übersetzung unter dem Titel ‚*Wunsch und Revolution*'[9] kürzlich erschien, „*nicht die der Arbeiterklasse, d. h. der Arbeiterklasse als Menschengruppe, einer soziologischen Gruppe […] An erster Stelle werden vielmehr die Wünsche der Kinder, der Frauen, der Männer stehen. Nicht nur die der Arbeiter und derjenigen, die etwas Nützliches produzieren, sondern auch derjenigen, die unnütze Sachen wie z. B. Wünsche produzieren*"; nicht nur die Wünsche der Leute, die austauschbare Produkte herstellen, sondern auch der Leute, deren Produkte auf der Ebene des Marktes nicht austauschbar sind, der Künstler u. s. w. (Süddeutsche Zeitung 30.06./01.07.79, Feuilleton-Beilage)

Die Wirkungen aus diesem subkulturellen Bereich dürften auf Jugendliche nicht ohne Faszination sein. Es ist die anspruchsvollere Art auszuflippen. Mit Recht spricht Baier

8 G. Deleuze/F. Guattari, Rhizom, Berlin 1977.

9 F. Guattari, Wunsch und Revolution: Ein Gespräch mit Franco (Bifo) Berardi und Paolo Bertetto, Heidelberg 1978.

von dem Bruch, der hier vorliegt. Er redet vom Bruch zwischen der *‚ersten und zweiter Kultur'*.

„Die durchlässige Grenze zwischen erster und zweiter Kultur verdeckt nämlich nur den tiefen Bruch, der sich zwischen der produzierenden Gesellschaft und denen auftut, die sich von ihr ausgeschlossen sehen und ihren Ausschluss immer mehr als gewollte Dissidenz akzeptieren. Das Vieldeutige und Schillernde der zweiten Kultur rührt vielleicht gerade daher, dass die bunten Masken, mit denen sie sich schmückt, beides sein können: Ausdruck eines selbstbewussten Bekenntnisses zur Abweichung oder verzweifelter Versuch, das eigene Elend bunt zu maskieren." (Süddeutsche Zeitung 30.06. /01.07.79, Feuilleton-Beilage)

Eine *‚andere Bruchstelle'* als Ursache breitgestreuten Unbehagens stellen die Wissenschaften dar und die Wissenschaftler, die sie betreiben. Die Akademie Tutzing nahm das Thema unter der Überschrift in Angriff *„Das Unbehagen an der Wissenschaft"*. In seinem Bericht leitet Günter Maschke wie folgt ein:

„In der Industriegesellschaft bedeutet das Unbehagen an der Wissenschaft immer auch das Unbehagen am Gang der Dinge selbst. Wird der Weltschmerz des technischen Zeitalters akut, steht die Epoche zur Disposition. Mit deren Fortschreiten geschieht dies auf immer radikalere und zugleich abstraktere Weise. Die diffuse Angst, dass man sich vielleicht seit Jahrhunderten auf einem falschen – einem irgendwie falschen – Weg befinde, breitet sich aus. Der Spott über die monotone Wiederkehr der kulturkritischen Motive hilft nicht darüber hinweg.

Nachdem heraus ist, dass die Wissenschaft keine Ziele des Handelns formulieren kann, aber die Religion, der dies einmal gelang, bis zur maßgeblichen Unverbindlichkeit auflöste; nachdem die großen Ideologien zerbröckeln, wird der Ruf nach einer Ethik des Zusammenlebens unter der Herrschaft der Wissenschaft immer heftiger. Aber heißt Ethik nicht immer auch: den Lebenssinn zu kennen? Damit verbunden ist die Forderung nach einer Verstärkung der interdisziplinären Zusammenarbeit der Wissenschaften – eine Forderung, hinter der der Glaube an die Orientierungsmacht der Wissenschaft überwintert und vergeblich hofft." (Frankfurter Allgemeinde Zeitung, Feuilleton, 30.07.1979)

Karl Rahner, einer der Referenten der Tagung, sagte:

„Von da aus muss also zunächst gesagt werden, dass der Mensch gerade auch als Christ mit einem unaufhebbaren Pluralismus von Wissenschaften rechnen muss. Diese Wissenschaften entspringen nicht an einem Einheitspunkt, der in der Verwaltung und Macht des Menschen stünde, sodass er die Vielfalt seiner Wissenschaften von vorneherein streitlos und in Frieden in einer Einheit zusammenhalten könnte. Die Wissenschaften sind in einer Pluralität von gegenseitiger Fremdheit da, sie entstehen in der Geschichte des Menschen, ohne sich gegenseitig von vorneherein um Anerkennung zu fragen, alle Wissenschaftssystematik

und –theoretik kann vielleicht hinterdrein ein mühsam erdachtes System der Wissenschaften entwerfen, aber von diesem aus lassen sich die einzelnen Wissenschaften im allerletzten eben doch nicht schulmeistern und in ihre eigene Aufgabe und Methode einsetzen. In diesem unüberwindlichen Pluralismus der Wissenschaften muss auch die Theologie leben und sich zurechtfinden. Sie handelt zwar als Theologie von dem einen, alles umfassenden und tragenden Ursprung aller Wirklichkeit und von dem einen alles integrierenden und versöhnenden Ziel aller Geschichte, das wir Gott nennen. Aber insofern die Theologie diesen Gott gerade als das unumfassbare Geheimnis bekennt und den Menschen als ewig von diesem Gott ursprünglicher Einheit verschieden erklärt, ist die singuläre Einmaligkeit und Würde der Theologie grundsätzlich gerade kein Mittel und Weg, diesen Pluralismus der Wissenschaften zu überwinden." (Referat, S. 5 – Ablichtung des Manuskripts bei der Akademie Tutzing)

Dennoch aber bleibt für Rahner das Ringen um Zusammenhänge unaufgebbar:

„Es muss Universitäten des Wissens geben, die mehr sind als eine Organisation der Ansammlung von Fachschulen. Diese Aufgabe einer Integrierung der Einzelwissenschaften, also auch der Natur – und Geisteswissenschaften zu einer Einheit, wird immer wieder auch positive Ergebnisse haben, man wird immer wieder, wenigstens stückweise, erkennen, wie zusammenpasst, was bisher im Bewusstsein nur chaotisch beieinander lag. Aber eine einzige, alles umgreifende Weltformel wird es in dieser Geschichte der Erkenntnis nie geben und die letzte Einheit, die dem pluralistisch erkennenden Menschen gegeben sein wird, immer schon gegeben ist und immer neue Aufgabe bleibt, ist die Übergabe allen Wissens in einer ‚docta ignorantia' an das ewig bleibende Geheimnis Gottes und seines unableitbaren Willens. Auch diese geschenkte, nicht gemachte Einheit in der Anvertrauung aller Pluralität an den allein radikal einen Gott gehört zu der Aufgabe, den Pluralismus unseres Wissens in eine Einheit zu integrieren.
Die christliche Lehre von der konkupiszenten Pluralität unserer unintegrierten Antriebe sagt, dass diese Pluralität, ob zwar nicht notwendig und immer Sünde und Schuld, doch zur Sünde führen kann und auf jeden Fall eine agonale Situation im Menschen begründet. Dass an sich der Spiegel unseres Bewusstseins nicht als einer und ganzer die Wirklichkeit in Einheit widerspiegelt, sondern in gewissem Sinne in tausend Scherben zerbrochen ist, die jeweils nur ein Stück der Wirklichkeit widergeben, das so nie ganz verständlich ist, das ist noch nicht notwendig Schuld im Menschen, wenn es auch in der christlichen Anthropologie als Folge einer Schuld am Uranfang der geistigen Menschheitsgeschichte interpretiert wird." (Referat, S. 8)

Rezeption und notwendige Abgrenzung zu den wissenschaftlichen Bemühungen werden von Rahner im Schlussteil des Referats gekennzeichnet:

„So sei zum Schluss nochmals gesagt: Auch von der Theologie her kann die Existenzberechtigung der Naturwissenschaften nicht infrage gestellt werden, trotz dem Unbehagen, das sie

heute hervorrufen. Glaube und Theologie setzen die Naturwissenschaften nicht eigentlich in ihr Recht und ihre Existenz ein, sondern finden sie vor und erkennen so auch, dass sie diese Wissenschaften auch vom eigenen Wesen des glaubenden Menschenverständnisses her gelten lassen müssen und mit ihnen zusammenleben müssen in einem offenen Dialog, dessen konkreter Ausgang von keiner Seite genau vorausgewusst wird. Die Theologie hat freilich dabei auch immer die Aufgabe, die als Versuchung immer gegebene Anmaßung jeder Einzelwissenschaft zurückweisen, in der eine solche Wissenschaft monopolistisch und totalitär sich als die adäquate Lösung aller Welträtsel zu etablieren versucht." (Referat, S. 11)

Zum Problem des Pluralismus in der modernen westlichen Lebenswelt schreibt Alexander Schwan:

„Die gesellschafts – und verfassungspolitische Pluralismustheorie, die dies konstatiert und postuliert, ist analytische und normative Theorie zugleich. Sie versteht unter ‚Pluralismus' mithin ‚zweierlei: einmal den empirisch-analytischen Befund einer pluralistisch gegliederten Gesellschaft und zum anderen die normative Aufgabe eines pluralistisch verfassten Gemeinwesens'. In solcher Doppelgestalt vermag die Pluralismustheorie die Grundlage – gleichsam der weiteste formale Rahmen – für die Verständigung und Selbstverständigung derer zu sein, denen es um eine freiheitliche Ordnung und Entfaltung des menschlichen und gesellschaftlichen Lebens in Gegenwart und Zukunft geht – komme, was da kommen mag!

‚Pluralismus' in Theorie und Praxis besagt also auch, dass die vielen in der modernen Lebenswelt vorhandenen und wirkenden weltanschaulichen Richtungen, geistigen Bemühungen, gesellschaftlichen Schichten, Gliederungen und Institutionen, wirtschaftlichen Interessen und Verbände, beruflichen Rollen und Funktionen, politischen Gruppen, Parteien und Instanzen ausdrücklich anerkannt und gutgeheißen werden und dass ihnen der Raum freier Entfaltung eröffnet wird, und zwar sofern sie ihrerseits die staatliche, im Grundkonsens der gewählten politischen Repräsentanten des Volkes verfassungsmäßig festgelegte Ordnung bejahen und unterstützen. Eine solche Ordnung ist als Rahmen – und Strukturbedingung unerlässlich, damit allen pluralen Kräften Recht, Schutz und Wirkmöglichkeit in gegenseitiger Achtung, im Austausch, in der Konkurrenz und im Konflikt zukommen kann. Zu einer funktionsfähigen pluralistischen Gesellschaft gehören unverzichtbar Verfassung, Rechtsstaat, Grundrecht, Gewaltenteilung, -verschränkung und -kontrolle, demokratische Willensbildung, freie Wahlen, Mehrparteiensystem, autonome gesellschaftliche Verbände und Teilbereiche, Öffentlichkeit; kurz: die Grundelemente einer freiheitlichen Ordnung. Auf Seiten der pluralen, gesellschaftlichen Kräfte sind die Bejahung dieser Grundelemente und eine Haltung theoretischer wie praktischer Toleranz gegenüber allen konkurrierenden Kräften, die ihrerseits dazu bereit sind, erforderlich. Der Pluralismus kann gar nicht anders, als solche Bedingungen zur Voraussetzung für die Anerkennung und Förderung der gesellschaftlichen Kräfte zu machen. Sie stecken den Rahmen für deren Legitimität im pluralistischen Kräftespiel ab. Der so gezogene Rahmen ist der denkbar weiteste, liberalste und humanste im Vergleich zu allen anderen vorfindlichen politischen Systemen.

Würde er aber überhaupt nicht abgesteckt, so gäbe der Pluralismus sich selbst preis. Das darf gerade wegen der durch ihn ermöglichten relativ besten Sicherung von Freiheit und Rechtsgleichheit nicht geschehen.«[10]

Damit sind die ideale Voraussetzung und das ideale Zusammenspiel einer pluralistischen Gesellschaft beschrieben. Dieses Zusammenspiel ist nicht möglich ohne die Bejahung der Grundelemente, ohne den Begriff einer gegenseitigen Verantwortung, einer gemeinsamen Anstrengung – bei aller Verschiedenheit der Interessen.

„Die Pluralität bedarf der Zusammenfassung, des Zusammenschlusses, der Integration, der Vereinigung in einem geordneten Rahmen und Raum, um nicht in die Gegenstrebigkeit, ins Auseinandertreiben oder in die Willkür hemmungsloser Tendenzen zu zersprengen. Solche Einheit und Ordnung ist nicht nur wegen des äußeren Bestandes und Erhalts des je Einzelnen und der Pluralität im Ganzen erforderlich, sondern auch als das Moment des Bezuges aller einzelnen und pluralen Kräfte aufeinander und füreinander positiv begründet.«[11]

Der beschriebene Pluralismus kennzeichnet die Situation unserer staatlichen Lebensform. Ohne Zweifel gibt es aber auch Wirkungen dieser Pluralismustheorie herein in die Kirche. Wenn Kirche Kirche bleiben will, wird sie hier deutlich die Grenzmarken setzen müssen.

Kirche und Gemeinde vor Gott ergibt sich nicht aus dem jeweiligen freien Spiel der Kräfte. Sie ist nicht eine rollende Kugel durch die Jahrhunderte, wie gerade auch immer die Unebenheiten der Geschichte sie entlangholpern lassen. Kirche bleibt Kirche in einer klaren, ausweisbaren Rückbindung zu ihrem Ausgangspunkt, dorthin, wo Gott in Raum und Zeit eintaucht, Mensch wird und alles für Zeit und Ewigkeit Notwendige tut, zusagt und verheißt. Unüberhörbar bleibt im Wort Reformation das *‚zurück, wieder'* – die Rückbindung an die ursprüngliche Form. Darin ist die Kirche eine reformatorische Kirche, sofern sie immer wieder maßnimmt an der biblischen Vorgabe. Als solche, die wir diese gemeinsame Prägung haben und in unserer geistlichen Gemeinschaft anderen Prinzipien folgen, nehmen wir als Christen teil am Spiel der Kräfte in der pluralistischen Gesellschaft. Dabei wird es durchaus eintreten können und ist es auch schon eingetreten, dass wir nach christlicher Maßgabe für falsch halten, was nach staatlicher Mehrheitsentscheidung rechtens ist. Für die Gewissensprägung und Erziehung junger Menschen wird dies von großer Bedeutung sein, unsere Maßstäbe klar anzusprechen, selbst gegen Mehrheiten.
Der Zusammenhang von Grundgesetz und Grundwerten in unserem Land tritt uns als Problem entgegen.

10 A. Schwan, Grundwerte der Demokratie – Orientierungsversuche im Pluralismus, München 1978, S 14 f.

11 Ebd. S. 41.

Schwan schreibt hierzu:
„So viel ist klar ersichtlich: Das Grundgesetz enthält den Grundwert der Freiheit nicht im Sinne schrankenloser Willkür, sondern der sittlich verpflichtenden und orientierten Freiheit; Freiheit ist Freiheit von unrechtmäßiger Gewalt, aber auch Freiheit zur Mitwirkung und Mitbestimmung in Gesellschaft und Staat. Dieser Grundwert erfordert eine freiheitlich-rechtsstaatliche, aber auch partizipatorische, soziale und offensive Demokratie. Die Freiheit findet im Gebot der Verfassungstreue nicht nur Begrenzung, sondern auch eine Form ihrer sinnhaften Erfüllung. Ebenso steht es mit dem Gut des Lebens. Sein Schutz ist Voraussetzung, Schranke und Teilinhalt des Vollzugs der Freiheit. Mit der Freiheit verknüpft sich spannungsreich der Grundwert der Gleichheit, die ebenfalls nicht total, als vollständige Gleichmacherei, vielmehr als Gleichheit aller Menschen in ihrer personalen Natur und Würde, ungeachtet der Unterschiede des Geschlechts, der Abstammung, der Rasse, der Sprache, der Heimat und Herkunft, des Glaubens, der religiösen und politischen Anschauung begriffen ist (Art. 3). Gleichheit in diesem Verständnis verweist auf den Grundwert der Gerechtigkeit als austeilender und ausgleichender, bedingt die Sozialpflichtigkeit des Eigentums (Art. 14, abs.2), begründet die Notwendigkeit des Sozialstaates (Art. 20, Abs. 1) und ist ihrerseits an das Sittengesetz zu binden.. Die Gemeinwohlverpflichtung des Grundgesetzes impliziert schließlich den Grundwert der Solidarität, und zwar nicht als parteiliche Kampfgenossenschaft zur Durchsetzung partikularer Interessen, sondern als anthropologisch eingestiftete Verbundenheit aller Individuen in der Gemeinschaft und mit der Gemeinschaft, also als universale und speziell auf das konkrete verfasste Gemeinwesen bezogene Mitmenschlichkeit. Diese besagt jedoch nicht Uniformität, sondern Pluralität als Vielfalt, Fülle und Entfaltungsreichtum der individuellen und gemeinschaftlichen Bestrebungen, aber in der notwendigen Einheit und mit dem durch verfassungsmäßige Rechte und gesetzliche Pflichten bestimmten Maß.“[12]

Evangelische Jugendarbeit geschieht unter den angedeuteten Gegenwartsbedingungen, von denen nur einige Striche zu einer umfangreichen Skizze angebracht wurden. Es ist gewissermaßen die Großwetterlage. Unterschiedlich intensiv wirken die Einflüsse der Großwetterlage auf Jugendliche und Jugendleiter ein.

Es ging mir mit diesem Beitrag darum, angesichts der Münchner Kontroverse den etwas weiteren Rahmen der Auseinandersetzung anzudeuten, in welchem um die Unterscheidung der Substanz des Glaubens von zeitgenössischen Einflüssen gerungen wird.

Darüber hinaus wollte ich auf einige Bruchstellen, Weichenstellungen, Zwiespalte in unserer Gesellschaft und Kultur hinweisen, die von erheblicher Rückwirkung auf uns und unser erzieherisches und katechetisches Handeln sind.

---

12 Ebd. S. 50 f.

DIE AUFGABE DER POLITISCHEN PREDIGT

EINLEITUNG

Der wahrhaft politische Prediger weiß immer, was richtig ist. Er verfügt über Spezialwissen, das den Spezialisten abgeht. Der politische Prediger ist Fachmann auf allen Gebieten. Übertragen auf den Fachbereich der Rechtspflege könnte man sagen, er ist Polizist, Ankläger, Richter und Henker in einer Person. Woher kommt diese endemische Kompetenz, die allen anderen fehlt? Vorgeblich ist sie Offenbarung Gottes. Was sonst könnte der Prediger auch predigen? Doch was ist, wenn dem nicht so ist? Was, wenn es gar keine derartige Offenbarung gibt? Was, wenn es sie gibt, sie aber nicht von Gott ist? Und was ist, wenn sich ein politischer Prediger einer vermeintlich göttlichen Allwissenheit bemächtigt und politische Predigt in Alltagspolitik umzusetzen beginnt? Die Erfahrung lehrt, dass dann das Paradies auf Erden beginnt – zumindest in der Vorstellung entsprechend ideologisierter Machthaber. Nüchternere Betrachter sprechen dann eher vom Tugendterror und denken an Robespierre.
Zugegeben, ein vielleicht zu steiler Anstieg. Man muss ja nicht immer jeden Gedanken zu Ende denken. Glücklicherweise ist ja auch nicht jede politische Predigt konsequent. Und meist fehlt es erfreulicherweise an der Umsetzung. Dennoch liegen im Thema bei rechter Betrachtung eine Reihe erheblicher geistlicher wie weltlicher Gefahren und Chancen. Wolfhart Schlichting lenkt den Blick auf sie.

DIE AUFGABE DER POLITISCHEN PREDIGT

WOLFHART SCHLICHTING

Die Zeitung ‚*Die Welt*' tadelt politischen Dilettantismus (Matthias Walden am 4.3.1968), wenn die Kirche mit halbwegs konkreten Vorschlägen aufwartet. Trifft dies Urteil schon sorgsam bedachte Denkschriften, wie viel mehr die Predigt eifernder Sonntagspolitiker! Doch wie die Welt auch davon denke, – die Kirche wird sich den Mund nicht verbinden lassen. Sie will sich nicht noch einmal schuldig machen, nur Stunden innerer Erbauung im Ausblick auf das Heil der Seelen zu gestalten, die Welt indessen toben oder verbluten zu lassen. Ihr ist ein Wort für die Woche gegeben, für alle Bereiche des Lebens. Das geht aus den biblischen Texten hervor. Der Vorwurf, geschwiegen zu haben, wiegt so schwer, dass sie lieber ein Wort zuviel riskiert. Fraglos gehört auch die politische Predigt zu ihrem Auftrag.

DIE POLITISCHE PREDIGT ALS PREDIGT DES GESETZES

Zu allen Zeiten schossen gerade im Raum des Politischen Mythen und Kulte ins Kraut; seit der Aufklärung eher mehr als zuvor. Der Kult der Fahnen und Vaterländer, Parteiprogramme und Führergestalten kommt aber mit dem ersten Gebot in Konflikt; denn auch im Reich zur Linken übt Gott sein Regiment, und keiner neben ihm. Diesen stillschweigenden Aufstand zu demaskieren ist eine Aufgabe politischer Predigt. Sie wird also entzaubern, ernüchtern. Ideologien abzubauen, das ist ihr Ziel. Sie hat eine ständige kritische Funktion. Das Unrealistische und Irrationale in der Politik, die Vorurteile und Emotionen wird sie misstrauisch im Auge behalten und vermutlich gerade dann, wenn die öffentliche Meinung darin vernarrt ist, anprangern. Dabei erweist sie sich als unabhängig und unbequem. Sie verfolgt kein eigenes Programm. Sie hält nur den Spiegel vor und ermahnt zur Vernunft; denn durch die Vernunft übt Gott sein weltliches Regiment. Diese Ermahnung zur Nüchternheit und Vernunft, diesen Abbau von Vorurteilen und Ideologien nimmt sie in der Ausrichtung des Wortes Gottes vor, – also durchaus mit ‚*Ewigkeitsanspruch*' (Zahrnt). Sie predigt Gesetz; sie geht gegen Willkür, Hass und Verblendung an. Nicht nur Hofprediger sind dabei schon in Ungnade gefallen.

DIE VERFEHLUNG DER POLITISCHEN AUFGABE

Aber wenn der Prediger auftragsgemäß zur Vernunft mahnt, so heißt das nicht, dass er die Ergebnisse seiner eigenen, möglichst vernünftigen Überlegungen zu politischen Problemen auf der Kanzel vorzutragen hätte. Zwar werden heute landauf, landab Predigthörer mit derlei Politik-Predigt belästigt (‚*belästigt*', weil sie sich unter der Kanzel nicht zur Wehr setzen können), – doch bleibt dann auch der Vorwurf des politischen Dilettantismus und schärferes Urteil nicht aus. Dieser Vorwurf besagt wohlgemerkt, dass die Vernunft hier ungenügend zum Zuge komme. In der Politik will jeder Schachzug nach allen Richtungen überlegt, wollen Erfolg und Wirkung nach aller Wahrscheinlichkeit berechnet sein. Dilettanten übersehen wichtige Faktoren. Doch darüber haben Politiker zu befinden. An der Politik-Predigt ist jedenfalls dies bedenklich, dass sie gerade das aufbaut, was sachgemäße politische Predigt abzubauen hätte, nämlich eine Ideologisierung der Politik. Soweit eine – mehr oder weniger – vernünftige, mit Sachverstand und aus dem Überblick über die verschiedenen zu beachtenden Faktoren gefällte politische Entscheidung auf der Kanzel vorgetragen wird, bekommt sie den Anstrich, als wäre sie autoritatives Wort Gottes. Dadurch wird etwas Irrationales in die Politik eingeschleust. Wenn Prediger auffordern, gegen die Notstandsgesetze oder den Vietnamkrieg zu demonstrieren, und selber – womöglich in Talaren! – auf die Straße gehen, dann hört die Demonstration auf, eine möglicherweise sinnvolle, weil beachtenswerte und wirksame Maßnahme zu sein. Sie wird, quasi als Christenpflicht vorgeschrieben, in den Raum des nicht mehr Diskutierbaren, dem Spielraum des Ermessens entnommenen, schlechthin Verpflichtenden vorgeschoben. Das mag nicht die Absicht sein, ist aber die Wirkung. Scheint es verwunderlich, wenn Hörer, die aufgrund eigener Überlegungen anders entschieden, solche Prediger als falsche Propheten brandmarken?

Politische Überlegungen können wesensmäßig nur zur Diskussion gestellt werden. Wo Politik gepredigt wird, muss die Forderung nach Diskussion durchs Kirchenschiff hallen. Mancherorts sind die Bethäuser schon Diskussionssäle geworden. Dann muss aber jeder Diskussionsredner die Kanzel besteigen und einen Talar anlegen, oder der Pfarrer darf es auch nicht. Welch unausgewiesene Autorität maßt er sich sonst in einer Frage an, wo jeder mit gleichem Recht mitsprechen kann? Roter Klerikalismus ist nicht besser als ein anderer.

Nun ist die Kanzel aber der denkbar ungeeignetste Ort für Diskussionsbeiträge. Sie wurde gebaut, damit Gottes Wort dort bezeugt werde. Gottes Wort aber kommt nicht durch Mehrheitsbeschluss zustande, und der Botschafter an Christi Statt gibt nicht ein Abstimmungsergebnis zum Besten. Verantwortliche politische Predigt stellt sich nicht zur Diskussion. Meist widerspricht sie wohl der Meinung der Mehrheit. Man vergleiche die politische Predigt der Propheten. Die den Mehrheitswillen wiedergaben, waren Lügenpropheten.

Wenn einerseits die Predigt kein Diskussionsbeitrag ist und andererseits politische Überlegungen nur als Diskussionsbeitrag vorgebracht werden können, dann ergibt sich daraus, dass politische Überlegungen kein möglicher Gegenstand der Predigt sind. Durch Politik-Predigt wird vermutlich die Aufgabe der Predigt, ganz sicher aber, da der ganze Rahmen in diese Richtung drängt, die Aufgabe politischer Meinungsbildung verfehlt; denn Politik-Predigt entzieht sich als Predigt im wesentlichen der Diskussion. Politik-Predigt erweist sich somit als antidemokratisch. Schon Raum und Rahmen widerstreben der vielleicht ehrlichen Absicht des Predigers, nur Diskussionspartner zu sein. Sie schieben ihm in jedem Fall eine sachliche ungerechtfertigte Vorzugsstellung zu.

Das alles spricht dafür, den Vortrag politischer Überzeugungen nicht Predigt zu nennen und dafür keine Kanzeln und gottesdienstlichen Räume zu benutzen. Parteiversammlungen geben doch wohl einen angemesseneren Rahmen dafür ab. Sollten wohlbegründete Ansichten dort kein Echo finden?

DIE VERFEHLUNG DER PREDIGTAUFGABE

Gravierender noch als die Gefahr, durch Politik-Predigt die politische Aufgabe zu verfehlen, ist die Gefahr, dass dadurch die Predigten verderben. Nicht nur die spezielle Aufgabe der politischen Predigt wird hier verfehlt, sondern der Gegenstand der Predigt gerät überhaupt aus dem Blickfeld. Ihr eigentliches Thema sollte das Evangelium sein. Doch wenn es hochkommt, hört man Gesetz. Es ist Mode geworden, die Predigthörer nach

Kräften zu schockieren. Das Schockieren ist aber eine typische Funktion des Gesetzes. Es hat seinen Platz in der Predigt. Wenn es aber alleinbleibt und nicht ersichtlich aus dem Evangelium kommt, weckt es nur Widerstand. Es ist nicht das Skandalon des Evangeliums, das kirchliche Gemeinden gegen radikale Adepten der Politik-Predigt aufbringt, sondern das Verschweigen des Evangeliums, seine Verdrängung durch Gesetzpredigt.

Wenn man gedruckte und ungedruckte Predigten dieser Art untersucht, stößt man auf den überaus häufigen Gebrauch der Wendung: ‚*Man muss*', ‚*wir müssen*' u. s. w. Imperativ über Imperativ! Damit werden im günstigsten Fall Folgerungen genannt, die sich aus dem Evangelium ergeben, Konsequenzen, die wir zu ziehen haben. Das ist notwendig und kann auch zur Aufgabe der politischen Predigt gehören. Aber wenn es dann heißt, das Evangelium werde hinfällig, wenn sie nicht oder falsch gezogen werden, dann wird der Indikativ von der Befolgung des Imperativs abhängig gemacht. Ist der Kampf der Reformatoren um die Unbedingtheit der Gnade vergessen? Wenn es in einer Predigt heißt: *„Unser Gebet für den Frieden ist so lange kraftlos, wie es vom unverbindlichen Mitleid mit den unschuldigen Opfern des Krieges gespeist ist und nicht von einem verantwortlichen Nachdenken darüber, ob es denn wirklich wahr ist, dass man die Freiheit der westlichen Welt mit Bombenterror verteidigen kann […] Solange wir nicht versuchen, uns darüber möglichst objektiv zu informieren und darüber zu sprechen, so lange ist unser Gebet für den Frieden in Vietnam nicht mehr als eine fromme Verzierung unseres Gottesdienstes"*[1], so drängt sich die Frage auf: Liegt es denn an uns, ob unsere Gebete Kraft haben? Machen wir sie durch Vorleistungen wirksam? Natürlich besteht die Verpflichtung zu möglichst objektiver Information. Aber sollen schlecht Informierte nicht beten dürfen?

Dabei ist noch nicht einmal ausgemacht, dass die aufgestellten Forderungen sich eindeutig aus dem Evangelium ergeben. Wer eine bestimmte politische Stellungnahme mit solcher Ausschließlichkeit predigt, nimmt dabei Partei gegen andere. Von Neuem beginnt das Bündnis von Altar und – diesmal nicht Thron, sondern Revolution. Unter umgekehrtem Vorzeichen werden die Fehler der Konstantinischen Ära erneut begangen. Für die Mitglieder der anderen Partei hat solche Predigt keine Botschaft. Sie vergisst, dass auch das beste Programm und die reibungsloseste Durchführung vor der Kritik des göttlichen Gesetzes nicht verschont bleiben, und dass es auch für politischen Irrtum Vergebung gibt.

DIE ERNEUTE NÜTZLICHKEIT DER LEHRE VON DEN ZWEI REICHEN

Es würde sowohl der Predigt wie auch dem politischen Engagement zugutekommen, wenn beides unterschieden würde. Auf der Kanzel sollte das Evangelium und in der politischen Debatte die Vernunft regieren. Das zweite wird heute wieder stark betont. Doch drängt nun die Vernunft auf die Kanzel. Aus Predigten werden soziologische Vorträge,

1 Vgl. R. Bach, in: Pastoraltheologie, 57 Jahrgang, Heft 4, S. 149.

mit moralischen Forderungen durchsetzt. Die ehrlichsten Politik-Prediger führen die Diskussion in den Gottesdienst ein. Auf der Tagung eines kirchlichen Arbeitskreises konnte jüngst die Ansicht vertreten werden, außer dem sozialen Engagement habe die Kirche keine Aufgabe. Daher müsse aus der Aussage, sie habe auch diese Verpflichtung, das ‚*auch*' gestrichen werden.

Theologie macht sich die Revolution zum Thema. Das dürfte sowohl der Revolution wie auch der Theologie schlecht bekommen, nicht dass für Christen Revolution indiskutabel wäre. Das wird man ebenso wenig generell sagen wie das andere, dass sie Christenpflicht sei. Im Reich zur Linken können es die Umstände nötig machen, zum gewaltsamen Umsturz zu greifen. In dem Bewusstsein, so oder so Schuld auf sich zu laden, wird der Christ im Glauben an die Vergebung dabei mitwirken. Dieses Evangelium der Vergebung aber ist Thema seiner Predigt, nicht seine politische Entscheidung. Aus dem Chaos der autoritativen Verkündigung einseitiger politischer Stellungnahmen einerseits und der Auflösung der Predigt in einen unverbindlichen Diskussionsbeitrag andererseits könnte die Erinnerung an die Lehre von den zwei Regimentern Gottes heraushelfen. Allerdings darf man nicht wieder in die Deutung verfallen, als folgte der Bereich des Politischen unabhängig eigenen Gesetzen. Auch im Reich zur Linken regiert Gottes Gebot. Zwar wäre es zum Wohl der Politik und der Predigt, wenn die Politik-Predigt aufhören würde. Aber die politische Predigt darf keinesfalls wieder verstummen.

DIE POLITISCHE PREDIGT ALS PREDIGT DES EVANGELIUMS

Die politische Predigt ist eine Gestalt der entlarvenden Predigt des göttlichen Gesetzes. Aber auch die Predigt des Evangeliums kann politische Gestalt annehmen. Wie Theologie, die den Namen verdient, weder Theologie der Revolution noch der Restauration, sondern nur Theologie der Rechtfertigung sein kann, so auch Predigt, die den Namen verdient, nur Predigt der Vergebung. Auch in den Raum des Politischen hinein ist Vergebung zuzusprechen. Die Kanzel ist nicht der Ort, Angriffe zu starten, Fronten aufzurichten und Meinungen durchzusetzen, sondern die Versöhnung zu predigen. Jesus ist auch für die gestorben, die den Krieg begonnen haben. Er tritt gerade für die Schuldigen ein. Darf man unter dem Kreuz Jesu zwar für den verletzten Studenten, nicht aber für den verletzten Attentäter beten? Jesus hat auch dem Mörder das Leben verheißen. Er hat sich – nicht um sie in ihrem Tun zu bestärken, sondern um sie zur Buße zu rufen – auf die Seite der (mit Recht!) verachteten Kollaborateure und nicht auf die der (mit vollem Recht!) revolutionären Zeloten gestellt. Der Jesus heutiger Predigten könnte jedoch mitunter wie ein Zelotenführer erscheinen. Wählt man von neuem Barabbas? Jesus nimmt Partei für die Schuldigen und Verachteten. Die politische Predigt muss in dieser Parteinahme wendiger sein, als es ein politisches Programm sein kann. Wie rasch wendet sich das Blatt! Wer sich in christlicher Verantwortung an einem gewaltsamen Umsturz beteiligt, weiß doch zugleich, dass Gott auf der Seite derer steht, die dabei unumgänglich unter die Räder kommen. Er kann an ihrem Sturz mitwirken und doch für die Gestürzten beten. So hat politische Predigt des Evangeliums über die bestehenbleibenden Fronten hinweg die grenzüberschreitende Liebe Gottes anzukündigen und dadurch selbst Verstehen und Liebe zu wecken.

DIE FOLGENLOSIGKEIT DER POLITISCHEN PREDIGT – EIN WIDERRUF

EINLEITUNG

Die Frage nach Gesetz und Evangelium in der Predigt enthält auch die Frage nach der Veränderbarkeit der Welt zum Guten. Dieses Potenzial ist im Christentum vorhanden. Manche wollen es auf falsche Weise zur Wirkung bringen. Andere lassen den Glauben um der Weltverbesserung willen gleich als Ballast hinter sich.
Schulen, Krankenhäuser, Altenheime, Armenfürsorge sind Dinge, die dem Christentum entwachsen sind. Sie wirken auch in ihrer säkularisierten Form positiv nach, können sozusagen die gute Quelle, aus der sie einst kamen, nicht verleugnen. Interessant scheint mir eine Beobachtung: Wo Menschen durch das Evangelium verändert wurden, legten sie Hand an, um das Evangelium auszubreiten. Die Folge davon waren neben geretteten Seelen auch, als Nebenprodukt sozusagen, ins Positive gewandelte soziale Verhältnisse. Das vom Evangelium veränderte Herz strahlt aus und färbt ab. Neuere Versuche in der Missionstheologie wollen den Weg umkehren. Gute Werke sollen die Ungläubigen faszinieren und sie zur Frage nach dem Evangelium ermutigen. Die Welt soll geändert werden, zum Besseren hin. Die Seelen mögen sich anschließen. So – verkürzt, zugegeben – der Traum der neuerdings vermehrt auftretenden Transformationstheologen. Die Langlebigkeit mancher Irrtümer ist erstaunlich. Es scheint gegen sie kein Kraut gewachsen zu sein. Aber immerhin könnte Wolfhart Schlichtings Beitrag auch heilsam sein für alte und neue *‚politische Prediger'*.

DIE FOLGENLOSIGKEIT DER POLITISCHEN PREDIGT – EIN WIDERRUF

WOLFHART SCHLICHTING

In Predigten der letzten zehn Jahre habe ich gelegentlich, dem Stil der Zeit folgend, die Botschaft vom Reich Gottes den politischen Gegebenheiten entgegengesetzt, protestierend oder eine Alternative beschwörend.
Das war manchmal rhetorisch wirkungsvoll, aber durchweg folgenlos. Vietnam-Krieg und ‚*Friede auf Erden*', Hungerkatastrophen und ‚*Speisung der Fünftausend*' u. s. w.
Durch solche Predigten entsteht Betroffenheit, höchstens bleibend schlechtes Gewissen, bestenfalls ‚*Inszenierung*' symbolischer Handlungen des Friedenschließens oder Teilens. Man ‚*spielt*' neue Welt. Als ob der Kampf ein Kinderspiel wäre!

Weltveränderung geht durch Institutionen. Was sich nicht auf diesen ‚*langen Marsch*' begibt, verweht, auch wenn es ‚*Wind machte*'. Predigt zielt auf die Umkehr des Einzelnen.

Gemeint ist Umkehr zu Gott. Predigt zielt auf Glauben, nicht auf Werke.

Die Werke folgen.

Folgen sie nicht, hat die Predigt nicht zum Glauben geführt. Ich habe zu viel über gute Werke gepredigt, die geschehen müssten. Wie ein Kommentator bezog ich alle Welt in meine Rede ein. Aber durch die Predigt soll es tief im Innern des Menschen zu einer Katharsis, einer ‚*Reinigung*', einer Umkehr kommen. Liebe entsteht nicht, wenn man sie fordert, sondern wenn man „*Christus vor die Augen malt als den Gekreuzigten*" (Gal. 3,1). – Ich habe Christus meist nur flüchtig skizziert, nicht ‚*vor die Augen gemalt*'.

Wenn Christus verkündigt wird, wird das nicht folgenlos bleiben. Ich aber ‚*mahnte*' im Stil der Zeit die ausbleibenden Folgen ‚*an*', – ebenfalls folgenlos.

Bekehrte und immer wieder zu bekehrende Menschen sollen in den Institutionen und durch die Institutionen die Welt verändern. (Alle antiinstitutionellen Bewegungen kamen bald in neuen, oft schlechteren Institutionen zum Stillstand).

Weltveränderung ist kein Predigtthema. (Wenn sie es doch ist, dann nur rhetorisch und folgenlos, – wie man sieht).

Es geht um Veränderung des Menschen (des ‚*Herzens*') durch Sündenbekenntnis und Vergebung der Sünden, durch ‚*Betrachtung*' Christi und Erweckung der Liebe.

Veränderte Menschen werden die Welt verändern, so gut es geht. Meine Predigten sprachen zu oft von Weltveränderung, aber veränderten die Menschen nicht. Die Hörer stimmten meinen Ansichten zu oder widersprachen ihnen. Zur Umkehr wurden sie dadurch nicht geführt. Insgeheim war ich selbst überzeugt, dass das, wovon ich sprach, nicht ‚*möglich*' war. Ich sagte es nur (wie üblich), weil es scheinbar gut klang und Perspektiven zu öffnen schien. Aber eine Aussicht ist noch kein Weg.

Meine Fantasie reichte zu, um aus Bibeltext und Zeitungsmeldung eine ‚*aktuelle*' Rede zu gestalten.

Hätte ich mich darauf konzentriert, ‚*Christus vor Augen zu malen*', so hätte Er wahrscheinlich die Fantasie derer erweckt, die sich zu Ihm bekehrten und als Bekehrte in den Institutionen, wo sie arbeiteten, Weltveränderung begonnen hätten.

Ich habe die Unterscheidung der ‚*zwei Reiche*' missachtet.

Deshalb predigte ich politisch und folgenlos.

Ich hätte aber nur Jesus Christus, den Gekreuzigten predigen sollen; dann wäre möglicherweise etwas Weltveränderndes, Politisches gefolgt.

Wenn die Predigt Politik zum Thema macht, bleibt die daraus folgende Politik nur *‚gepredigt'*.

Worte der Politik führen zu einer Politik der Worte. Immer nur Worte! (Oder Spiele).

Wenn die Predigt aber durch Gesetz (Aufdeckung der Gottlosigkeit alles Bestrebens) und Evangelium (Kunde, dass Gott um Christi willen dieses gottlose und in seiner Gottlosigkeit sich zerstörende Leben als gut und gelungen ansieht) zum Kreuz Christi führt, wo jeder von Gott verurteilt und um Christi willen (nur um Christi willen!) freigesprochen wird, entsteht in den Hörern der Predigt eine Dynamik zum Gottesdienst in ihrer Arbeit in den Institutionen, – sachgerecht und wirkungsvoll.

Nur so wird die Welt verändert.

Christus verändert durch Gesetz und Evangelium die Herzen.

Veränderte Herzen drücken sich in verändertem Handeln aus.

Das Handeln findet in der Regel in – vorgegebenen oder zu schaffenden – Institutionen statt.

Durch von Herzen verändertes Handeln werden auch die Institutionen verändert.

Durch die Worte einer Institutionsveränderung fordernden Predigt werden sie jedenfalls nicht verändert, – wie man sieht.

Ich will wieder anfangen, predigen zu lernen.

NEUE PURITANER

EINLEITUNG

Ein *‚besseres Christsein‘* wurde propagiert. Man könnte auch sagen, der Vorläufer des heutigen, meist links-säkularen *‚Gutmenschentums‘* wurde, damals noch theologisch verbrämt, ins Rennen geschickt. Doch was blieb von diesem *‚besseren Christentum‘*? Ich werde den Verdacht nicht los, dass der sich rapide ausbreitende Säkularismus grüner Provenienz sich aus eben jenen Milieus speist, die vor dreißig Jahren noch ganz kirchlich, bzw. äußerlich christlich daherkamen. Wo aber nicht das Berufschristentum die Alimentierung sicherstellt, die Kirche noch als Vehikel zum Transport diverser gesellschaftlicher Änderungen gebraucht wird oder noch eine Art nostalgischer Erinnerung an das ach so schöne Kirchentagsflair überlebt hat, ist man dabei, sich ihrer zu entledigen. Mal schleichend, mal radikal.

Der Pazifismus, die sogenannte Friedensbewegung, eine scheinbar moralische Überlegenheit, kennzeichneten die Zeit der pazifistischen Beschlüsse,[1] die der damalige Landesjugendpfarrer Heinrich Herrmanns in seinem 1981 publizierten Denkanstoß kritisiert.[2] So friedlich war der Pazifismus freilich gar nicht – und auch nicht sonderlich durchdacht. Was oftmals *‚biblisch‘*, durch *‚selektive Wahrnehmung‘*, die man ja gerne konservativen Christen vorwarf, begründet wurde, war eigentlich auf dem Fundament der Ideologie eines linken Mainstream errichtet. In der weiteren Beobachtung traten die Fundamente dann meist recht schnell in den Vordergrund und ersetzten die vormals *‚biblische‘* Begründung durch das, was den Protagonisten der Bewegung wirklich wichtig war. Es zeigte sich, dass die geistliche Gründung schwach war und nur zur zusätzlichen Absicherung einer Ideologie diente.

---

1 Eingeleitet wurde der Beitrag von Heinrich Herrmanns (und Anderer) durch eine kurze Einführung der Redaktion der *‚Nachrichten der Evangelisch-Lutherischen Kirche in Bayern‘*. In dieser Einleitung wird die Konfliktlinie nachgezeichnet, von der ausgehend Herrmanns 1981 seinen Text schrieb. *„Die Sorge um den Frieden hat auch in der Kirche eine breite Diskussion ausgelöst. Die Forderung ‚Ohne Rüstung leben‘, die im Verzicht auf Waffen die einzige christliche Antwort auf das Rüstungskarussell in der Welt sieht, ist auf Widerspruch gestoßen. […] In Bayern haben sich – insbesondere ausgelöst durch die Beschlüsse des Landesjugendkonvents und die Konferenz hauptamtlicher Jugendleiter – verschiedene Christen zu diesen Fragen geäußert […].“*

2 H. Herrmanns, Neue Puritaner, in: Nachrichten der Evangelisch-Lutherischen Kirche in Bayern, 36. Jahrgang, München, 2. Märzausgabe 1981, S. 112 f.

Wie ist es mit dem Verweigern militärischer Hilfe? Die ist freilich immer ein zweischneidiges Schwert. Ein aktuelles Beispiel ist der Bürgerkrieg in Syrien. Soll man zuschauen, den Diktator Assad unterstützen, oder die von radikal islamischen ‚*Gotteskriegern*' unterwanderten Aufständischen, die einen Schariastaat errichten wollen, unterstützen? Hier ist keine Option wirklich erfreulich. Das Fernabstehen ist auch nicht zwingend eine christliche Haltung. Ich selbst war 1992 im ersten deutschen UN-Kontingent in Kambodscha. Hier hatte die Welt zugesehen, wie eine Horde Steinzeitkommunisten bis zu drei Millionen Menschen der eigenen Bevölkerung für die ‚*gute Sache*' dahinschlachteten und das Land ihrerseits in einen Jahrzehnte dauernden Bürgerkrieg stürzten.

Ich bezweifle nicht, dass es Pazifisten aus lauterer Gesinnung gibt, die auch bereit wären, selbst für ihre Haltung zu leiden. Meine Erfahrung und die Diskussionen in Gremien der Evangelischen Jugend der 80er Jahre hinterließen bei mir allerdings eher den Eindruck, Pazifismus sei häufig eine vorgeschobene Sache um ungeliebte Regierungen an der Wahrnehmung ihrer (zugegeben meist auch illegitimen) Interessen zu hindern, bzw. Regierungen oder Gruppen nach eigenem Gusto zu schützen. Die Frage von Gewalt und Gewaltlosigkeit wurde jedenfalls häufig ganz anders beantwortet, wenn es nicht um die USA ging, sondern um linke Rebellengruppen. Dann war Gewalt mitunter nicht nur nicht verboten, sondern ein Gebot der Stunde. Wie gesagt, die theologische Begründung war meist aufgesetzt auf eine Ideologie.

NEUE PURITANER

HEINRICH HERRMANNS

Es gibt verschiedene Zugänge, die pazifistischen Entschließungen von Rummelsberg und Pappenheim zu betrachten. Beide Entschließungen haben politische Wirkung, außenpolitische, innenpolitische Wirkung auf die, die Angst haben vor der Bedrohung aus dem Osten, auf die Soldaten und ihre Beziehung zu den evangelischen Mitbürgern, die ihren Dienst als nicht mehr christlich vertretbar halten. Letzteres wären gesellschaftspolitische Langzeitwirkungen auf der Ebene der Sozialpsychologie, mit Rückwirkung wiederum auf die Innenpolitik. Der innere kirchliche Wirkungszusammenhang wäre noch gesondert zu bedenken.

Es ist aber auch wichtig, die Neigung zu pazifistischen Lösungen aus der Linienführung der protestantischen Frömmigkeitsgeschichte zu sehen. Da ordnet sich die pazifistische Haltung überraschend der puritanischen Frömmigkeit zu, die bestrebt ist, das bessere Christsein, das überlegenere, das pure und reine Christsein zu definieren. Bislang allerdings hat sich dieser Puritanismus überwiegend in der Individualethik bewegt. Ob im religiösen, im zwischenmenschlich-ethischen oder im politischen Bereich ist der Wunsch groß, wirklich festzumachen, was nun christlich ist und was davon abweicht.

Dabei ist die Blickrichtung in der evangelischen Kirche derzeit ganz unterschiedlich. Ein Teil der jungen Generation schaut in das politisch-gesellschaftliche Feld und sucht dort nach verbindlicher Frömmigkeit, Gewaltlosigkeit, von manchem auch mit allen Konsequenzen vertreten, Verzicht, einfaches Leben – das sind Fixpunkte für diese entschlossene, puritanische Frömmigkeit.

Im Hintergrund dieser engagierten Suche nach der besseren Frömmigkeit steht das Problem der unmittelbaren Übertragbarkeit biblischer Worte. Die meisten biblischen Worte als Gebote und Ratschläge sind auf den einzelnen hingesprochen, zielen auf persönliche Frömmigkeit, auf persönliche Rechtschaffenheit. Wie aber kann man Gebote, Worte Jesu, die dem einzelnen gesagt sind, aber auch sein persönliches Beispiel, auf eine Gesellschaft, eine Volksgemeinschaft übertragen? Wie geschieht der Transfer ins Politische? Wie gehen wir mit dem Wort der Feindesliebe um, das den Nachbarn meint, den Berufskollegen, den andersgläubigen Samariter, den der einzelne Jude als feindlich erlebt – in Bezug auf das Verhalten gegenüber Völkern, Bündnissen, Systemen? Die Gefahr vom Feind her, vom feindlichen Nachbarn her, ist zumindest eingedämmt in der Volksgemeinschaft durch das Recht und die Anwendung des Rechts. Dieses bietet Schutz. Worin aber sind Völker geschützt – Kambodscha, Afghanistan, Tschad, früher Ungarn, Tschechoslowakei, Tibet oder Westiran? Die unfassbaren Vorgänge der letzten Jahre in Kambodscha – eines Regimes, das weite Teile des Landes grauenhaft entvölkerte – liegen auf dieser Frageebene.

Die Übertragung von individuellen Worten der Bibel auf eine gesellschaftlich-politische Herausforderung der Gegenwart geht wohl nicht ohne eine zwischengeschaltete Analyse der Gegenwart. Und in dieser zwischengeschalteten Analyse liegen dann genau die Differenzen auch unter Christen. An anderen Worten der Bibel wird das Übertragungsproblem noch viel deutlicher. Man kann doch das Wohnungsproblem einer mitteleuropäischen Großstadt oder eines Flüchtlingslagers nicht einfach angehen mit dem Wort *„Die Füchse haben Gruben, und die Vögel unter dem Himmel haben Nester; aber des Menschen Sohn hat nicht, wo er sein Haupt hinlege“* (Matth. 8,20). Eine einfache Übertragung dieses Wortes auf unsere Situation, mit dem Appell, sich eben entschlossener in die Nachfolge zu stellen, wenn jemand kein Dach über dem Kopf hat, erscheint unwirklich, ja zynisch. Auch der beiläufige Hinweis, dass Christsein eben auch Leiden mit einschließt. In gleicher Weise ließe sich noch mancher Lebensbereich kurzschließen. Die christlich-pazifistische Lösung liegt in einer bestimmten Gegenwartsanalyse begründet, verbunden mit dem Weg der puritanischen, der besseren Frömmigkeit. Der bessere Weg wird aufgezeigt, der verwerfliche Weg wird angedeutet.

Hier gründet ganz gewiss die Sympathie für diesen Weg bei allen, die mit Ernst Christen sein wollen. Wir können aber auch nicht alle Erfahrungen abschütteln, die uns die Kirchengeschichte vorlegt an Selbstgerechtigkeit, an Verurteilung, an Spaltungen, die bessere Gerechtigkeit darf sich nicht loslösen von der Rechtfertigung, die für uns geschehen ist.

Hier findet alle Nachfolge ihre Grenze. Wir brauchen uns vom Kreuz her nicht selbst zu rechtfertigen. Die besondere Brisanz der pazifistischen Entscheidung liegt darin, dass sie die Gemeinschaft unmittelbar berührt. Ihr Schutzbedürfnis, die Besorgnis, vor allem die Erwartungen an die junge Generation, dass sie den Schutz der Familien, der Älteren, des Landes insgesamt gewährleistet. Von daher erklärt sich vieles von der Heftigkeit in den Reaktionen. Die Angst und Besorgnis kleidet sich in verschiedene Argumentationen bis hin zu Polemik. Evangelische Gemeindeglieder, auch andere Mitbürger, nehmen den Zusammenhang der zwei Beschlüsse aus der evangelischen Jugendarbeit (seitens der Jugend und der Jugendleiter) wahr und ziehen ihre besorgten Schlüsse daraus. Ein kleinerer Teil applaudiert. Besorgnis und Applaus kennzeichnen nicht zuletzt auch unterschiedliche politische Positionen. Wenn es auch nicht für jeden einzelnen zutrifft, so darf insgesamt nicht übersehen werden, dass auch in dieser Frage parteipolitische Implikationen vorliegen. Der Friede ist in der Tat zerbrechlich. Auch ein erträgliches Miteinander unter uns ist zerbrechlich. Die Schritte, um den Frieden nach außen (und auch unter uns) zu erhalten, scheinen mir nicht so klar, wie der Beschluss von Rummelsberg es aussagt.

WERDEN VERFECHTER DES WORTLAUTS DER HEILIGEN SCHRIFT KÜNFTIG AMTSENTHOBEN? ZUR FRAGE DES SOGENANNTEN ‚GEWISSENSSCHUTZ-PARAGRAFEN'

EINLEITUNG

Der Anlass des Beitrages von Wolfhart Schlichting mutet anachronistisch an. Es ging um die Frage, ob Frauen zum Pfarramt zugelassen werden können. Um eine offene Spaltung zu verhindern, hatten die kirchenleitenden Organe den Gegnern der Frauenordination den Schutz ihres an die Heilige Schrift gebundenen Gewissens garantiert. *„Landesbischof Hanselmann [...] hielt angesichts der vorausgegangenen Diskussionen ein gemeinsames Bemühen um eine angemessene Hermeneutik für die Heilige Schrift und die Bekenntnisschriften für nötig. Den Gegnern der Frauenordination versicherte er, dass er ihre Gewissensentscheidung achte und dass Pfarrer entsprechend einem Landeskirchenratsbeschluss vom 1.12.1975 auch dann als Dekane berufen werden können, wenn sie die Frauenordination ablehnen."*[1] Doch kaum war die Frauenordination etabliert, kamen die Forderungen nach der Abschaffung des ‚*Macho-Paragrafen*[2]. Die eigentlichen Fragen

---

1 Rundbrief von Landesbischof Hanselmann an die *„Schwestern und Brüder"* vom 11.12.1975, zitiert nach: G. U. Nützel, Die Kontextualität der Theologinnenarbeit – dargestellt am Beispiel der Entwicklung in den lutherischen Kirchen Bayerns, Mecklenburgs und Brasiliens, 1996, Seite 117, http://edoc.hu-berlin.de/dissertationen/theologie/nuetzel-gerda/HTML/nuetzel.html [Stand: 14.09.2013].

2 „Der Theologinnenkonvent forderte zunächst die völlige Streichung des Vetoparagrafen und ließ sich dann mit VbV und Pfarrerverein auf den Kompromiss ein, dass der Vetoparagraf weiterhin für die bis zum 4.12.1975 ordinierten Pfarrer gelten sollte. Es dürfe nicht auf die Dauer eine Ordination erster und zweiter Klasse geben. Ähnlich wie in der AEE-Eingabe wiesen die Theologinnen darauf hin, dass der Vetoparagraf bereits 1975 eine Kompromisslösung dargestellt habe. Inzwischen habe sich der Dienst der Theologinnen bewährt und sei akzeptiert. Es müsse auch auf rechtlicher Ebene klargestellt werden, dass die tatsächliche Gleichstellung der Geschlechter auch in der Kirche akzeptiert sei. Das Gewissen der einzelnen werde respektiert, dürfe aber nicht die Erkenntnis relativieren, dass Mann und Frau zur Verkündigung des Evangeliums gerufen sind.
Landeskirchenrat und Landessynodalausschuss plädierten unter Verweis auf die Kriterien Rechtssicherheit und Vertrauensschutz dafür, das Einspruchsrecht allen Pfarrern zu gewähren, die bis zum Erlass der neuen Rechtsordnung, d. h. bis zum 1.7.1989, ordiniert werden würden. [...]
Der Landeskirchenrat muss die Ausschreibung auf Pfarrer, Pfarrverwalter oder Pfarramtskandidaten beschränken, wenn bei der Stellenbesetzungsbesprechung ein zum Dienst in der betreffenden Kirchengemeinde berufener Pfarrer oder Pfarrverwalter, der vor dem 1. Juli 1989 zum Dienst

nach der Gültigkeit der Heiligen Schrift und dem Schutz des Gewissens, bei anderen Gelegenheiten von denen, die ihn abgeschafft sehen wollten, glühend beschworen, blieben unbeantwortet, vielfach sogar ungestellt. Allein die Zubilligung der Möglichkeit, jemand könne hier im Gewissen gebunden sein, schien eine Zumutung. Dabei geht es doch beim Gewissensschutz genau darum, die Zumutung, dass jemand anders denkt, wegen seines Gewissens nicht anders kann, zu ertragen. Doch damit wollte die einmal zur Macht gekommene neue Mehrheit nichts mehr zu tun haben. Warum ist ein solcher Gewissensschutz – scheinbar doch durch die Geschichte (zumindest der EKD) längst überholt – heute noch relevant? Die Gegner der Frauenordination sind doch flexibel geworden, in die Innere Emigration gegangen, katholisch geworden oder lassen sich hin und wieder umpfarren.

Das grundlegende Problem ist – und daher die Relevanz – nicht die Frauenordination, sondern das Gewissen und der Umgang mit dem Wort und Willen Gottes. Und davon ausgehend ist das Thema nicht erledigt, sondern nur Präzedenzfall des Umganges mit Andersdenkenden einer einst revolutionären Minderheit, wenn sie zur Mehrheit wird.

Was uns hier aktuell erwartet? Die Beschlüsse zur Einführung von verpartnerten Homosexuellen ins Pastorat werden es zeigen.

Als der Landeskirchenrat in Bayern im Jahr 2010 mit nachträglicher De-facto-Billigung durch Kenntnisnahme der Synode verpartnerten Homosexuellen das Pfarrhaus öffnete, geschah dies auch mit dem Argument, dass man Homosexuelle schließlich schon lange auch ordinieren würde. Nach dem Motto, *„wer ‚a' sagt, muss auch ‚b' sagen"*, folgerte der damalige Landesbischof Johannes Friedrich daraus, dass man dann auch Homosexuellen, die verbindlich zusammenleben wollen und dies durch Verpartnerung zum Ausdruck gebracht haben, den Zugang zum Pfarrhaus nicht verwehren könne. Kritiker hatten darauf hingewiesen, dass die Folgen dieser Argumentation schnurstracks zur Segnung homosexueller Verbindungen führen würde.
Wenn eine Lebensform nicht sündhaft ist (so die Kirchenleitung) und man sie deshalb auch im Pfarrhaus akzeptieren will, dann werden die Betroffenen bald die Segnung und noch weitere Dinge lautstark einfordern – mit Argumenten, die ihnen die Kirchenleitung selbst gegeben hat. Sowohl der Landesbischof als auch einige Regionalbischöfe verneinten dies. Eine Homosegnung werde es mit ihnen niemals geben, und auch die Möglichkeit der Ablehnung durch die Gemeinden bleibe. Der Regionalbischof des Kirchenkreises Ansbach-Würzburg, Christian Schmidt, schrieb seinen besorgten Kritikern: *„Von der*

---

in der Evang.-Luth. Kirche in Bayern ordiniert wurde, es verlangt."(RS 510 PfrStBO § 2 Abs. 4). Vgl. a. a. O. S. 135. Diese Regelung blieb bis 1998 in Kraft und wurde dann gekippt. Ein Gewissensschutz besteht in dieser Frage also auch für die vor dem 1. Juli 1989 ordinierten Pfarrer nicht mehr.

Kirchenleitung kann eingefordert werden, dass sie Gewissensentscheidungen achtet – und das tut sie.“[3]

Beides ist – folgt man den Argumenten der Kirchenleitung – freilich irrational. Was nicht sündhaft ist und kirchlich erlaubt, soll nicht gesegnet werden? Warum nicht? Was nicht sündhaft ist und kirchlich erlaubt, soll von vielen Gemeinden abgelehnt werden dürfen? Warum nur?

Es ist also völlig klar, dass die Befürworter homosexueller Praxis nicht rasten noch ruhen werden, bis ihre Privilegierung – ähnlich der Frauenordination – nach anfänglichen Schwierigkeiten quasi dogmatisiert ist und nun nicht mehr die Befürworter außen vor sind, bzw. Nischen zugewiesen bekommen, sondern die Gegner, nach anfänglicher Zuteilung von Reservaten, nicht mehr ordiniert werden. Was die Freiheit des Gewissens gilt, zeigt der Wortbruch der Kirchenleitung gegenüber den Gegnern der Frauenordination. Der zunächst zugebilligte und in Gesetzestexte gegossene Gewissensschutz wurde schließlich abgeschafft. Wieso sollte das beim Themenkomplex ‚*Homosexualität*‘ denn anders sein?

Bei einer Erwachsenenbildungsveranstaltung in Erlangen wurde durch den dortigen Theologieprofessor Peter Bubmann dekretiert, die Gegner der jetzigen Regelung bekämen ‚*Lernräume*‘ und ‚*Lernzeiten*‘ zugestanden – die natürlich kürzer sein müssten als damals bei der Frauenordination – um an die gesellschaftliche Entwicklung aufzuschließen.

WERDEN VERFECHTER DES WORTLAUTS DER HEILIGEN SCHRIFT KÜNFTIG AMTSENTHOBEN? ZUR FRAGE DES SOGENANNTEN ‚GEWISSENSSCHUTZ-PARAGRAFEN‘

WOLFHART SCHLICHTING

Wenn es nach einigen jüngeren Theologen ginge, nach denen nämlich die für den LabeT (Landeskonvent bayerischer evangelischer Theologiestudierender) die Feder führen, würde künftig in der bayerischen Landeskirche mit eisernem Besen gekehrt. Schluss mit dem ‚*Gewissensschutz!*‘ lautet die Forderung. Weg mit den nicht angepassten Gewissen! Andersdenkende –, raus aus dem Kirchendienst! – Man hält es nicht für möglich; aber ich habe es Schwarz auf Weiß. *„510 wie lange noch?“*, ist das Pamphlet überschreiben,

---

3 Brief des Oberkirchenrates im Kirchenkreis Ansbach-Würzburg, Regionalbischof Christian Schmidt, vom 14. März 2011, S. 10.

abgedruckt aus LabeT-Info 56 (1/1988), das allen Synodalen auf die Tische flatterte. Für die nächste Synodaltagung ist es als förmlicher Antrag in Aussicht gestellt: § 2 Abs. 4 der Pfarrstellenbesetzungsordnung (Rechtssammlung 510; daher ‚*510*') ist „*ersatzlos zu streichen.*" Warum? „*Es ist an der Zeit, diese Frauendiskriminierung zu beenden!*"

Der Absatz, dessen Streichung gefordert wird, lautet: „*Der Landeskirchenrat muss die Ausschreibung*" von Pfarrstellen „*auf Pfarrer, Pfarrverwalter oder Pfarramtskandidaten*" männlichen Geschlechts „*beschränken, wenn bei der Stellenbesetzungsbesprechung die Mehrheit der Kirchenvorsteher oder ein zum Dienst in der betreffenden Kirchengemeinde berufener Pfarrer oder Pfarrverwalter es verlangen.*" D. h. ein Pfarrer oder die Mehrheit der Kirchenvorsteher einer Kirchengemeinde, in der eine weitere Pfarrstelle zu besetzen ist, können erklären: ‚*Wir wollen keine Pfarrerin.*' Diesem Wunsch ist stattzugeben. Die Folge ist, dass sich Pfarrerinnen auf einige Pfarrstellen nicht melden können. Das empfinden einige junge Theologen und sicher auch einige Pfarrerinnen als ungerecht.

Dieses ‚Unrecht' möchte der LabeT aus der Welt geschafft wissen. Schluss mit der Frauendiskriminierung! Nehmt in der Kirche endlich die Menschenrechte ernst!
Nun möchte ich den sehen, der aufsteht und sagt: ‚*Mir liegt an der Frauendiskriminierung, sie ist mir ein Herzensanliegen; wenn sie fällt, ist der 'status confessionis, eingetreten. Und – Menschenrecht? Nur das nicht in der Kirche!*' – Den Amtsbruder oder Kirchenvorsteher möchte ich sehen, der das sagt! Und zu unterstellen: ‚*Sie sagen's zwar nicht, aber im Grunde ihres Herzens meinen sie es*', – das geht zu weit! Man muss Menschen beim Wort nehmen. Sonst könnte eine üble Fantasie, wie sie Hexenprozesse zu vernebeln pflegte, erneut die Oberhand gewinnen.

Aber eine andere Frage muss gestellt werden, – die Frage nämlich: Wie steht es in unserer Kirche mit dem Ernstnehmen der Heiligen Schrift, – und zwar nicht nur im allgemeinen, sondern auch in ihren einzelnen Aussagen, z. B. den apostolischen oder nachapostolischen Weisungen? Wie halten es die erwähnten jüngeren Theologen damit? Selbstverständlich werden die Antragsteller, – davon gehe ich aus, – nicht sagen wollen: ‚*Missachtet sie!*' Niemand wird fordern: „*Setzt euch über ‚des Herrn Gebot' (1. Kor. 14,37) hinweg!*"

Was gefordert wird, ist vielmehr folgendes: „*Schließt euch unserer Art, mit den einschlägigen Texten umzugehen, an!*"
Diese einschlägigen Texte sind bekannt. Über ihre Auslegung wurde lange diskutiert. Eine Einigung kam nicht zustande. Tatsache ist, dass der Wortlaut der apostolischen Weisung ein Lehramt der Frau nicht gestattet. Paulus schreibt 1. Kor. 14,34: „*Wie in allen Gemeinden der Heiligen lasst die Frauen schweigen in der Gemeinde; denn es soll ihnen nicht zugelassen werden, dass sie reden …*" Und 1. Tim. 2,12 heißt es: „*Einer Frau gestatte ich nicht, dass sie lehre …*" Umstritten ist die Deutung dieser Textstellen. Einige Ausleger führen Gründe an, warum diese Texte nicht ‚*echt*' sein können, sondern interpoliert sein

müssen, andere erklären, dass sie sich nicht auf das Predigtamt beziehen lassen, die Literatur ist ausgedehnt und voll Widerspruch. Tatsache ist jedenfalls, dass über die Auslegung und den Stellenwert dieser Texte in der Kirche keine einheitliche Meinung herrscht. Die kirchliche Tradition schloss unter Berufung auf das ‚*mulier taceat in ecclesia*' (1. Kor. 14,34) die Ordination von Frauen zum Amt des Pfarrers aus. Die christlichen Kirchen, die heute bei Weitem die Mehrheit der Christen repräsentieren (die sog. ‚*Dreiviertel-Ökumene*'), halten an dieser Ordnung fest. Eine kleinere Zahl von Kirchen, darunter auch lutherische (aber keineswegs alle), beschloss mit der dafür erforderlichen Mehrheit in ihren Gremien, von dieser Ordnung abzugehen und eine Angleichung an die in der modernen Gesellschaft vorherrschende Auffassung der Gleichberechtigung von Mann und Frau vorzunehmen, die fordert, dass alle Dienste und Ämter Frauen und Männern gleichermaßen offenzustehen haben. Seit 1975 können auch in Bayern Theologinnen ordiniert werden.

Alle, die abzustimmen hatten, haben sich –, das unterstelle ich, – redlich und verantwortungsbewusst eine theologisch begründbare Meinung über die erwähnten biblischen Aussagen gebildet. Aber so gut wie nie, sind die Abstimmungen einstimmig ausgefallen. Das wäre auch kaum denkbar, wenn, wie gesagt, ein großer Teil der Christenheit in dieser Frage anders urteilt und wenn auch beachtliche, darunter neueste Literatur aus exegetischen und dogmatischen Gründen zum entgegengesetzten Ergebnis kommt. (Ich weise hier auf die 1986 in 2. Auflage erschienene umfangreiche Dissertation von Manfred Hauke: „*Die Problematik um das Frauenpriestertum vor dem Hintergrund der Schöpfungs – und Erlösungsordnung*", Paderborn 1982 1 , hin).

Tatsache ist also, dass ein theologischer Konsens in dieser Frage weder in unserer Kirche, noch in der Weltchristenheit besteht. Die Befürworter der Frauen-Ordination haben die Gegner dieser kirchengeschichtlichen Neuerung mit ihren theologischen Argumenten nicht überzeugen können. Den Gegnern ist es umgekehrt auch nicht gelungen, die Befürworter davon zu überzeugen, dass sie etwas biblisch und (systematisch-)theologisch nicht zu Verantwortendes einführen und gegen „*des Herrn Gebot*" (1. Kor. 14,37) verstoßen. Es besteht kein Konsens über die Ordination der Theologinnen: Er besteht weder in der theologischen Forschung, noch in der Pfarrerschaft, noch unter den Gläubigen. Es lässt sich lediglich feststellen, dass für die Forderung nach Gleichberechtigung der Frauen eine günstige Stimmung herrscht und dass eine Mehrheit von Theologen und Laien, die sich für diese Frage interessieren, die einerseits begründbare, andererseits aber eben auch umstrittene Lehrmeinung favorisiert, nach der die einschlägigen Paulustexte entweder nicht von Paulus stammen, – oder zeitgeschichtlich bedingt und daher heute unbeachtlich – oder zwar berechtigt, aber nicht auf die Ausübung des Pfarramts durch Theologinnen zu beziehen seien.

In dieser Frage steht Lehrmeinung gegen Lehrmeinung. Die Frage ist nicht entschieden. Es handelt sich um eine ‚*quaestio disputata*'. Ein Konsens besteht offenkundig nicht. In einer derartigen Situation muss in einer Kirche, die auf ein Lehramt verzichtet, das autoritär entscheiden kann, die Diskussion fortgesetzt werden. Beide begründbaren Standpunkte müssen gleichberechtigt vertreten werden können. Und niemand darf zu praktischen Konsequenzen gezwungen werden, die seiner Überzeugung widersprechen. – Das müsste doch, wo Menschenrechte gelten, selbstverständlich sein. Der Landesbischof steht dazu.

Tatsache ist es nun aber auch, dass die Zahl der Theologinnen zunimmt. Und wenn sie sich zum Dienst in der Kirche berufen fühlen, wird niemand das Recht haben, zu behaupten, dass dies ausnahmslos ein Missverständnis sei: dass Gott sie keinesfalls berufen habe. Die ‚*vocatio interna*' unterliegt keiner Überprüfung durch Dritte. Auch hat sich erwiesen, dass Pfarrerinnen oft einen guten Dienst tun. Gemeinden haben sich daran gewöhnt. Mancher Dienst scheint gesegnet zu sein, wie man sagt. Die Pfarrerinnen sind ‚*rite*' ordiniert, haben die ‚*vocatio externa*' empfangen. Niemand kann sie aus der Welt schaffen. Man kann dies nicht einmal wollen.
Aber eines wird man wollen müssen: Die Uneinigkeit überwinden! Wir werden uns weiterhin um die sachgemäße Auslegung der einschlägigen Bibelstellen – natürlich bezogen auf die Gesamtaussage der Heiligen Schrift und deren Zentrum – sowie auf eine Klärung der damit zusammenhängenden dogmatischen Fragen bemühen müssen. Die im Blick auf die Weltchristenheit als einzelgängerisch erscheinende Gesetzgebung einiger evangelikaler und protestantischer Kirchen (um eine angelsächsische Unterscheidung zu gebrauchen) kann wohl nicht der Weisheit letzter Schluss sein. Man wird im ökumenischen Gespräch weiterdenken müssen. Vielleicht könnte dieses Weiterdenken seine Richtung auf eine Differenzierung des Amtes hinnehmen. Bei Wilhelm Löhe, der die evangelische Kirche als allzu maskulin geprägt empfand, finden sich Ansätze weiterführender Gedanken. Das Anstalts-Diakonissentum, (das auch seine segensreiche Geschichte hatte), war wie bekannt ist, nicht das, was Löhe ursprünglich anstrebte. Ihm ging es um eine Wiedererweckung des urchristlichen Diakonissenamtes, das ein Amt in der Gemeinde war, neben dem apostolischen Dienst. Er hatte sich über die Geschichte des Diakonissentums in der alten syrischen Kirche informiert. (An dieser Stelle wäre in weiterführenden Dialog mit den Ostkirchen über den angemessenen Dienst der theologisch gebildeten Frau einzusetzen). Und ihm schwebte eine Ordination der Frauen zu diesem spezifischen geistlichen Amt vor.[4]

Einstweilen aber, ehe man in der Ökumene und in unserer eigenen Kirche zu einer Übereinstimmung gekommen ist, muss man einander gegenseitig respektieren. Die Gegner des Frauenpfarramts müssen sich damit abfinden, dass Frauen ordiniert sind und ihren Dienst tun. Aber auch diese Frauen und alle Befürworter der umstrittenen Regelung müssen respektieren, dass einige darin einen Verstoß gegen *„des Herrn Gebot"*

---

4 Siehe gesammelte Werke, Bd. 4, 1962: ‚*Von den Diakonissen*', 1858, S 447 ff.

(1. Kor. 14,37) sehen und im Gewissen gebunden sind, sich von dieser Praxis fernzuhalten. Das war der Sinn des sog. *,Gewissenschutz-Paragrafen.'*

Was wäre die Konsequenz, wenn er gestrichen würde, wie der LabeT beantragt? Die Folge wäre, dass einer wohlbegründeten theologischen Überzeugung die Möglichkeit genommen würde, sich praktisch auszuwirken. Ich weiß nicht, ob die Antragsteller sich darüber Gedanken gemacht haben, was aus den Andersdenkenden werden soll. Sollen sie ihr Gewissen totschlagen und sich unterwerfen? (Damit würde Protestanten geistlich das Rückgrat gebrochen). Oder sollen sie auswandern, (wie seinerzeit die Salzburger), – aber wohin? Oder sollen sie zum römischen Katholizismus konvertieren (obwohl sie an das lutherische Bekenntnis gebunden sind)?

Ein Brief, den alle Synodalinnen und Synodalen erhielten, schlägt vor, solchen Sonderlingen (*,Einzelfälle'*) seelsorgerliche Behandlung angedeihen zu lassen. D. h., Andersdenkende werden als Seelsorgefälle eingestuft. (Ist es völlig abwegig, wenn einem dabei die Abschiebung von Dissidenten in psychiatrische Anstalten einfällt?)
Dissidenten *,stören'* immer. Wer Andersdenkende respektieren will, muss sich wohl oder übel mit einer eingeschränkten Ausübung seiner eigenen Rechte zufriedengeben. Das ist der Preis der Menschenrechte.

Der LabeT scheint dagegen die abweichenden Gewissen mit eisernem Besen beiseite kehren zu wollen. Ich kann nur hoffen, dass die Forderung nach Streichung des Gewissensschutz-Paragrafen nicht genau durchdacht war. Als ungeheuerlich erscheint mir in dem oben erwähnten, an alle Synodalen verteilten Pamphlet das Abzählen der Gewissen. Die Rechte der *,vielen Frauen'* werden gegen die *,Gewissensnot einzelner'* in die Waagschale geworfen. Was zählt, ist die Zahl, (wobei ein gewisser Provinzialismus, – der sich sogar gelegentlich wie ein Neo-Konfessionalismus gebärdet, allerdings ohne Bekenntnis, – nicht wahrnimmt, dass sich im Blick auf die Weltchristenheit eher umgekehrte Zahlenverhältnisse ergeben). Es fehlt nicht viel, dass Gewissen als therapierbar angesehen werden. Jedenfalls entsteht der Eindruck, dass die Antragsteller die *,Gewissensnöte'* nicht als solche ernstnehmen, sondern als Vorwand beurteilen: eigentlich geht es um das Festhalten an Vorurteilen, ja, um die Verteidigung von *,Machtpositionen'*. Das heißt aber, dass man einander den Glauben nicht mehr glaubt. Mir scheint, dass man nur in diesem Fall auf den Gedanken kommen kann, zu fordern, dass Andersdenkenden die Entfaltungsmöglichkeiten abgeschnürt werden müssen, – dann jedenfalls, wenn man nicht liberal genug ist, einen Wert darin zu sehen, dass auch Minderheiten den Freiraum haben, sich ihren begründeten Überzeugungen entsprechend zu verhalten.

Der Protestantismus würde in seinem Wesen verwandelt werden, wenn an dieser Stelle begonnen würde, Gewissensschutz durch Gewissenszwang zu ersetzen. Ich gehe davon aus, dass an eine Amtsenthebung von *,Biblizisten'* nicht gedacht ist. D. h.: *,RS 510'* muss erhalten bleiben! *,Wie lange noch?'* Solange, bis der letzte Andersdenkende überzeugt worden ist, dass die Neuerer nichts Unrechtes tun. Und auch wenn dies einmal einträte, könnte der Gewissensschutz-Paragraf bestehen bleiben als gute Erinnerung daran, dass in dieser Kirche einst begründete Überzeugungen respektiert worden sind, auch wenn sie, wie man damals sagte, in bestimmten Kreisen *‚nicht mehrheitsfähig'* waren.

REFORMATION GEGEN DEFORMATION IN DER KIRCHE

AUFKLÄRUNG UND ERMAHNUNG AUS LUTHERS LEHRE[1] ZUM REFORMATIONSJUBILÄUM 2017[2]

REINHARD SLENCZKA

In den Reformationsjubiläen spiegelt sich durch die Geschichte hindurch die jeweilige kirchliche und gesellschaftliche Wirklichkeit. Im Spiegel wird freilich nicht nur sichtbar, was man gerne sieht, sondern auch manche Flecken und Runzeln (Eph. 5,27). Martin Luther ist mit seiner Person und mit seiner Wirkung nicht auf die Geschichte der evangelischen Kirche beschränkt; er gehört vielmehr in die Reihe der Persönlichkeiten, von denen unsere Kultur, unsere Sprache, unser Schulwesen wie auch unser Denken geprägt worden sind. So wird Luther aus sehr verschiedenen Gründen und Richtungen gefeiert und in Anspruch genommen. Diese breite Wirkung hat einen tieferen Grund: Für ihn gibt es keine Trennung zwischen Staat und Kirche oder zwischen Wissenschaft und Theologie im heutigen Sinne. Denn der Dreieinige Gott ist für ihn, wie es für jeden rechten Christen und Theologen sein sollte, nicht eine besondere Erfindung und Vorstellung von Menschen oder ein begrenzter Gefühlsbereich im Menschen, den man haben oder nicht haben kann. Gott ist vielmehr der Schöpfer, Erhalter und Richter über alle Welt und jeden Menschen. Wie der ganze Kosmos von Gott geschaffen ist und erhalten wird, so ist auch der Sohn Gottes als Erlöser von der Sünde der Welt (Kosmos) zur Rettung und zum Gericht über alle Welt in die Welt gekommen (Joh. 1,29; 3,16 ff; 12,47). Gott spricht zum Menschen in seinem Wort; er offenbart seine Namen, mit denen er angeredet und verkündigt werden will; er zeigt, was er tut und was er will in seinem Wort. Rechter Glaube und rechte Theologie gehen davon aus: *„Aber ohne Glauben ist's unmöglich, Gott zu gefallen; denn wer zu Gott kommen will, der muss glauben, dass er ist und dass er denen, die ihn suchen, ihren Lohn gibt."* (Hebr. 11,6)

Dies führt, wie sich im weiteren immer wieder zeigen wird, nicht nur zu Unterscheidungen, sondern auch zu Scheidungen zwischen dem wahren Gott und den falschen Göttern, zwischen der wahren Kirche und der falschen Kirche, aber zuerst stets zwischen dem

---

1 Es handelt sich um eine leicht bearbeitete Version des Textes die im *Informationsdienst der Bekenntnisbewegung ‚Kein anderes Evangelium‘* erschien.

2 Die Luther-Zitate werden nach WA= Weimarer Ausgabe von Luthers Werken angeführt. Lateinische Texte sind übersetzt, deutsche z. T. geglättet.

alten Menschen im Fleisch der Sünde und dem neuen Menschen nach dem Geist Gottes (Röm. 7) in jedem von uns. Theologie ist daher für Luther nicht eine historische Disziplin, in der man sich bemüht, die Vergangenheit mit der Gegenwart und das Jenseits mit dem Diesseits zu vermitteln oder gar das Wirken des Heiligen Geistes der menschlichen Geistesgeschichte anzupassen; das ist bereits in Christus geschehen und wird durch den Heiligen Geist ausgerichtet.

Vielmehr besteht die theologische Aufgabe darin, das Handeln Gottes in dieser Welt und an dem von seinem Schöpfer abgefallenen Menschen, dem Sünder, in Wort und Sakrament aufzudecken und mitzuteilen. Dadurch wird die von Gott vor Ewigkeit erwählte Schar (Eph. 1,4) aus der Welt herausgerufen (das ist die Grundbedeutung des Wortes ‚*Kirche*' – ‚*ekklesia*'). Unter der Perspektive von Gottes Handeln und Reden ist es irreführend, Theologie mit Autorennamen zu verbinden und zu unterscheiden, um den ‚*Stand theologischer Wissenschaft*' zu lokalisieren. Es kann nur um rechte und falsche Theologie aus der Erkenntnis von Gottes Reden und Handeln in seinem Wort geben – also gibt es auch keine ‚*lutherische*' Theologie ebenso wenig wie eine ‚*lutherische*' Kirche. Luther jedenfalls war nach eigenem Bekunden ausdrücklich kein Lutheraner: „*So will der Luther selbst nicht lutherisch sein…*"[3] Er verstand sich immer als katholisch (s. u.). So schärft es auch der Apostel Paulus seiner zerstrittenen Gemeinde in Korinth ein: „*Ich meine aber dies, dass unter euch der eine sagt: Ich gehöre zu Paulus, der andere: Ich zu Apollos, der dritte: Ich zu Kephas, der vierte: Ich zu Christus. Wie? Ist Christus etwa zerteilt? Ist denn Paulus für euch gekreuzigt? Oder seid ihr auf den Namen des Paulus getauft?*" (1. Kor. 1,12–13; vgl. 1. Kor. 3,4 ff).

Luther legt diese Stelle so aus: „*Man soll Acht haben auf den Bau, welche Lehre sie drauf legen. Es gibt nicht mehr als diesen einzigen Bau und Grund. Christus ist der ewige Sohn Gottes, unser Heiland. Dieweil man diesen Grund legt, ist einer wie der andere; sie alle sind nicht mehr als Diener Christi, seine Ackerleute. Gott, wenn er die Welt fromm machen will, erwählt er Leute, denen legt er seinen Befehl in den Mund, den sollen sie treiben. Neben diesem Predigtamt ist Gott dabei und rührt durch das mündliche Wort heute dies Herz, morgen das Herz. Es sind alle Prediger nicht mehr als die Hand, die den Weg weist. Sie tut nicht mehr; sie steht still und lässt folgen oder nicht folgen den rechten Weg. Also finden alle Prediger nicht mehr, als dass sie das Wort treiben. Wenn nun Gott jemand anrühren will, so tut er das mit dem Wort; es sind nicht die Leute, die jemand fromm machen sollten; Gott tut das allein. Die Person soll man aus den Augen tun, aber die Lehre nicht.*"[4]

Hier ist etwas Entscheidendes und Grundlegendes für das rechte Verständnis von Kirche und Theologie zu sehen: Das handelnde Subjekt und der lebendige Grund ist der

---

3 WA Br 4, 375, 3.

4 WA 45, 390, 1–14.

Dreieinige Gott. Das Mittel, durch das er handelt, sind Wort und Sakrament. Allein dadurch ist Kirche Kirche; ohne das hört Kirche auf, Kirche zu sein. Hier gilt das Urteil und die Mahnung des Herrn: *„Du hast den Namen, dass du lebst, und bist tot. Werde wach und stärke das andre, das sterben will, denn ich habe deine Werke nicht als vollkommen befunden vor meinem Gott."* (Offb. 3,1 f) Es gibt also nicht nur Namenschristen, sondern auch Namenskirchen.

Dazu ist auch diese Unterscheidung wichtig, die sich unter der Verkündigung des Wortes Gottes vollzieht: Das Reich Gottes, in dem Jesus Christus regiert, und das Reich der Welt, das unter den Folgen des Sündenfalls und damit unter der Herrschaft von Sünde, Tod und Teufel steht, sind wohl unterschieden, jedoch keineswegs voneinander getrennt: Als Christen leben wir *in dieser Welt*, auch wenn wir *nicht von dieser Welt* sind (Joh. 15,18.19). Deshalb mahnt der Apostel Paulus: *„Und stellt euch nicht dieser Welt gleich, sondern ändert euch (lat.: reformamini) durch Erneuerung eures Sinnes, damit ihr prüfen könnt, was Gottes Wille ist, nämlich das Gute und Wohlgefällige und Vollkommene."* (Röm. 12,3) Luther erklärt diesen Grundtext für Reformation in seiner Vorlesung über den Römerbrief so: *„Hier geht es um Fortschritt (profectus); denn er redet zu denen, die schon begonnen haben Christen zu sein … er meint die Erneuerung des Geistes von Tag zu Tag und mehr und mehr nach jenem Wort 2. Kor. 4,16: ‚Der inwendige Mensch wird von Tag zu Tag erneuert.' Eph. 4,23: ‚Erneuert euch aber im Geist eures Gemütes.' Kol. 3,10: ‚Zieht den neuen Menschen an, der da erneuert wird.'"*[5]

Reformation ist demnach ein Vorgang von Umkehr und Erneuerung, der sich im einzelnen Menschen und durch die Kirche in dieser Welt vollzieht. Das ist nicht auf ein Ereignis in der Vergangenheit begrenzt; es gehört vielmehr zur Wirkung des Wortes Gottes und der Kirche zu jeder Zeit – auch heute unter uns. Daher sagt uns der Herr in seinem Wort: *„Ihr seid das Salz der Erde. Wenn nun das Salz nicht mehr salzt, womit soll man salzen? Es ist zu nichts mehr nütze, als dass man es wegschüttet und lässt es von den Leuten zertreten. Ihr seid das Licht der Welt. Es kann die Stadt, die auf einem Berge liegt, nicht verborgen sein. Man zündet auch nicht ein Licht an und setzt es unter einen Scheffel, sondern auf einen Leuchter; so leuchtet es allen, die im Hause sind. So lasst euer Licht leuchten vor den Leuten, damit sie eure guten Werke sehen und euren Vater im Himmel preisen."* (Matth. 5,13–16) Dies ist die Weltverantwortung der christlichen Gemeinde. So wirkt die Gemeinde Jesu Christi in der Welt, wenn sie denn rechte Gemeinde Christi nach seinem Wort ist.

Äußerer Anlass der Reformation war der Ablasshandel, bei dem mit den Schrecken der Höllenstrafen Geld für den Bau des Petersdoms und für die Finanzierung von Ausnahmegenehmigungen zum Erwerb einträglicher kirchlicher Ämter eingesammelt wurde. Wo die materielle Eigengesetzlichkeit von kirchlicher Organisation und

---

5 WA 56, 441 ff.

gesellschaftspolitischem Einfluss sich verselbstständigen, ruft Luther zurück zur geistlichen Wirklichkeit von Kirche und christlichem Glauben, wie das klar in der ersten seiner 95 Thesen vom 31. Oktober 1517 zum Ausdruck kommt:
„Da unser Herr und Meister Jesus Christus spricht: ‚Tut Buße u. s. w.‘ (Matth. 4,17*), hat er gewollt, dass das ganze Leben der Gläubigen Buße sei.“*

In den Bibelsprachen heißt Buße Umkehr, Sinnesänderung. In diesem Sinn betrifft die Reformation den einzelnen Christen ebenso wie die ganze Kirche: Reformation ist nicht Fortschritt, etwa vom Mittelalter zur Neuzeit, von Bevormundung zu Befreiung, von Heteronomie (Fremdbestimmung) zu Autonomie (Selbstbestimmung), sondern Rückkehr zum Ursprünglichen unter Beseitigung von Deformationen, von Entstellungen, wie sie zu allen Zeiten im Leben eines Christen und in der Kirche auftreten – auch heute. Fortschritt ist also Rückkehr und nicht Anpassung an gesellschaftspolitische Bewegungen und Forderungen.

Das Hauptbekenntnis der Reformation, das ‚*Augsburgische Bekenntnis*‘ (*Confessio Augustana*), das 1530 auf dem Reichstag zu Augsburg vorgelegt wurde, ist daher nach Absicht und Inhalt keineswegs eine zeitgemäße Interpretation christlicher Lehre, sondern der Nachweis: Wir sind keine Neuerer oder Häretiker; wir halten fest an den unveränderlichen Grundartikeln (‚*articuli fundamentales*‘ Art. 1–21) der alten katholischen Kirche, an dem ‚*magnus consensus der ecclesia catholica*‘. Beseitigt haben wir jedoch die Missbräuche (*abusus mutati* Artt. 22–28), die in die Kirche eingedrungen sind. Dazu gehören solche Dinge wie der Kelchentzug beim Abendmahl, die Ehelosigkeit für Priester und Mönche, der Gottesdienst in lateinischer Sprache und die Kaufmessen, die Forderung von zusätzlichen Bußleistungen (*satisfactiones*), die Forderung, dass von Menschen eingeführte Ordnungen wie Fastenregeln oder bestimmte Zeremonien heilsnotwendig seien, die Höherbewertung der Mönchsgelübde über die von Gott eingesetzte Ehe und schließlich die Vermischung von kirchlicher und weltlicher Gewalt im Bischofsamt; dazu wird betont, dass die geistliche Autorität nicht mit dem Schwert, sondern nur mit dem Wort Gottes ausgeführt wird (*sine vi humana sed verbo*). Nach diesem Vorbild könnten auch heute so manche Deformationen in protestantischen Kirchen angeführt werden, mit denen die Gemeinschaft und Übereinstimmung mit der apostolischen und katholischen Kirche (Eph. 2,20) gebrochen wird, gerade wenn das als Fortschritt in der Anpassung an gesellschaftspolitische Forderungen bezeichnet wird.

Gottes Wort spricht nicht von Erfolgen, die demoskopisch nach dem Grad der Zustimmung in der öffentlichen Meinung zu Artikeln des christlichen Glaubens oder statistisch nach dem Zulauf zu Kirchentagen etc. oder dem Aufkommen von materiellen Mitteln zu messen wären. Das irdische Bild für die Ausbreitung des himmlischen Reiches Gottes nach den Gleichnissen Jesu ist vielmehr Saat und Ernte, also die Frucht, aber auch das Unkraut (Mk. 4,1–33; Matth. 13,52; Luk. 8,1–15). Was dabei leicht übersehen wird: Diese Gleichnisse dienen keineswegs der Anschaulichkeit für das Verstehen, sondern befremdlicherweise auch der Verstockung: *„Und er sprach: Geh hin und sprich zu diesem Volk: Höret und verstehet's nicht; sehet und merket's nicht! Verstocke das Herz dieses Volks und lass ihre Ohren taub sein und ihre Augen blind, dass sie nicht sehen mit ihren Augen noch hören mit ihren Ohren noch verstehen mit ihrem Herzen und sich nicht bekehren und genesen."* (Jes. 6,9–10; Matth. 13,14 f; Mk. 8,18; Luk. 19,42; Joh. 12,40; Apg. 13,40 f; 28,26 f).

Könnte es nicht sein, dass viele kirchliche Bemühungen und theologische Techniken allein davon ausgehen und darauf abzielen, diese zum Wort Gottes gehörende Wirkung zu bestreiten und zu beseitigen? Was aber geschieht durch die ausgesäte Saat des Wortes Gottes? Die Saat fällt auf unterschiedlichen Boden. Sie wächst ‚*von selbst*', griechisch: ‚*automatisch*' (Mk. 4,28). Das den Jüngern gegebene Geheimnis, Mysterium, des Reiches Gottes ist Jesus Christus selbst (Mk. 4,11). Am Ende aber wird die Scheidung von Unkraut und Weizen durch den Sohn Gottes und seine Engel vollzogen (Matth. 13,40 ff).

Einige Hinweise aus Luthers Schriften mögen uns für unser christliches Leben und kirchliches Handeln aufklären und zurückrufen. Dabei geht es durchweg um das Wirken des Dreieinigen Gottes in Wort und Sakrament, wodurch die Kirche, das erwählte Volk Gottes, berufen, gesammelt und geheiligt wird:

DIE FALSCHE FRAGE NACH DEM GNÄDIGEN GOTT

Luthers Frage nach dem gnädigen Gott gilt als Ursprung der Reformation und zugleich als Voraussetzung zum Verständnis seiner ‚*Lutherischen Rechtfertigungslehre*'. Es heißt dann, dass ‚*den Menschen von heute*' andere Fragen bewegen wie z. B. *„wie findet mein Leben einen Sinn?"*, *„wie finde ich einen gnädigen Nächsten?" „Wie können wir diese Welt verändern, den Krieg, den Hunger, die Ungerechtigkeit und Ungleichheit beseitigen?"* – kurz: Das Paradies auf Erden wiederherstellen?

An solchen und ähnlichen Fragen scheiterte 1963 auf der Vollversammlung des Lutherischen Weltbundes in Helsinki der Versuch, zu der Frage nach ‚*Rechtfertigung heute*' ein gemeinsames Dokument zu verabschieden. Man muss nur einmal überlegen, was es bedeutet, dass die versammelten Lutheraner nicht imstande waren, sich über Bedeutung und Inhalt ihrer Zentrallehre untereinander zu verständigen; so sind sie auch bis heute nicht imstande, sich mit anderen Kirchen zu verständigen, um zu prüfen, dass es dabei nicht um eine Theorie, sondern ganz praktisch um die reine Verkündigung des Wortes und die rechte Verwaltung der Sakramente von Taufe, Abendmahl sowie Sündenvergebung geht. Denn rechte Lehre ist eben nicht ein von Theologen entworfenes System, sondern sie bezieht sich auf die Verantwortung für den rechten Gottesdienst und die christliche Lebensführung nach den unveränderlichen Geboten und Weisungen Gottes. Dabei geht es nicht um eine Anpassung an das, was die Zeit fordert und was der heutige Mensch hören will, sondern um die Beseitigung immer neu eindringender Missstände und Missbräuche. Es geht um Sünde und Gnade.

Der tief greifende Fehler liegt daran, dass Rechtfertigung als eine lutherische Sonderlehre aufgefasst wird, die aus einer besonderen persönlichen Erfahrung Luthers entstanden sein soll und die entsprechend in die jeweilige Erfahrungswelt von Menschen interpretierend vermittelt werden müsste. Dann hört man immer wieder: Du brauchst nichts zu leisten; du wirst angenommen, so wie du bist; keiner soll ausgegrenzt werden; es kommen ohnehin alle in den Himmel, – deshalb sollen auch alle mit allen möglichen Mitteln als Kirchenmitglieder und Kirchensteuerzahler geworben werden. Dass auf diese Weise die Verkündigung unter dem Handeln Gottes zur Erwählung und Berufung des Volkes Gottes aus der Welt in Werbung nach dem Erfolgsprinzip mit einem *‚Markt der (Un-)möglichkeiten‘* umschlägt, ist schwerlich zu bestreiten.

‚Doctrina‘ – *‚Lehre‘* bezeichnet im rechten Verständnis nicht die Gedanken und Interpretationen von Theologen, sondern umfassend die rechte Verkündigung und die Verwaltung der Sakramente. In diesem Sinne bezeugt sich im Neuen Testament Jesus als der Lehrer/Rabbi, und die Jünger werden als Schüler bezeichnet. Die Nachfolge aber vollzieht sich in der Weise, dass die Schüler nicht sitzend mitschreiben, sondern dass sie hinter dem Lehrer hergehen, auf ihn blicken und auf ihn hören. Nachfolge ist in diesem Sinne Lehre und umschließt den gesamten Lebensvollzug. Das ist weder für den einzelnen Christen noch weniger für einen Pfarrer eine Neben – oder Teilzeitbeschäftigung.

Es kommt freilich auch dazu, dass die Jünger ihren Herrn und Meister alle ohne Ausnahme bei seiner Gefangennahme verlassen, dass sie ihn verleugnen (Petrus), dass sie seine Anhänger verfolgen (Paulus) und dass sie von ihrem auferstandenen Herrn zurückgerufen und mit der Vollmacht des Heiligen Geistes beauftragt werden (Joh. 20,19–27). Daher muss man sagen: Es gibt keine *‚Rechtfertigungslehre‘* im theoretischen Sinne, sondern nur die Rechtfertigung im Gericht vor Gott durch den Glauben an Jesus Christus, der durch seinen Tod und seine Auferstehung für uns Sünde, Tod und Teufel überwunden hat. Rechtfertigung ist Tat Gottes, nicht aber eine Erfindung von Theologen oder die Sonderlehre einzelner Kirchen.

Durch das Wort Gottes in Gesetz und Evangelium, in Gericht und Gnade, sowie durch die von Christus selbst eingesetzten Sakramente Taufe und Abendmahl zur Vergebung der Sünden, wird uns das wörtlich und hörbar zugesprochen und leiblich zugeeignet. Hier und auf diese Weise ist uns Gott gnädig. So werden wir aus dem Gericht über Lebende und Tote gerettet. So hält sich der Glaubende an das, was Jesus Christus für uns getan hat und tut; davon wird er getragen.

Luther selbst hat das seiner Gemeinde in einer Predigt über die Taufe Jesu (Matth. 3,13–17) so erklärt: *„O, wann willst du einmal fromm werden und genugtun, dass du einen* *gnädigen Gott kriegst? Und ich bin durch solche Gedanken zur Möncherei getrieben und habe mich gemartert und geplagt mit Fasten, Frieren und strengem Leben, und doch nicht mehr damit ausgerichtet, als dass ich nur die liebe Taufe verloren, ja helfen verleugnen. Darum, auf dass wir nicht durch solche verführt werden, so lasst uns diese Lehre rein halten, wie wir hier sehen und greifen, dass die Taufe nicht unser Werk noch Tun ist, und einen großen und weiten Unterschied behalten zwischen Gottes und unsern Werken … denn nachdem wir sind durch die Sünde gefallen und verdorben, nimmt er uns noch einmal in seine göttlichen Hände, gibt uns sein Wort und die Taufe, wäscht und reinigt uns damit von Sünden … Diese Werke sollte man rühmen, wenn man will von göttlichen Werken reden. Denn er ist der rechte Werkmeister, der mit seinem Finger kann die Sünde tilgen, den Tod erwürgen, den Teufel schlagen, die Hölle zerstören …“*[6]

Zur Taufe gehören untrennbar die Unterweisung und das Leben im christlichen Glauben. Das Taufalter ist in der Schrift nicht festgelegt, wohl aber der Befehl des Herrn *„… und lehret sie halten alles, was ich euch befohlen habe“*. Bei der Taufe von Säuglingen und Kindern gilt: Getauft werden Kinder christlicher Eltern, die zusammen mit den christlichen Paten ihren Glauben bekennen und vor der Gemeinde die Verpflichtung zur Erziehung im christlichen Glauben und Leben übernehmen. Werden das Bekenntnis und die Erziehungsfrage ausgelassen, ist die Taufe zwar nicht unwirksam, jedoch unordentlich. Sie wird zu einem leeren Ritus oder auch zu einer aufwendigen und einfühlsamen Familienfeier. Es ist kein Wunder, wenn bei einer unordentlichen Verwaltung der Taufe auch die Früchte ausbleiben.

In kirchlicher Lehre und Unterweisung geht es nicht um die Fragen, die Menschen bewegen oder die von Predigern erfunden werden, um in umständlichen Predigteinleitungen Aufmerksamkeit durch Anknüpfung und Anpassung zu suchen. Dazu betont Luther: *„Darum soll man das Evangelium nicht messen nach der Meinung derer, die es hören, sondern nach dem kleinen Häuflein derer, die es fassen. Dieselben scheinen nicht, man sieht sie nicht an, und Gott handelt verborgen an ihnen.“*[7]

Die richtige Antwort auf die Frage nach dem gnädigen Gott ist also der Hinweis darauf, wie Gott uns in Jesus Christus gnädig ist, wie er sich uns in seinem Wort zuwendet und wie er uns in den Sakramenten leiblich mit sich verbindet. Glaube aber ist nicht ein Ergebnis menschlicher Vermittlungs – und Anpassungsbemühungen, sondern Gabe des Geistes aus der Wirkung von Wort und Sakrament. Deshalb beginnt Luthers Auslegung des Dritten Artikels im Kleinen Katechismus mit dem Bekenntnis: *„Ich glaube, dass ich nicht aus eigener Vernunft und Kraft an Jesus Christus, meinen Herrn, glauben oder zu ihm kommen kann, sondern der heilige Geist hat mich durch das Evangelium berufen, mit*

---

6 WA 37, 661, 23 ff.

7 WA 12, 509, 12–14.

seinen Gaben erleuchtet, im rechten Glauben geheiligt und erhalten, gleichwie der die ganze Christenheit auf Erden beruft, sammelt heiligt und erleuchtet und bei Jesus Christus erhält im rechten einigen Glauben ..." Das Bekenntnis zum Heiligen Geist lautet daher: *„Ich glaube, dass ich nicht glauben kann"* – so wie der Vater, der Jesus um Heilung für seinen kranken Sohnes anfleht, schreit: *„Ich glaube; hilf meinem Unglauben!"* (Mk. 9,24).

Das stärkste Dogma in Theologie und Kirche heute ist der *‚Mensch von heute'* mit allem, was dieser heute nicht mehr glauben kann, was man *‚ihm nicht zumuten kann'* und was daher *‚erledigt ist'*. Luther ist in seinem Kleinen Katechismus viel radikaler in seiner *‚historisch-kritischen Methode'* und Einsicht: Der Mensch, seit Adam und Eva jeder Mensch, kann nicht an Jesus Christus glauben; er will nicht Gott Gott sein lassen, sondern er will selbst Gott sein, wissen und bestimmen, was für ihn Gut und Böse ist. Welche Vermessenheit ist es dann, zu versuchen und Methoden zu erfinden, um Menschen zum Glauben zu erwecken? Nur der Heilige Geist kann das und tut das durch das Wort Gottes, das freilich auf unterschiedlichen Boden fällt und daher auch auf verschiedene Weise Frucht bringt (Mk 4,1–20).

AUSWENDIG LERNEN: INS HERZ AUFNEHMEN

Eine erste dringende Aufgabe der Reformation war die Ausbildung von Pfarrern, die weitgehend die Messe nur auf lateinisch lesen und die Beichte nach bestimmten Regelbüchern mit den entsprechenden Satisfaktionen (Genugtuungsleistungen) und Absolution/ Lossprechung verwalten, jedoch nicht predigen konnten. Die Ausbildung von Theologen an theologischen Fakultäten war weithin in Haarspalterei erstarrt, indem man sich bemühte, nach den Regeln des Aristoteles Theologie als Wissenschaft zu betreiben. Kirchliche Ämter dienten eher der Versorgung von Pfarrern und Bischöfen als dem Dienst der Gemeinde. In einer Reihe von Disputationsthesen von 1517 *‚gegen die scholastische Theologie'* verweist Luther auf einen theologischen Grundfehler, der darin liegt, dass man immer nur vom Menschen mit seinen Fähigkeiten zu freier Entscheidung und vernünftiger Einsicht ausgeht, nicht aber von dem Menschen, der von Gott abgefallen ist, sich gegen Gott und seine Gebote auflehnt und selbst Gott sein will[8] – das ist genau dasselbe, was man heute weithin als den neuzeitlichen Menschen bezeichnet. Drei Thesen seien hier angeführt:

» *62. Daher sündigt beständig, wer außerhalb der Gnade ist, selbst wenn er nicht tötet, nicht die Ehe bricht, nicht stiehlt.*

» *95. Gott lieben heißt, sich selbst zu hassen und außer Gott nichts zu wissen.*

» *97. Nicht nur das, was wir wollen, sollen wir wollen, sondern nur was Gott will, sollen wir wollen.*

---

8 WA 1, 224–228.

Die Gemeinde sollte mündig werden, indem sie die Grundlagen des Glaubens kennt, dazu vor allem aber auch Lesen und Schreiben lernt und die Heilige Schrift in die Hand und in das Haus bekommt. In zahlreichen Ländern führt die Übersetzung der Bibel in die Landessprache überhaupt erst zur Entwicklung einer gemeinsamen Schriftsprache und Volksliteratur. Viele wichtige Begriffe in unserer Sprache, z. B. auch das Wort *‚Gewissen'*, kommen aus der Bibelsprache.

Ein bis heute wichtiger Beitrag Luthers zur Bildung der Pfarrer und zur Erziehung der Gemeinde, zumal der Jugend in Familie und Schule, sind der *‚Kleine Katechismus für die gemeinen Pfarrherrn und Prediger'* und zugleich als Anleitung, *‚wie ein Hausvater seinem Gesinde einfältig vorhalten soll'*, sowie der *‚Große Katechismus'* mit der Begründung, *„dass leider viele Pfarrherren und Prediger hierin sehr säumig sind und verachten beide ihr Amt und diese Lehre, etliche aus großer hoher Kunst, etliche aber aus lauter Bauchsorge und Faulheit ..."* Die Vorreden zu den beiden Katechismen sind von außerordentlicher Entschiedenheit, und Luther macht darin deutlich, dass Unterricht und Kenntnis der Lehrstücke für Kirche und Gesellschaft unbedingt notwendig sind, und so schreibt er in der Vorrede zum *‚Kleinen Katechismus'*: *„Insonderheit treibe auch daselbst die Obrigkeit und Eltern, dass sie wohl regieren und Kinder ziehen zur Schule, mit Anzeigen, wie sie solches zu tun schuldig sind und, so sie es nicht tun, welche ein verflucht Sünde sie tun; denn sie stürzen und verwüsten damit beide, Gottes und der Welt Reich, als die ärgsten Feinde beide, Gottes und der Menschen; und streiche wohl aus, was für gräulich Schaden sie tun ..."*

Mündigkeit, um diesen in Theologie und Kirche beliebten und dabei vielfach missbrauchten Ausdruck hier aufzunehmen, besteht eben nicht einfach in beliebiger Mitsprache, Mitbestimmung und Kritikfähigkeit, sondern in Sachkenntnis und entsprechender Urteilsfähigkeit. Das zu vermitteln und zu erwerben gibt Luther in seiner Einleitung zum *‚Kleinen Katechismus'* eine wichtige Regel: *„... wenn sie den Text nun wohl können, so lehre sie denn hernach auch den Verstand, dass sie wissen, was es gesagt ..."* Also: Zuerst wird auswendig gelernt, danach wird erklärt.

Wir haben heutzutage und hierzulande großartige Möglichkeiten mit obligatorischem Religionsunterricht in Schulen[9] und Konfirmandenunterricht in den Gemeinden. Womit aber beschäftigt man sich dort; was wird den jungen Menschen fürs Leben und Sterben mitgegeben?

‚Auswendig' heißt in anderen Sprachen *‚ins Herz aufnehmen'*, *‚vom Mund sprechen'*, *‚aus dem Kopf sprechen'*. Angehörige der meist schon sehr alten Generation haben einen Schatz von Katechismuswissen, von Bibelstellen und Gesangbuchliedern, die sie einst

---

9 Nach Grundgesetz Art. 17 b *„ordentliches Lehrfach ... in Übereinstimmung mit den Grundsätzen der Religionsgemeinschaften ..."*

sicher auch nicht ohne Mühe gelernt haben, doch mit und von dem sie leben bis hin zur Sterbestunde.

Durch Auswendiglernen wird man sprachfähig, und jeder, der eine Fremdsprache sprechen will, weiß, dass man Vokabeln eben lernen muss, ebenso die Formeln in den Naturwissenschaften. Der Einwand ‚*das geht doch heute nicht mehr*' ist nur ein Zeichen von Mutlosigkeit oder auch Faulheit, und es wird nicht bedacht, was heilsnotwendig ist. Theologische und gesellschaftspolitische Probleme und Infragestellungen von Theologen sind es jedenfalls nicht.
Es ist einer sehr ernsten Prüfung wert, ob viele Missstände, die wir in Theologie und Kirchenleitung beklagen, nicht dadurch verursacht werden, dass das Grundwissen des christlichen Glaubens einfach nicht mehr gewusst wird. Die Verpflichtung auf Schrift und Bekenntnis setzt doch wohl die Kenntnis und Anwendung dieser auch in den kirchlichen Grundordnungen festgehaltenen Grundlagen voraus. Andernfalls urteilt man eben nach der jeweils herrschenden Meinung mit entsprechenden Mehrheiten, die lediglich die herrschende öffentliche Meinung widerspiegeln.

Der Neue Bund in Jesus Christus besteht darin, dass der Geist ins Herz gegeben wird und das Gesetz nicht auf steinerne Tafeln, sondern in lebendige Herzen eingeschrieben wird; denn „*der Buchstabe tötet, der Geist aber macht lebendig*". (2. Kor. 3,3–6; Jer. 31,33; Ez. 31,19; 36,26) Daher wird auch dem Volk Gottes eingeschärft: „*Höre, Israel, der HERR ist unser Gott, der HERR allein. Und du sollst den HERRN, deinen Gott, lieb haben von ganzem Herzen, von ganzer Seele und mit all deiner Kraft. Und diese Worte, die ich dir heute gebiete, sollst du zu Herzen nehmen und sollst sie deinen Kindern einschärfen und davon reden, wenn du in deinem Hause sitzt oder unterwegs bist, wenn du dich niederlegst oder aufstehst*". (5. Mo. 6,5–7) Es geht hier also um das 1. Gebot, in dem uns der wahre Gott von den falschen Göttern zurückruft. In einer Auslegung im ‚*Großen Katechismus*' nimmt Luther die Frage auf: „*Was heißt, ein Gott haben, oder was ist Gott?*", und er antwortet: „*Ein Gott heißet das, dazu man sich versehen soll alles Guten und Zuflucht haben in allen Nöten. Alsodass ein Gott haben nichts anders ist, denn ihm von Herzen trauen und glauben, wie ich oft gesagt habe, dass alleine das Trauen und Glauben des Herzens macht beide, Gott und Abgott. Ist der Glaube und Vertrauen recht, so ist auch dein Gott recht, und wiederum, wo das Vertrauen falsch und unrecht ist, da ist auch der rechte Gott nicht. Denn die zwei gehören zuhaufe, Glaube und Gott. Worauf du nun (sage ich) dein Herz hängst und verlässt, das ist eigentlich dein Gott*".

Es ist also keineswegs eine distanzierte Frage, ob und wie Gott ist, sondern *was mein Gott ist.* Jeder hat also seinen Gott, jeder glaubt an einen Gott, dem er vertraut oder vor dem er sich fürchtet. Der Gegensatz zum Glauben ist in der Bibel eben nicht das Wissen oder die Wissenschaft, sondern die Furcht.

Herz und Gewissen sind in den Bibelsprachen gleichbedeutend. Das Gewissen wird menschheitlich wach beim Sündenfall, nachdem das Gebot Gottes übertreten ist. (1. Mo. 3) Seither kennt der Mensch die Unterscheidung von Gut und Böse. Im Gewissen vollzieht sich nach dem Gebot Gottes Anklage und Verteidigung, und das ist nach Röm. 2, 11–16 ein Hinweis auf *„den Tag, an dem Gott das Verborgene der Menschen durch Christus Jesus richten wird, wie es mein Evangelium bezeugt."*

Dieser Vorgang vollzieht sich in jedem Christen dadurch, dass durch die Taufe der Geist geben wird. Christus wohnt durch den Glauben in uns (Eph. 3,17). Damit beginnt im Christen das Ringen zwischen dem alten Menschen im Fleisch der Sünde und dem neuen Menschen im Geist Gottes (Röm. 6–8). Dazu betont Luther in der Auslegung von Gal. 2,20: *„Im Glauben selbst ist Christus gegenwärtig".* [10] Christus ist also nicht Objekt des Glaubens, sondern als der auferstandene, zur Rechten Gottes sitzende Weltherrscher ist er Subjekt des Glaubens. Seine Wiederkunft zum Gericht über Lebende und Tote erwarten wir und bereiten uns darauf vor. Viele Fehler entstehen dadurch, dass wir eine von Menschen entworfene *‚Christologie'* an die Stelle des lebendigen gegenwärtigen Herrn setzen.

„DIE HEILIGE SCHRIFT IST GOTTES WORT"[11]

Hier treffen wir auf einen unaufhebbaren Gegensatz: *„Wer einen Gott hat ohne sein Wort, der hat keinen Gott; denn der rechte Gott hat unser Leben, Wesen, Stand, Amt, Reden, Tun, Lassen, Leiden und alles in sein Wort gefasst und vorgebildet, dass wir außerhalb seines Wortes nichts suchen noch wissen dürfen noch sollen, und auch von Gott selbst nicht; denn er will von uns außerhalb seines Wortes mit unserem Dichten und Nachdenken unbegriffen, ungesucht, ungefunden sein."*[12]

Mit unbedachter Selbstverständlichkeit ist heute die Auffassung weit verbreitet, die Heilige Schrift sei *‚Gotteswort im Menschenwort'*, und es sei dann die Aufgabe eines Theologen herauszufinden, was *heute* als Gotteswort zu verkündigen und anzunehmen sei. Es wird dabei jedoch nicht bedacht, dass auf diese Weise der Grundsatz *‚sola scriptura'* – *‚die Schrift allein'* aufgehoben ist, und der Mensch erhebt sich als *‚Richter über das Gesetz'.* (Jakobus 4,11)
Unter dieser Voraussetzung wird man Luther als Fundamentalisten bezeichnen, und es wurde sogar schon die Frage gestellt, ob er mit einer solchen Auffassung als Theologieprofessor oder Gemeindepfarrer heute angestellt würde. Doch es ist schon merkwürdig,

---

10 WA 40, I, 228, 18 ff.: *„In ipsa fide Christus adest".*

11 WA 48, 31, 1.

12 Von Ehesachen. 1530. WA 30, III, 213, 34–39.

wie die Schriftauslegung in seinen akademischen Vorlesungen und in den vielen erhaltenen Predigten auch heute noch eindrucksvoll wirkt. In der verbreiteten Predigtnot, die leider oft genug, wenn auch zu wenig beachtet, zur Leerung der Gottesdienste führt, findet mancher in Luthers Predigten auch nach 500 Jahren Trost und Erbauung. Ähnliches kann man bei den Kantaten von Johann Sebastian Bach erfahren oder auch bei vielen anderen Texten aus der Kirchengeschichte. Es ist offenbar nicht die Aktualität, der Gegenwartsbezug, sondern eine tiefere, eben nicht durch Zeit und Situation bedingte Wirkung aus dem Wort Gottes.
Luther hat das seinen Studenten in einer Vorlesung über die Psalmen so erklärt: *„Und bedenke wohl, die Kraft der Schrift besteht nicht darin, dass sie sich dem anpasst, der sie studiert, sondern dass sie denjenigen, der sie liebt, in sich und ihre Kräfte verwandelt."*[13]

Die Liebe zur Heiligen Schrift ist eine Wirkung der Schrift. Auch das betont Luther: *„Welche die heilige Schrift gelernt haben, die haben eine beständige Freundschaft und Liebe, die nicht entspringt aus unserem Urteil, sondern aus dem heiligen Geist."*[14]
Er sagt aber warnend auch dieses: *„Dies aber ist Ursprung und Ansatzpunkt aller Versuchung, wenn die Vernunft über das Wort und über Gott aus sich selbst zu urteilen versucht ohne das Wort."* – *„Solches pflegt der Teufel in allen Versuchungen anzurichten, dass, je mehr sich ein Mensch vom Wort entfernt, desto mehr hält er sich für gelehrt und weise."* – *„Wahrlich, die Quelle von aller Sünde ist die Ungläubigkeit und der Zweifel, wenn man sich vom Wort trennt. Davon ist die Welt voll, und daher verbleibt sie im Götzendienst; sie leugnet die Wahrheit Gottes und bildet sich einen neuen Gott."*[15]

Man mag heute viel, heftig und doch letztlich vergeblich über *‚historisch-kritische Auslegungsmethoden'* streiten. Doch dabei wird leicht das Wunder übersehen, wie die in der Bibel gesammelten heiligen Schriften aus verschiedenen Sprachen, Zeiten, Ländern und Epochen bis heute erhalten sind, in vielen Sprachen weltweit übersetzt und verbreitet werden, dass kein christlicher Gottesdienst ohne die Bibel im Zentrum möglich ist und dass diese Heilige Schrift nach wie vor und trotz allem wirkt, und zwar in zustimmender Liebe wie freilich auch in distanzierter Kritik. Der ihr zugewandte Aufwand an Gelehrsamkeit ist selbst für Fachleute unüberschaubar, ganz zu schweigen von den weltweit allsonntäglichen Predigten über biblische Texte. Es kann keine Verbindlichkeit und keinen Absolutheitsanspruch von Auslegungsmethoden geben. Es wäre völlig unwissenschaftlich, wenn sich der Forschungsgegenstand nach einer Methode und nicht die Methode nach dem Forschungsgegenstand richten müsste. Vor allem aber muss man wissen, wie Gott durch das Wort der Heiligen Schrift wirkt. Andernfalls bleibt man bei dem toten und tötenden Buchstaben (2. Kor. 3,6).

---

13 Dictata super Psalterium. Auslegung von Ps. 68, 14. WA 3, 397, 9 f.

14 WA 48, 31, 1–25; WA 56, 391, 7.

15 Genesisvorlesung WA 42, 116, 18 f; 120, 36 ff; 112, 20–22.

Dies aber zeigt schon: Das Wort Gottes der Heiligen Schrift ist nicht ein geschichtsbedingter Text und Buchstabe, sondern in der Entstehung, Bewahrung und im Gebrauch der Heiligen Schrift wirkt der Heilige Geist des Dreieinigen Gottes. Wem er den Blick dafür öffnet, der hat das Wunder vor Augen, mit dem beim apostolischen Pfingsten den Jüngern der Mut zur Verkündigung der Auferstehung Jesu Christi und den Zuhörern das Verständnis dieser Predigt in ihrer jeweiligen Sprache geschenkt wurde.

Das geschriebene Wort der Heiligen Schrift ist die Begegnung mit dem lebendigen Dreieinigen Gott: *„Wahrhaft sind wir sein, wenn wir dem Wort Gottes glauben."*[16] Dieser gesamtchristliche Grundsatz, auch wenn er von manchem Theologen bezweifelt wird, zeigt sich immerhin noch in jedem ordentlichen Gottesdienst, wenn die Lesungen von Altem Testament und neutestamentlichen Episteln geschlossen werden mit dem Anruf *„Halleluja" – „gelobt sei Gott"*, wenn die Evangelien-Lesungen eingeleitet und von der Gemeinde akklamiert werden mit *„Ehre sei dir Herre" – „Lob sei dir, Christus"*, oder im katholischen Gottesdienst: *„Wort des lebendigen Gottes"*. In orthodoxen Gottesdiensten wird beim *‚kleinen Einzug'* der in seinen Schriften gegenwärtige Gott feierlich empfangen. Auf diese Weise wird der in seinem Wort gegenwärtige Herr angerufen. Gottesdienst, wenn er recht verstanden und gefeiert wird, ist keine erbauliche Veranstaltung zur Selbstdarstellung und Selbstbestätigung; Gottesdienst ist Gegenwart Gottes und Gemeinschaft mit dem lebendigen, Dreieinigen Gott. Deshalb beginnt ein rechter Gottesdienst nicht mit einer einschmeichelnden persönlichen Begrüßung, sondern in demütiger Vollmacht *„Im Namen des Vaters, des Sohnes und des Heiligen Geistes." „Gott ist gegenwärtig. Lasset uns anbeten und in Ehrfurcht vor ihn treten."*[17]

GOTT SPRICHT UND WIRKT DURCH SEIN WORT IM HERZEN/GEWISSEN DES MENSCHEN

„Und ist freilich der größten Plagen eine auf Erden, dass die Heilige Schrift so verachtet ist, auch bei denen, die dazu gestiftet sind. Alle andern Sachen, Künste, Bücher treibt und übt man Tag und Nacht. Und des Arbeitens und Mühens ist kein Ende. Allein die Heilige Schrift lässt man liegen, als brauchte man sie nicht. Und die ihr so viel Ehre tun, dass sie sie einmal lesen, die können es flugs alles. Und ist nie keine Kunst noch Buch auf Erden kommen, das jedermann so bald ausgelernt hat als die Heilige Schrift. Und es sind doch ja nicht Lesewort, wie sie meinen, sondern eitel Lebewort drinnen, die nicht zum Spekulieren und hoch zu dichten, sondern zum Leben und Tun dargesetzt sind. Aber, es hilft unser Klagen nicht.

16 Gereimt im Lateinischen: *‚Nos vero ei, si credimus verbo Dei.'* WA 28, 193, 5.

17 Gerhard Tersteegen. Ev. Gesangbuch 165.

Sie achtens doch nicht. Christus, unser Herr, helf uns durch seinen Geist, sein heiliges Wort mit Ernst zu lieben und ehren."[18]

Mehr noch als in seinen Schriften hat Luther in seinen Tischreden, die von Schülern und Tischgenossen aufgeschrieben wurden, *'Klartext'* geredet, so auch zur Frage nach der Wirkung des Wortes Gottes: *„Deshalb bin ich gewiss, wenn ich als Prediger und Leser der Schrift auftrete, dass das nicht mein Wort ist, sondern dass meine Zunge 'ein Griffel eines guten Schreibers' ist (Ps. 45,2). Gott nämlich spricht in den heiligen Propheten und Männern Gottes. Dort aber können Mensch und Gott nicht auf metaphysische Weise voneinander getrennt werden, sondern ich sage ganz einfach: Dieser Mensch, dieser Prophet, dieser Apostel, dieser Prediger, der wahr redet, ist die Stimme Gottes. Und dort müssen auch die Zuhörer schließen: Ich höre nicht mehr Petrus, Paulus etc. oder irgendeinen Menschen, sondern den redenden Gott, den taufenden und die Sünde vergebenden Gott. Guter Gott, welchen Trost kann ein angefochtenes Gewissen von einem Prediger empfangen, wenn es nicht glauben darf, dass diese Worte Trost Gottes sind, das Wort und die Lehre Gottes? Infolgedessen ist unsere ganz einfache Schlussfolgerung: Gott wirkt durch das Wort oder nichts; das ist das Vehikel und Instrument im Herzen. Denn selbst die Worte von Bileams Eselin sind Worte nicht der Eselin, sondern Gottes (4. Mose 23–24). Und jenes Wort, das mit den Lippen eines Mundes vorgetragen wird, 'Mein Sohn, deine Sünden sind dir vergeben' (Mk. 2,5), diese Stimme dringt dem Menschen ins Herz und tröstet ihn."*[19]

Die Verfasser der biblischen Schriften sind ebenso wie die Prediger Werkzeug im Handeln Gottes durch sein Wort. Der häufig als *'Kinderschreck'* (Karl Barth) wirkende Ausdruck *'Verbalinspiration'* bezeichnet genau diese Wirklichkeit. Das ist etwas völlig anderes als das Bemühen und die Technik, die biblischen Texte aus einer Zeit in eine andere Zeit zu übertragen und verständlich zu machen, im Grund also sie dem Verstehen der jeweiligen Zeitgenossen anzupassen. Hat man erkannt, dass der Dreieinige Gott das handelnde Subjekt in der Entstehung, in der Erhaltung der Heiligen Schrift sowie in ihrer Ausbreitung und Verkündigung ist, dann wird man auch begreifen, warum diese Schriften unveränderlich und unvergänglich sind mit allem, was geschrieben steht (Jes. 40,6–8; Ps. 119,89; Luk. 21,13; Matth. 5,18 ff; 1. Ptr. 1,24 f u. a.). Sie können dann freilich auch nicht verändert, ergänzt oder durch andere Schriften ersetzt werden.

Das Gegenüber besteht nicht in den Texten vergangener Zeiten und heutigem Menschen. Beim Wort Gottes geht es vielmehr um die Begegnung des heiligen Dreieinigen Gottes mit dem sündigen Menschen, dessen Herz verfinstert ist (Röm. 1,21). Verstehen des Wortes Gottes vollzieht sich daher auch nicht nur als Zustimmung in der Bestätigung meiner jeweiligen Vorstellungen und Wünsche, sondern das geschieht als Neuschöpfung,

---

18 Auslegung von Psalm 118. Das schöne Confitemini. 1530. WA 31, I, 67.

19 WA Tr 3, 669–674.

eine Schöpfung aus dem Nichts wie am Anfang: *„Denn Gott, der sprach: Licht soll aus der Finsternis hervorleuchten, der hat einen hellen Schein in unsre Herzen gegeben, dass durch uns entstünde die Erleuchtung zur Erkenntnis der Herrlichkeit Gottes in dem Angesicht Jesu Christi"* (2. Kor. 4,6). Das ist im wahren Sinn die Aufklärung nicht als geistesgeschichtliche Entwicklungsstufe, sondern als Wirkung Gottes durch sein Wort.

So fährt Luther in dieser Tischrede fort: *„Ein Christ aber muss mit Gewissheit sagen können: Das Wort Gottes ist dasselbe Wort, ob es nun Frommen oder Gottlosen gepredigt wird, wie auch die Kirche unter Sündern besteht. Und dieses Wort bringt entweder Frucht oder nicht, es ist Kraft Gottes zum Heil den Glaubenden, die Gottlosen aber wird es verurteilen (Joh. 12,37–41). Wenn es anders wäre, hätten die Gottlosen eine ausgezeichnete Entschuldigung vor Gott mit dem Hinweis, sie seien nicht zu verwerfen, weil sie doch kein Wort hätten, und deshalb hätten sie es auch nicht aufnehmen können."*

Das Gewissen oder Herz des Menschen ist die Stelle, auf die das Wort Gottes wirkt. Wenn man nur an Verstehen und Zustimmung unter den wechselnden Bedingungen menschlicher Geschichte denkt, dann bleibt die Schrift toter oder gar tötender Buchstabe. Wenn man jedoch versteht, was ***Gesetz*** ist, nämlich Gottes unveränderlicher Wille und der uns offenbarte Maßstab seines Gerichts, und was ***Evangelium*** ist, nämlich die frohe Botschaft von der Rettung aus dem Gericht durch den Glauben an Jesus Christus, dann erfährt man auch, wie das im Herzen und Gewissen eines Menschen wirkt: nämlich Umkehr und Vergebung, aber auch Ablehnung und Verstockung. Die ***Wirkung des Wortes Gottes*** unter den Menschen und im Menschen ist also ***stets zweifach***, nämlich Gericht ***und*** Rettung, Verstehen ***und*** Verstockung, Erwählung ***und*** Verwerfung. (2. Kor. 2,15 f; 4,3 f; Röm. 9–11; Jes. 6; 29,9 ff; 63,17; Jer. 6,10; Mk. 4,10–12 (3–20) pp; Joh. 12,37–41; 2. Thess. 2,9–12; Ps. 81,13; Joh. 12,37–42; Hebr. 4,12–13; Jak. 4, 11 f; 1. Kor. 1,18 ff; Apg. 17,30–31; 28,23–28 u. a.)

Darin unterscheidet sich auch die Predigt als *‚Erweis des Geistes und der Kraft'* von gelehrter Überzeugungsrede. (1. Kor. 2,1–5) Der rechte Prediger weiß, dass er nicht sich selbst zu verkündigen hat (2. Kor. 4,5; Luk. 10,16; 2. Kor. 4,5; 1. Ptr. 4,11); er steht an Christi Statt. (2. Kor. 5,20) Darin liegen Grund und Grenze geistlicher Autorität, wie sie sich in Luthers Invokavitpredigten zeigt, die er vom 9.-16. März 1522 in Wittenberg gehalten hat. Er kam aus seiner Schutzhaft auf der Wartburg, um die Bilderstürmer, die mit Gewalt die Reformation erzwingen wollten, darauf hinzuweisen, dass in der Kirche nicht menschliche Gewalt regiert, sondern Gottes Wort. Was er dazu der Gemeinde sagt, mag hilflos scheinen, und das begegnet dann ständig dem Einwand: *‚Aber man muss doch etwas tun …'* Doch Luther sagt: *„… man soll niemand an den Haaren heranziehen oder reißen, sondern Gott soll man's übergeben und sein Wort alleine wirken lassen, nicht unser Zutun und Werk. Denn ich habe es nicht in meiner Gewalt oder Hand, die Herzen von Menschen wie der Töpfer den Ton nach meinem Gefallen zu gestalten. Ich kann nicht weiter kommen als bis zu den Ohren; ins Herz kann ich nicht kommen, weil ich den Glauben nicht* *ins Herz gießen kann. Daher kann und soll ich niemand dazu zwingen oder drängen. Denn Gott tut dies alleine und macht, dass er im Herzen lebt. Darum soll man das Wort frei lassen und nicht unser Werk dazu tun. Wir haben wohl jus verbi, aber nicht executionem. Das Wort sollen wir predigen, aber die Folge soll Gott allein in seinem Gefallen haben ...“*[20]

Was Luther immer wieder betont, gilt keineswegs nur den Theologen, sondern ebenso der Gemeinde. Es ist also nicht irgendeine Theorie, vielmehr geht es um das Leben und Dienen unter dem Wort und durch das Wort, das die Kraft seiner Wirkung in sich trägt:

„... denn sich an das Wort Christi halten, das ist, seiner Zusagung glauben und auf sein Wort sich wagen. Denn wenn Christus spricht: Wer mein Wort behält, der wird den Tod nicht sehen ewiglich. ... Das ist nun das Wort unseres Herrn Christi Jesu, da er tröstet: ‚Wer an mich glaubt, der wird den Tod nicht sehen ewiglich.

Solches Wort muss mit dem Glauben gefasst sein, dass man ja nicht daran zweifele, es sei wahr, was uns Christus zusagt. Denn wer das Wort fahren lässt und nach dem urteilt, was er empfindet, der würde allein den Tod und kein Leben empfinden. Darum muss man in solcher Not nicht nach dem Empfinden, sondern nach dem, was wir im Wort hören, urteilen und sprechen: Ich sehe, dass ich soll und muss sterben. Aber da ist meines Herrn Christi seine Zusagung und Wort, dass ich durch ihn wieder leben soll. Denn die Sünde, derhalb ich den Tod sollte ewig leiden, ist durch Christum abgelegt und bezahlt. Dass Gott um seines Sterbens und Auferstehens willen mir gnädig sein und das ewige Leben schenken will.“[21]

„... wenn die Stunde kommt, dass man sterben muss und der Tod vor Augen ist und schreckt uns mit seinem Blick, Teufels Hinterlist und Gottes Zorn, dass du nicht denkst, du müsstest untergehen ..., da musst du Augen und alle Sinne zutun, nichts wissen und hören wollen, denn was Gottes Wort sagt; nicht achten, was du fühlst, oder je dasselbe überwinden. Das Wort ergreife und lass dir's nicht nehmen, dass du sagst: Hier bin ich in Todesnot und Angst. Ich weiß aber, dass ich getauft bin und mir Gott das und das verheißen hat. Rück ihm also sein Wort auf, so sehr und stark der Tod hereinbricht ...“[22]

„Mein Rat ist: Wer die Heiligen Schriften nicht mit festem Sinn halten kann, der soll lieber die Finger davon lassen. Es ist jedenfalls sicherer, sie mit den Laien zu ignorieren als sie für ungewiss zu halten. Es ist unglaublich, welche Qualen der Teufel durch sie einem Sterbenden bereitet, wenn er sie für zweifelhaft hält wie jene Sophisten, die vermutlich vom Teufel dazu aufgestellt sind, damit er sie unsicher, ungewiss macht durch seine Wortspielereien.“[23]

---

20 WA 10, III, 15.

21 WA 52, 204 zu Joh. 8, 46–59.

22 WA 24, 184, 11–21. Predigt über 1 Mo. 7,1 ff.

23 WA 8, 113, 3–7.

GOTT DROHT, RICHTET UND STRAFT

„Gott droht zu strafen alle, die diese Gebote übertreten, darum sollen wir uns fürchten vor seinen Zorn und nicht wider solche Gebote tun. Er verheißet aber Gnade und alles Gute allen, die solche Gebote halten, darum sollen wir ihn auch lieben und vertrauen und gerne tun nach seinen Geboten.“[24]

Von Gericht und Strafe Gottes zu reden wird nicht erst heute peinlichst vermieden, denn das erzeugt *‚Ängste‘*, und es scheint auch im Widerspruch zu der Liebe Gottes zu stehen, die sich uns in Jesus Christus offenbart. Ein Beispiel dafür in unserer Zeit ist, dass bei Taufen häufig und sogar in amtlichen Agendenformularen das Einsetzungswort Jesu nach Mk. 16,16 *„Wer da glaubt und getauft wird, der wird selig werden; wer aber nicht glaubt, der wird verdammt werden“* ausgelassen wird, obwohl doch die Taufe Rettung aus dem Gericht bewirkt. Es ist wohl auch schwerlich zu übersehen, dass die gesamte Heilige Schrift von Anfang bis zum Ende vom Gericht Gottes spricht, dass es die Aufgabe von Propheten und Aposteln ist und von Pfarrern wäre, dieses Gericht zu verkündigen und vor allem vor Zorn und Strafe Gottes für dieses und das ewige Leben zu warnen sowie die Vergebung im Namen Jesu Christi für den Sünder, der Buße tut, zuzusprechen.

Dies alles steht freilich unter der Voraussetzung, dass die Heilige Schrift als Gottes unveränderliches und unvergängliches Wort erkannt und anerkannt wird. (Ma*tth.* 5,17–19; Jes. 40,6–8; Lu*k.* 21,33; 1. Ptr. 1,24 f u. a.) Dazu betont Luther in der Auslegung der Zehn Gebote im Großen Katechismus: *„Darum lasse es sich ein jeglicher ernstlich zu Herzen gehen, dass man's nicht achte, als hätte es ein Mensch geredet. Denn es gilt dir entweder ewigen Segen, Glück und Seligkeit oder ewigen Zorn, Unglück und Herzeleid …“*
Damit treffen wir auf einen sehr empfindlichen und schmerzlichen Punkt im heutigen kirchlichen Lehren und Handeln. Was geschieht eigentlich dort, wo mit kirchenamtlichen Beschlüssen gegen das eindeutige schriftliche Zeugnis der Heiligen Schrift entschieden wird, dass dieses oder jenes *‚heute‘* nicht mehr gilt und nicht als Sünde anzusehen sei. Doch das geschriebene Wort Gottes bleibt unverändert; ebenso bleibt aber auch die Androhung der zeitlichen und ewigen Strafe, vor der doch gewarnt werden soll, geschrieben. An die Stelle einer Rechtfertigung des Sünders durch den Ruf zu Umkehr und Vergebung tritt eine Rechtfertigung der Sünde. Was aber geschieht mit den häufig offenkundigen zeitlichen Strafen? Dazu Luther. *„So pflegen das die Gottlosen zu tun: ‚Die Strafe für die Sünde interpretieren sie als Leiden und rühmen sich in ihrer Gottlosigkeit.‘“*[25] Es ist unvorstellbar, mit welcher Leichtfertigkeit Erklärungen und Beschlüsse gegen das eindeutige Wort Gottes gefasst werden, obwohl die Straffolgen nicht nur geschrieben stehen, sondern auch erlitten werden. Doch die Opfer der Gesellschaftslügen versinken ohnehin

24 Kleiner Katechismus, Beschluss zu den Zehn Geboten; vgl. Großer Katechismus, Anhang zum Ersten Gebot. Auslegung zu Ex 20, 5 f.

25 WA 25, 90, 32 f. zu Jes 1,5.

als Unangepasste in der Versenkung. Dazu muss man auch wissen: Kirchenamtliche Beschlüsse, die gegen Schrift und Bekenntnis verstoßen, sind selbst bei absoluter Mehrheit ungültig. Zudem fällt das Urteil Gottes über den Sünder dann auch auf diejenigen zurück, die ihr Wächteramt versäumen (Ez 3,17 ff; 33,7 ff).

Es ist hier nicht der Ort, auf die einzelnen zu Recht umstrittenen Sachverhalte einzugehen. Wohl aber kann man summarisch feststellen: Gegen Gottes Gesetz werden hier Menschensatzungen und Forderungen durch Mehrheitsbeschlüsse und leider oft genug durch unmittelbare Pressionen in Kirchen eingeführt. Die unübersehbare Folge ist eine Spaltung in den Gemeinden. Aber auch zwischen verschiedenen Kirchen dringen neue kirchentrennende Faktoren ein. Vor allem aber, und das wird überhaupt nicht beachtet, muss man fragen, woher man wissen kann, dass Gott seine Gebote und Ordnungen geändert und damit ihre Geltung in seinem Gericht samt den zeitlichen und ewigen Straffolgen aufgehoben hat. (vgl. Röm. 1,16–32; 1. Kor. 6,9.10; Gal. 5,21; Hebr. 13,4) Wie kann man sich hier auf geschichtliche Entwicklung und Veränderung im gesellschaftlichen Verhalten berufen? Die früheren Generationen vorgeworfenen Fehler bei der Anpassung an gesellschaftspolitische Forderungen und Bewegungen werden hier blindlings wiederholt.

Man muss hier schon die ernste Frage stellen, ob solche Entscheidungen nicht dadurch bedingt sind, dass man das unerbittliche Gericht der öffentlichen Meinung, aus dem es keine Rettung gibt als durch Unterwerfung, mehr fürchtet als die Rettung aus dem Gericht Gottes durch Umkehr und Vergebung.
Die wahre Kirche hat in der Geschichte immer durch ihre Verkündigung wie auch durch das Vorbild christlicher Lebensführung nach den Geboten Gottes öffentliche Verantwortung wahrgenommen, wofür sie freilich auch Verfolgung erleiden musste. Die Namenskirche hingegen sucht öffentliche Anerkennung, indem sie alle möglichen gesellschaftspolitischen Forderungen aufgreift und unterstützt, auch im offenen Widerspruch gegen Gottes Wort.

DAS RINGEN ZWISCHEN WAHRER UND FALSCHER KIRCHE ALS KENNZEICHEN DER KIRCHE

Luther hat niemals eine neue Kirche gegründet; er ist auch niemals aus der Kirche ausgetreten. Vielmehr wurden Teile seiner Schriften in der päpstlichen Bulle ‚*Exsurge Domine*' vom 15. Juni 1520 verurteilt, und er wurde zum Widerruf aufgefordert. Da er dies ablehnte, wurde er durch die Bulle ‚*Decet Romanum Pontificem*' vom 3. Januar 1521 exkommuniziert, ‚*in Bann getan*'. Die Ausführung des kirchlichen Urteils erfolgte nach Reichsgesetz auf dem Reichstag von Worms. Nach dem Verhör und nochmaligen Aufruf zum Widerruf am 18. April 1521 wurde er in die *Reichsacht* getan und damit für vogelfrei erklärt, d. h. jeder konnte ihn ungestraft umbringen.

Wenn man es genau nimmt, betrifft die kirchliche Verurteilung den Ausschluss von den Gnadenmitteln und damit von der ewigen Seligkeit. Die weltliche Verurteilung betrifft die zeitliche Existenz mit *„Leib, Gut, Ehr, Kind und Weib"*, wie Luther in seinem Lied *‚Ein feste Burg ist unser Gott'* in klarer Beschreibung der für uns schwerlich vorstellbaren Situation dichtet. Das sollte man nicht vergessen und gerade angesichts heutiger gesellschaftspolitischer Anpassungen bedenken.

In dem entscheidenden und vielzitierten Satz seiner Verteidigungsrede sagt Luther: *„... ich bin gebunden an die Schriftstellen, die ich angeführt habe, und gefangen in den Worten Gottes. Daher kann und will ich nicht irgendetwas widerrufen, denn gegen das Gewissen zu handeln, ist weder sicher noch heilsam. Ich kann nicht anders, hier stehe ich. Gott helfe mir. Amen."*[26] Die Berufung auf den Gewissensschutz ist ein im Wort Gottes begründeter Rechtsgrundsatz nach Röm. 14,23. Dabei ist zu beachten: Gewissensfreiheit betrifft nicht die Beliebigkeit irgendwelcher Überzeugungen und Einbildungen, sondern die Bindung an das Wort Gottes im Blick auf das Gericht Gottes, und das ist schriftlich nachweisbar!

Beiläufig, ohne weiter darauf einzugehen, sei bemerkt, dass die kirchliche wie die weltliche Verurteilung Luthers in jeder Hinsicht unberechtigt war und bleibt. Deshalb ist es auch völlig unangebracht, wenn von protestantischer Seite immer wieder einmal gefordert wird, der Papst müsse diese Verurteilung aufheben. Luther hat dazu in seinen Thesen über die Exkommunikation von 1520 geschrieben: *„Eine ungerechte Exkommunikation schadet nicht dem äußerlich Exkommunizierten, sondern allein demjenigen, der ihn exkommuniziert, und denjenigen, die dem zustimmen."*[27]

Das kirchenpolitische Anliegen in dieser Auseinandersetzung lag vor allem darin, die äußere Einheit und Ordnung in Kirche und Gesellschaft zu wahren und durchzusetzen. Dazu gehörte natürlich auch die Sicherung kirchlicher Finanzen. Ebenso lag das Interesse der weltlichen Macht in der Wahrung und Sicherung der politischen Einheit, zumal angesichts der Bedrohung durch die Türken. Die sog. Trennung von Staat und Kirche mag eine zeitbedingte Theorie sein, die gewöhnlich aus weltanschaulichen Konflikten hervorgeht. Wie jedoch staatliche Einheit und religiöse Gemeinschaft voneinander abhängen, zeigt sich zuerst immer in den Problemen im alltäglichen Zusammenleben, mit denen wir heute genug zu tun haben und denen wir meist hilflos gegenüberstehen. Oft genug versucht man sich anzupassen, wobei dann freilich auch die Wahrheit dem Bedürfnis nach Einheit geopfert wird.

---

26 WA 7, 838, 4 ff.

27 WA 7, 838, 1–8.

Zwar haben wir in protestantischen Kirchen weder Bann noch Reichsacht, die übrigens beide sehr genau rechtlich geordnet sind. Wohl aber gibt es ‚*Lehrbeanstandungsverfahren*' und ‚*Disziplinarverfahren*'. Die Lehrverfahren werden peinlichst gemieden, zumal die sehr seltenen Fälle eine große Hilfslosigkeit bei der Unterscheidung von wahrer und falscher Lehre zeigen. Disziplinarverfahren hingegen finden wesentlich häufiger statt, etwa mit der Entlassung von Pfarrern in den Wartestand. Dass es dabei in manchen Fällen durchaus um Differenzen und Richtungsgegensätze gehen kann, die eigentlich zur Lehre gehören, ist leider nicht zu übersehen. Solche Entscheidungen werden dann bisweilen nicht von Theologen verantwortet, sondern von Juristen getroffen, die nach ihrem Amt an der äußeren Einheit und Ordnung der Kirche interessiert sind. Auf diese Weise wirkt auch in den Kirchen der gesellschaftliche Zwang zu politischer Gemeinschaft durch Konfliktverdrängung.

Es ist nicht zu übersehen, dass es durch die Einführung von neuen Menschensatzungen in den Kirchen wie auch zwischen verschiedenen Kirchen zu neuen Trennungen kommt. Das betrifft etwa die Dogmatisierung einer ‚*historisch-kritischen Methode der Schriftauslegung*'; es betrifft die Änderung von Grundartikeln mit der Einfügung von der Schrift widersprechenden Aussagen über das Verhältnis von Altem und Neuem Bund auf dem Hintergrund des politischen Verhältnisses von Deutschen und Juden; es betrifft die aus den gesellschaftspolitischen Gleichstellungsforderungen kommenden Entscheidungen zu Frauenordination, zu sexueller Orientierung, zu Ehe und Familie, nicht zuletzt die Erfindung und der Gebrauch weiblicher Gottesbezeichnungen in Bibelübersetzungen und Gottesdiensten. Es geht hier nicht darum, diese Kontroversthemen im Einzelnen zu behandeln. Die Tatsache der gesellschaftspolitischen Richtungstrennung ist unübersehbar, ebenso die praktischen Folgen in einer ‚*protestantischen Verdrängung*' (Heike Schmoll). Dass es auf diese Weise auch ohne geordnetes Verfahren zu faktischen Lehrverurteilungen und Exkommunikationen kommt, ist nicht zu bestreiten. Dass umgekehrt Ehescheidung und praktizierte Homosexualität als besondere Eignung zur Übertragung kirchlicher Ämter angesehen wird, zeigt den Zerfall geistlicher Urteilsfähigkeit in der Anpassung an gesellschaftspolitische Einheitsforderungen. Der Schutz von Ehe und Familie als göttliche Stiftungen war ein Hauptanliegen der Reformation. Durch den heutigen Protestantismus werden diese göttlichen Grundlagen menschlicher Gemeinschaft radikal durch falsche Lehre und schlechte Beispiele zerstört. Nach dem neuen Pfarrdienstgesetz der EKD, in dem unter dem Begriff ‚*familiäres Zusammenleben*' auch eingetragene gleichgeschlechtliche Partnerschaften aufgenommen werden, betrifft das leider auch das evangelische Pfarrhaus, das nach Bildung und Vorbild durch Jahrhunderte hindurch ein wichtiger Kulturträger gewesen ist.

An allen diesen Stellen wird die Gemeinschaft in der Kirche wie auch unter den Kirchen eigenwillig zerbrochen, indem man den Zwängen gesellschaftspolitischer Strömungen auch in der Kirche folgt oder sie sogar anführt mit dem Ziel, die Verbindung von Kirche und Gesellschaft zu sichern.

Die *,wahre Einigkeit der christlichen Kirchen'* ist geistlich begründet und sichtbar darin, *,dass da einträchtiglich nach reinem Verstand das Evangelium gepredigt und die Sakramente dem göttlichen Wort gemäß gereicht werden. Und ist nicht not zur wahren Einigkeit der christlichen Kirche, dass allenthalben gleichförmige Zeremonien, von Menschen eingesetzt, gehalten werden …'* (CA VII) Wo diese geistliche Grundlage kirchlicher Einheit nicht erkannt wird, bekommen unweigerlich politische Richtungsfragen wie links – rechts, konservativ – progressiv sowie kirchliche Ordnungsstrukturen und gesellschaftspolitische Forderungen einen Bekenntnischarakter und damit kirchentrennende Funktion. Das ist heute nicht anders als zur Zeit der Reformation.

Kirchenzugehörigkeit definieren wir heute weithin nur im rechtlichen Sinne durch das Steuerrecht, durch das Lokalprinzip mit der Mitgliedschaft in einer Ortsgemeinde und damit verbunden in einer Landeskirche mit einem mehr oder minder bestimmten Bekenntnisstand. Darüber wird oft übersehen, dass Kirchenzugehörigkeit am Gottesdienst hängt, in dem die Gemeinde unter Wort und Sakrament gesammelt, aus der Welt herausgerufen und auf die Wiederkunft unseres Herrn vorbreitet wird. Dies ist ein geistliches Geschehen, in dem also der Heilige Geist durch die von Gott eingesetzten Mittel Wort und Sakrament wirkt.

Da jedoch Wort und Sakrament sichtbar und hörbar sind, ebenso wie die gottesdienstliche Versammlung, ist hier nicht von einer *,sichtbaren'* und einer *,unsichtbaren'* Kirche zu sprechen. Luther beschreibt das so: *„Drum um mehres Verstands und der Kürze willen wollen wir die zwo Kirchen nennen mit unterscheidlichen Namen. Die erste, die natürlich, gründlich, wesentlich und wahrhaftig ist, wollen wir heißen ein geistliche innerliche Christenheit. Die andere, die gemacht und äußerlich ist, wollen wir heißen eine leibliche, äußerliche Christenheit. Nicht dass wir sie voneinander scheiden wollen, sondern zugleich, als wenn ich von einem Menschen rede und ihn nach Seelen ein geistlichen, nach dem Leib einen leiblichen Menschen nenne, oder wie der Apostel pflegt innerlichen und äußerlichen Menschen zu nennen (z. B. Röm. 7), also auch die christliche Versammlung nach der Seele eine Gemeine in einem Glauben einträchtig, wiewohl nach dem Leib sie nicht an einem Ort versammelt wird …"*[28]
Oder in einer Predigt über den Pharisäer und den Zöllner (Luk. 18, 9–14) erklärt Luther das seiner Gemeinde so: Die nennt man *„falsche Christen oder Rotten und falsche Brüder, von denen auch ein großer Haufe in unserer Gemeinschaft ist. Sie können auch die Worte reden und viel vom Evangelium und Gottes Gnade preisen, bekennen sich für arme Sünder, aber wenn es dazu kommt, dass man sie antastet und straft, so wollen sie es nicht hören noch leiden, fangen an zu zürnen, sagen, man rede ihnen an ihre Ehre, beschwere ihr Gewissen …"*[29]

28 Von dem Papsttum zu Rom 1520. WA 6, 292 ff.

29 WA 22, 207, 5 ff.

Wenn die geistliche Wirklichkeit und die daraus erwachsenden Vorgänge in der Gemeinschaft von Christen wie auch in jedem einzelnen Christen nicht erkannt werden – und sie können nur durch den Geist erkannt und verstanden werden – dann erscheint die Kirche nur als eine gesellschaftspolitische Organisation mit einer bürokratischen Verwaltung, die für die politische Ordnung sogar sehr nützlich und, wie sich im Mittelalter zeigt, sehr notwendig sein mag. Im Mittelalter hat die Kirchenorganisation weithin die staatliche Ordnung bestimmt und getragen. Die Kirche wurde zum Kirchenstaat im römischen Reich. Heute hingegen stehen wir vor der Tatsache, dass der Protestantismus gesellschaftspolitischen Bewegungen und Forderungen blindlings folgt, vor allem, wo es um die politische Gemeinschaft in einem pluralistischen und multikulturellen Staat geht. Das heißt: Die aus der Reformation hervorgegangenen Kirchen werden wieder zu einer Staatskirche, obwohl diese durch die Weimarer Verfassung von 1919 Art 137, 1 und das Grundgesetz von 1949 Art 140 mit der knappen Bemerkung: *„Es besteht keine Staatskirche"*, abgeschafft ist.

Trotz aller menschlichen Wünsche und Bestrebungen hat die Kirche Jesu Christi nicht die Verheißung, in dieser Weltzeit eine universale Einheit zu erlangen. Wohl aber hat sie die Verheißung ihres Herrn: *„Die Pforten der Hölle sollen sie nicht überwältigen"* (Matth. 16,18). Wie diese Verheißung fortlaufend erfüllt wird, zeigt uns bereits die Apostelgeschichte: Nicht durch Erfolge, sondern durch Verfolgung wird der christliche Glaube ausgebreitet. Andernfalls hätten die Apostel ein Institut zur Erforschung von Methoden und Programmen zur Steigerung von Mitgliederzahlen und Kirchensteueraufkommen eingerichtet – und dieses säße bis heute in Jerusalem. Auch in unserer Zeit ist die Erfüllung dieser Verheißung des Herrn erkennbar.
Wie das Ringen zwischen dem alten Menschen im Fleisch der Sünde und dem neuen Menschen im Geist Gottes als Wirkung aus der Taufe (Röm. 6–8), so gehört auch das Ringen zwischen wahrer und falscher Kirche zum Kennzeichen der Kirche. Allerdings muss man dafür erkennen, dass und wie Wort und Sakrament wirken in Umkehr und Erneuerung, in Erwählung und Verwerfung, in Verstehen und Verstockung, in Zustimmung und Widerspruch.

„O HERR GOTT, WIE EIN FEIN DING IST'S UM EINE KIRCHE, IN DER ES DIE UNTERSCHEIDUNG VON GOTTLOSER UND WAHRER LEHRE GIBT"[30]

Luther ist weder ein Kirchenpolitiker noch ein Kirchenkämpfer gewesen. Vielmehr hat er nicht nur im akademischen Unterricht für die zukünftigen Pfarrer, sondern ständig auch in den Predigten die Gemeinde angeleitet, die Wirkung des Wortes Gottes und die geistliche Wirklichkeit des Glaubens an Jesus Christus zu erkennen und zu unterscheiden. So finden wir bei ihm auch nicht eine Idealvorstellung einer perfekten Kirche, sondern

30 WA 49, 227, 8 f: *„Ecclesiam, ubi distinctio est impiae et verae doctrinae"*.

die Realgestalt von Kirche unter der Wirkung von Wort und Sakrament. Diese Wirkung aber beginnt, wie die oben angeführte erste der 95 Thesen zeigt, in jedem einzelnen Menschen, in seinem Herz und Gewissen und als Folge der Taufe in dem Gegensatz von altem Menschen im Fleisch der Sünde und dem neuem Menschen im Geist Gottes. Das gilt für die Diener am Wort, die Pfarrer, ebenso wie für jedes einzelne Gemeindeglied:

„Sondern, wer da ein Amt der Kirchen haben und üben will, der soll zuvor beweisen und klar machen aus der Schrift, dass er selber von Gott Befehl habe, dass er könne sagen: das habe nicht ich, sondern Gott geordnet, und die Leute gewiss seien, wenn sie solches tun, dass sie nicht ihm, sondern Gott gehorsam sind, wenn jemand predigt, dass er's rede als Gottes Wort; wenn jemand dient, dass er's tue aus der Kraft, die Gott gewährt, damit in allen Dingen Gott gepriesen werde durch Jesus Christus. Sein ist die Ehre und Gewalt von Ewigkeit zu Ewigkeit! Amen." [31]
„Ein Bischof, der das Wort Gottes nicht achtet, ist, selbst wenn er ein Heiliger wäre, ein Wolf und Apostel des Satans," [32]
„Darum, wo ein Christ ist, da ist eigentlich der heilige Geist, der da nichts anderes tut, denn immerdar betet. Denn ob er gleich nicht immerdar den Mund reget oder Worte macht, dennoch geht und schlägt das Herz gleich wie die Pulsadern und das Herz im Leib ohn' Unterlass mit solchem Seufzen ..." [33]

Es ist ein unübersehbares Kennzeichen für die Autorität der Heiligen Schrift, des Wortes Gottes, dass ihr widersprochen wird. Das ist jedoch keineswegs eine geschichtlich bedingte Erscheinung unserer Zeit oder des heutigen Menschen *‚nach der Aufklärung'*, sondern das ist menschheitlich und beginnt mit jener Frage der Schlange, *„die listiger war als alle Tiere auf dem Felde, die Gott der Herr gemacht hatte: Ja, sollte Gott gesagt haben?"* (Gen. 3,1)

Menschen träumen von einer vollkommenen Welt. Wir tragen ein Urbild vom Paradies in uns, das zu verwirklichen verbindet Christen und Nichtchristen – und bringt sie zugleich gegeneinander auf. Freiheit, Gleichheit, Brüderlichkeit in einer Wohlstandsgesellschaft, dafür ist jeder bereit zu kämpfen und damit auch jene zu bekämpfen, von denen man den Eindruck hat, dass sie die Erreichung dieses Ziels behindern.

In den bereits erwähnten Invokavit-Predigten zeigt Luther seiner Gemeinde, was geschieht, wenn man versucht, die Wirkung des Wortes Gottes aus eigenen Mitteln auszulösen: „So ich nun darein falle und wollte es mit Gewalt ablegen, so sind ihrer viele, die das müssen

---

31 Zu 1 Petr 4, 11. WA 21, 421, 30 ff.

32 WA 8, 49, 31. *„... espiscopus vero, verbi negligens, etiamsi sanctus esset, lupus et Satanae Apostolus est".*

33 WA 45, 541, 27 ff.

eingehen und wissen nicht, wie sie darinnen sind, ob es recht oder unrecht sei, und sie sprechen: Ich weiß nicht, ob es recht oder unrecht ist, weiß nicht, wie ich daran sei. Ich habe der Gemeinde und Gewalt folgen müssen. So wird dann aus dem Zwang oder Gebot allein ein Spiegelfechten, ein äußerliches Wesen, ein Affenspiel, und wird also eine menschliche Satzung mit scheinenden Heiligen und Gleißnern; denn da ist kein gutes Herz, da gebe ich dann nichts überall drauf. Man muss der Leute Herz zum ersten fangen, und das geschieht, wenn ich Gottes Wort allein treibe, predige das Evangelium …"[34]
Viele Menschen und gerade ernsthafte Christen sind in ihrem Gewissen gequält von dem, was sie unter dem Namen und Anspruch von ‚*Kirche*' erleben. Man protestiert öffentlich, in manchen Kreisen sind die negativen Erfahrungen bis zum Überdruss bevorzugter Gesprächsstoff. Doch viel häufiger zieht man sich still und enttäuscht zurück und verliert damit die heilsnotwendige Verbindung mit einer Gemeinde. Manche treten aus der Kirche aus oder konvertieren zu einer anderen Kirche. Es gibt aber auch eine Wanderbewegung, indem man sich von der Ortsgemeinde löst und sich um rechte Diener von Wort und Sakrament in einer Personalgemeinde oder auch in Hauskreisen sammelt.

Dem Ringen zwischen der wahren und der falschen Kirche werden wir nie entgehen, und das ist, wie Luther in seiner großen Vorlesung über das 1. Buch Mose zeigt, von Anfang der Menschheit das Ringen zwischen der Kirche Abels und der Kirche Kains.[35] In diesem Hinweis liegt eine tiefe Einsicht, die uns durch die Schrift erschlossen wird. Was wir heute in unserer Erfahrung erleben oder auch erleiden, wird auf die höhere Ebene von Gottes Handeln in der Geschichte der gesamten Menschheit gehoben. Kirche geht also nicht in dem auf, was wir als geschichtliche Einrichtung in Raum und Zeit vor uns haben, sondern es geht um das Handeln Gottes in der Geschichte der Menschheit. Dazu muss man freilich erkennen, dass der Dreieinige Gott nicht eine Erfindung von Theologen im Wandel von deren Vorstellungen und Einfällen ist, sondern der Herr, Schöpfer, Erhalter und Richter aller Welt und aller Menschen. Er handelt keineswegs nur in Gnade und menschlichem Wohlbefinden, sondern ebenso in Gericht mit zeitlichen und ewigen Strafen.

Damit befinden wir uns an einem Punkt, an dem es nicht um das Verhältnis von Kirche und Gesellschaft, von Vergangenheit und Gegenwart und vor allem nicht um gesellschaftspolitische Richtungen geht, sondern um die Erkenntnis von Gottes Handeln in dieser Welt. Das Wort Gottes der Heiligen Schrift ist dabei nicht ein geschichtsbedingter Erkenntnisgegenstand; es ist vielmehr Erkenntnisgrundlage, indem es uns die Augen öffnet für das, was Gott ist und tut und damit zugleich für das, was der Mensch tun und lassen soll.

---

34 WA 10, III, 15.

35 WA 42, 187, 13 ff; 215, 5 ff.

Nach menschlicher Erfahrung sehen wir zuerst immer die Mängel an Wohlstand und Wohlbefinden. Bisweilen scheint es, dass die Sünde nur noch in einem Mangel an Wohlergehen gesehen und bekämpft wird, nicht jedoch in der Übertretung von Gottes Geboten und den damit verbundenen Straffolgen. Doch wir erleben täglich neue *‚Krisen‘* – ein Wort, das Gericht bedeutet. Erkennen wir aber auch die Wunder Gottes, mit denen er uns *„täglich und reichlich versorgt, wider alle Fährlichkeit beschirmt und vor allem Übel behütet und bewahrt“*, wie Luther das im Kleinen Katechismus zum 1. Glaubensartikel auslegt! Ebenso öffnet er unseren Blick für die Wohltaten Gottes in der Auslegung der 4. Bitte des Vaterunsers um das tägliche Brot.
Die Gefahr ist groß, dass wir uns von einem Ideal von Kirche, wie wir sie gern hätten, sowohl in Angriff wie in Verteidigung, verleiten lassen und darüber blind werden für das Handeln des Dreieinigen Gottes.

Im dritten Teil seiner großen Schrift *‚Von den Konziliis und Kirchen‘*[36] von 1539 setzt sich Luther mit dem *‚blinden, undeutlichen Wort‘* Kirche auseinander, bei dem es vor allem schwierig ist zu unterscheiden *„was Kirche oder nicht Kirche wäre“*. Sein Vorschlag ist die Bezeichnung *‚christliches Volk‘*. Das bezieht sich nicht auf eine Organisation, sondern auf ein Geschehen, einen Vorgang: *„... ein Christlich heilig Volk, das da glaubt an Christum, deshalb heißt es ein christliches, heiliges Volk und hat den Heiligen Geist, der sie täglich heiligt, nicht allein durch Vergebung der Sünden, die Christus ihnen erworben hat, sondern auch durch Abtun, Ausfegen und Töten der Sünden, weshalb sie heißen ein heiliges VoLuk. Und ist nun die heilige christliche Kirche so viel wie ein Volk, das aus Christen besteht und heilig ist, oder wie man auch zu reden pflegt, die heilige Christenheit; item die ganze Christenheit, im Alten Testament heißt es Gottes VoLuk.“*[37]

Kirche ist also in dem Verständnis, wie es uns das Wort Gottes erschließt, das Handeln Gottes durch Wort und Sakrament in dieser Welt und in der gesamten Menschheit bis zum Tag der sichtbaren Wiederkunft unseres Herren *„zu richten die Lebenden und die Toten“*.
Wie diese geistliche Wirklichkeit von Kirche erkennbar und unterscheidbar ist, hat Luther in dieser Schrift mit sieben Kennzeichen formuliert:

DIE SIEBEN KENNZEICHEN DER KIRCHE[38]

„Erstlich ist dies christlich heilig Volk daran zu erkennen, wo es hat das heilige Gotteswort, wiewohl dasselbe ungleich zugehet“ (folgt Hinweis auf 1. Kor. 3,11) *„... Wo du nun solches*

36 WA 50.

37 WA 50, 624 f.

38 WA 50, 628 ff.

Wort hörest oder siehst predigen, glauben, bekennen und darnach tun, da habe keinen Zweifel, dass gewisslich daselbst sein muss eine rechte Ecclesia Sancta Catholica, ein Christlich heilig Volk, wenn ihr gleich sehr wenig sind. Denn Gottes Wort geht nicht ledig."

„Zum andern kennet man Gottes Volk oder christlich heilig Volk an dem heiligen Sakrament der Taufe, wo es recht, nach Christus Ordnung gelehrt, geglaubt und gebraucht wird …"

„Zum dritten kennet man Gottes Volk oder ein christlich heilig Volk an dem heiligen Sakrament des Altars, wo es recht nach Christus Einsetzung gereicht, geglaubt und empfangen wird. Denn es ist auch ein öffentlich Zeichen und teuer Heiltum, von Christus hinter sich gelassen …"

„Zum vierten kennet man das Gottesvolk oder heilige Christen an den Schlüsseln, die sie öffentlich braucht, das ist, wie Christus Matth. 18,15f setzt, wo ein Christ sündigt, dass derselbige solle gestrafet werden, Und so er sich nicht bessert, soll er gebunden und verstoßen werden. Bessert er sich, so soll er losgesprochen werden …"

„Zum fünften kennet man die Kirche äußerlich dabei, dass sie Kirchendiener weihet oder beruft oder Ämter hat, die sie bestellen soll. Denn man muss Bischöfe, Pfarrer oder Prediger haben, die öffentlich und sonderlich die obgenannten vier Stück oder Heiltum geben, reichen und üben …"

„Zum sechsten erkennet man äußerlich das heilig Christlich Volk am Gebet, Gott loben und danken öffentlich. Denn wo du siehest und hörest, dass man das Vaterunser betet und beten lernet, auch Psalmen oder Geistliche Lieder singt nach dem Wort Gottes und rechtem Glauben, item den Glauben, Zehn Gebot und Katechismum treibet öffentlich, da wisse gewiss, das da ein Heilig Christlich Volk Gottes sei. Denn das Gebet ist auch der teuren Heiltum eins, dadurch alles heilig wird … (1. Tim. 4,5)

„Zum siebenten erkennet man äußerlich das heilig christlich Volk bei dem Heiltum des heiligen Kreuzes, dass es muss alles Unglück und Verfolgung, allerlei Anfechtung und Übel (wie das Vaterunser betet) vom Teufel, Welt und Fleisch, inwendig Trauern, blöde sein, erschrecken, auswendig arm, verachtet, krank, schwach sein, leiden, damit es seinem Haupt Christus gleich werde. Und muss die Ursache auch allein diese sein, dass es fest an Christo und Gottes Wort hält, und also um Christi willen leide Matth. 5 (11) ‚Selig sind, die so um meinet willen Verfolgung leiden' …"

ÜBER DEN TAG HINAUS: TEXTE DER LETZTEN DREI JAHRZEHNTE ALS GELEIT IN DIE ZUKUNFT

HARALD SEUBERT

Die Texte, die in diesem Band erstmals im Zusammenhang vorgelegt werden, dokumentieren nicht nur theologische und kirchenpolitische Positionen, über die die Weichenstellungen der letzten drei Jahrzehnte im Zuge einer immer rapider werdenden Selbstsäkularisierung von Theologie und Kirche in teilweise erschreckendem Maße hinweggegangen sind. Sie bewähren sich auch nicht nur, wie Andreas Späth im Vorwort zu Recht festhält, nach wie vor in ihrer Aktualität. Gewiss haben sie ihren situativen Zeitort und Sitz im Leben. Darauf weisen die knappen und erhellenden Bemerkungen des Herausgebers am Beginn jedes Beitrages hin, die wesentliche Linien knapp in die Gegenwart hinein fortschreiben. Die hier abgedruckten Zeugnisse einer klaren Positionierung zu Bibel und Bekenntnis weisen darüber hinaus auch in die Zukunft; und dies gerade darin, dass sie nicht dem Mainstream folgen. Diesem zentralen Aspekt sollen einige abschließende Bemerkungen gewidmet sein.

Mit großer seelsorgerlicher Sorgfalt und zugleich in theologischer Verantwortung widmet sich Pfarrer Wolfhart Schlichting, vor allem in seiner einstigen Eigenschaft als Studentenseelsorger in Regensburg während der späten siebziger und frühen Achtzigerjahre, dem Bau der christlichen Gemeinde. Sie ist die Keimzelle für ein christliches Leben, das über vage Religiosität hinausgeht. Dies bedeutet auch Verbindlichkeit und Unterweisung; von der Mitte der Heiligen Schrift her und in der Verbindung von ‚*fides qua*' und ‚*fides quae*'. In den nächsten Jahren und Jahrzehnten wird, wenn die Volkskirche, wie zu erwarten steht, immer blasser und in der Lehre weniger entschieden ist, diesem inneren Fokus und dieser Kräftigung eine immer größere Bedeutung zukommen. Wenn man, wie es Schlichting tut, von der Hausgemeinde her das Bekenntnis der vier reformatorischen Grundsätze, das ‚*sola fide*', ‚*sola gratia*', ‚*sola scriptura*' und ‚*solus Christus*', neu fasst und sich von ihm erfassen lässt, so kommt man auf den Kern der Urgemeinde zurück. Es wird in der Zukunft viel darauf ankommen, dass es gelingt, das Ungenügen an einem sich immer mehr verwässernden Neuprotestantismus, gerade auch in gebildeten bürgerlichen Kreisen, in diesem Sinne aufzunehmen und geistlich produktiv fruchtbar zu machen. Es kann nicht bei der Abwehr bleiben. Es bedarf des wachen, christlichen Glaubens. Dabei dürfen solche Hausgemeinden freilich nicht enge ‚*inner circle*' bleiben, sie werden missionarische Strahlkraft entfalten.

1. In seiner späteren Funktion als Obmann der *‚Gesellschaft für Innere und Äußere Mission‘* hat Schlichting mit außerordentlicher Urteilskraft im Blick auf die *‚Weltmissionskonferenz von San Antonio‘* im Frühsommer 1989 erkannt, wie Utopismen und Revolutionstheologien, die teils ganz unverhohlen nach innerweltlicher Zustandsänderung, auch mit den Mitteln der Gewalt, riefen, in den Rang des status confessionis gehoben wurden. Heute stellt sich in der Missionswissenschaft, wenn sie denn überhaupt noch als solche gepflegt wird, die Frage, ob Mission primär gesellschaftliche Transformation und damit Sozialarbeit zum Besseren Leben sein soll oder ob sie aus der Mitte der Heiligen Schrift und der Offenbarung in Christus und in Demut gelehrt und gelebt werde muss. Bis weit in fromme und freikirchlich evangelikale Kreise hinein schwindet die klare Unterscheidungsfähigkeit zwischen dem Letzten und Vorletzten. Der von Peter Beyerhaus initiierte Tübinger Aufruf hat zu Pfingsten 2013 hier Wegweisendes gesagt. Es geht in der Mission um Heil oder Verwerfung.

Wegweisend sind für diesen zukunftsträchtigen Kontext die Hinweise, die Schlichting zu einem *‚missionarischen Leben‘* gibt. Die Forderung danach gewinnt an Brisanz, da längst das fortschreitend säkularisierte und durch neue Ideologien wie den Genderismus erfasste Europa auch zum Missions – und Evangelisationsgebiet geworden ist. Mission heißt *‚Gesandtsein‘*. Sie steht in besonderer Folge der Sendung Jesu Christi in die Welt. Indem Schlichting an diese fundamentale Wahrheit erinnert, macht er wiederum deutlich, dass nicht die Mission eine Funktion von Kirche und Gemeinde ist, sondern umgekehrt. Mission ist zugleich Teil der Lebensform. Auch Schmerz und Zweifel gehören, wie Schlichting zu Recht bemerkt, in die missionarische Verkündigung. Sie ist nicht eine Show und darf kein Hype des Augenblicks sein. Sie ist vielmehr radikal und umfassend Nachfolge und ruft so auch in die Erniedrigung des Kreuzes hinein. Diese Anstößigkeit und Andersheit des christlichen Glaubens, dass er noch immer Ärgernis und Torheit ist, eröffnet erst den Horizont der Errettung und des Sinns aus der Welt, der schon in dieser Welt aufbricht.

Teil dieses Missionsauftrags ist es, dass die christliche Gemeinde heute und gewiss auch bis auf Weiteres in der Zukunft durch vielfache Religionen und Religionssynkretismen herausgefordert ist. Dies hat sich seit den Achtzigerjahren, in denen Schlichting seine Analysen erstmals verfasst hat, noch deutlich verschärft. Mit dem erstarkenden Islam ist in Europa ein Faktor hinzugekommen, den man seinerzeit in seiner Tragweite nicht absehen konnte und den öffentliche Stellen sträflich unterschätzt haben. Durch die Wiederkehr animistischer Gottheiten, die Beschwörung des Matriarchates und die *‚heiße‘* monotheistische Gesetzesreligion wird es gerade in der Zukunft darauf ankommen, dass unser christlicher Glaube nach innen und nach außen wieder rechenschaftsfähig ist. Christlicher Glaube ist denkender Glaube (C. H. Ratschow) und zugleich gelebter Glaube. Er wird missionarisch sein und um sich selbst wissen müssen, oder es kommt zu einem weiteren Wettlauf um den *‚großen Abfall‘* (Künneth), der wie jede solche Apostasie gravierende Folgen für Ethik, Zivilisation und Kultur haben wird.

2. Aus seinen Texten ist immer wieder bewegend zu sehen, wie der spätere Landesbischof von Schaumburg-Lippe, Heinrich Herrmanns, als bayrischer Landesjugendpfarrer Trends und Tendenzen der emanzipatorischen Pädagogik, eines Linksprotestantismus, der seine Politisierung nicht mehr infrage stellte, zu konterkarieren suchte und gerade die Jugendarbeit auf die Mitte in Christus hin orientierte. ‚*Mehr Raum für Frömmigkeit*' und das unverfälschte Wort Gottes begreift Herrmanns als die Grundsubstanz, aus der die Jugend gewonnen werden müsse. Mittlerweile können wir die geistlichen und psychischen Zerstörungen sehen, die der Emanzipationswahn ausgelöst hat. Neue postmoderne Bedrohungen des Kerns christlicher Mission sind hinzugekommen: Eine inhaltsentleerte, auf die Eventkultur schielende Wellness-Religiosität hat auch in der Jugendarbeit Raum gegriffen. Wie soll aus dieser Tabula rasa eine neue Generation von Theologen und Verkündigern erwachsen? Auch Freikirchen und Evangelikale gehen in die Fallen der Postmoderne. Erst recht für die Zukunft wird es zentral sein, ob und wie es gelingt, einer desillusionierten, postmodern und postemanzipatorisch geprägten jungen Generation wieder das Evangelium nahezubringen. Es ist eine Generation, die Sicherheit und größtmögliche Freiheit sucht, die kaum mehr aufgewachsen ist mit Loyalitäten und Verbindlichkeiten, die jedoch, teils sehr unartikuliert und rudimentär, nach ‚*Sinn*' fragt. Die ‚*Bruchstellen*', die Herrmanns zeitdiagnostisch und mit hoher psychologischer Sensibilität und Sinn für die ‚*logoi spermatikoi*' benennt: den Sog eines Pluralismus und einer Relativität nach den großen Ideologien, von den französischen Nouveaux Philosophes formuliert, sind in der Zwischenzeit eher noch tiefer geworden. Doch die gegenwärtige junge Generation ist zugleich illusionslos und weniger ideologisch als vor dreißig Jahren, aber auch nur eingeschränkt zu Engagement bereit. Die Standardfrage ist: „*Was bringt es mir?*" Diese jungen Menschen sind nicht mehr ohne Weiteres von einer verfehlten Theologie – und Kirchenauffassung geprägt, sondern leben in einer Steppe oder gar Wüstenei geistlichen Lebens und kirchliche Lehre, umgeben von Erwachsenen, die ihnen nach dem Mund reden. Welche Herausforderung! Wir werden sie nicht durch Anpassung bewältigen, sondern nur, indem wir das Evangelium neu zum Leuchten bringen und dem Herrn der Ernte vertrauen. Man kann dabei von Herrmanns und von Schlichting auch lernen, dass kein Mensch einfach Gefangener seiner Generationenerfahrung ist. Er ist in Predigt und Seelsorge vielmehr in seiner unveränderlichen Individualität als Kind Gottes wahrzunehmen.

3. Besonders bemerkenswert sind die Überlegungen von Wolfhart Schlichting zu Glaube und Politik. Schlichting erinnert in seinen Texten aus der politisch aufgeladenen, etwa vom NATO-Nachrüstungsbeschluss bewegten Zeit der späten siebziger und der frühen Achtzigerjahre an die zwei Reiche oder Zwei Regimenter-Lehre bei Luther und Augustinus. Ein Christ kann, darauf verweist er zu Recht, immer nur im Vorletzten, und daher mit Einschränkungen sich einer politischen Option verschreiben. Eindrücklicher noch als diese Reflexionen ist der ‚*Widerruf*' über die ‚*Folgenlosigkeit der politischen Predigt*'. Schlichting sieht aus dem Rückblick auf eigene Versuche zur politischen Predigt mit aller Klarheit: Die verändernde Wirkung kommt allein von Jesus Christus. Er verändert und bewegt die Herzen. Dies bedeutet für die Zukunft, dass Kirche und Gemeinde wieder aus der Leuchtkraft des Wortes Gottes und seines Handelns in seinem Wort zuerst leben müssen. Es ist eine starke Aussage, wenn ein anerkannter Meister der Predigt wie Schlichting sagt: „*Ich will wieder anfangen, predigen zu lernen*".

4. In der Rückschau auf die vergangenen Jahrzehnte wird man bei einem vordergründigen Blick feststellen, dass manche Debatten seinerzeit, als die Texte verfasst wurden, noch in einer von heute her gesehen geradezu unwahrscheinlichen Weise offen waren: etwa jene um die Frauenordination. Säkularisate wie der ‚*konziliare Prozess*' um ‚*Frieden, Gerechtigkeit, Bewahrung der Schöpfung*' wurden noch christlich verbrämt, während heute nur mehr das Säkularisat besteht. Es steht zu erwarten, dass auch dies in Pragmatismus und Gier verdampfen wird: solches war seit jeher die ‚*Tragödie eines Humanismus ohne Gott*' (H. de Lubac). Dies und die Machtarroganz des Mainstream, der heute, etwa im Casus homosexueller Partnerschaften im Pfarrhaus ‚*Lernprozesse*' zum ‚*Fortschritt*' hin anmahnt. Bei fixiertem Endpunkt dieser Lernprozesse lässt sich bei der Lektüre von Schlichtings Aufsatz über den Gewissensschutz-Paragrafen fragen, wann in den vergangenen vier Dekaden der ‚*Point of no return*' erreicht war und welche Weichenstellungen vielleicht anders hätten getroffen werden können. Fruchtbarer ist es aber, sich hier auf das Fundament zurückzubesinnen, in einem METANOIETE!, das die Frage aufwirft, was denn die Kirche Jesu Christi in ihrem Kern ausmacht. Wir wissen nicht, und es liegt nicht in unserer Hand, ob diese Umkehr in den nächsten Jahren in Kirche, Gemeinde und Theologie geschehen wird. Dass schrift- und bekenntnisgemäß lehrenden und predigenden Theologen heute disziplinarrechtlich schnell Unbehagen bis an den Rand der Existenzzerstörung droht, ist eine skandalöse Tatsache, der man entschieden widersprechen muss. Dass den Rittern des Zeitgeistes höchste Anerkennung widerfährt, ist es nicht minder: Die Kündigung des Leiters des Sächsischen Evangelisationsteams, des begnadeten Evangelisten Lutz Scheufler, der seinem Bischof am besagten status confessionis die geistliche Leitungsfunktion in Abrede stellte, hat 2012/13 gezeigt, wie wenig belastbar der Gewissensschutz noch ist. Die hier vorgelegten Texte aus einer vergangenen Epoche geben indes auch in die Zukunft hinein zu verstehen, dass solcher Widerstand zutiefst christlich ist. Er folgt dem reformatorischen TAMEN – gegen den Strom.

5. Gefragt wird gerne, was man gegen jenen Mainstream tun kann. Allem voran wird es unabdingbar sein, dass die Grundlagen wieder gelernt und gewusst werden. Selbstsäkularisierung bedeutet Entleerung des Gehaltes. Wo Gott in der Öffentlichkeit verleugnet wird, halten die Götzen Einzug. Man kann die Fundamente nur, wenn man sie unverfälscht kennengelernt hat, wertschätzen – gerade auch in der Freiheit, die sie eröffnen. Deshalb enthält dieser Band Elementarstes und Selbstverständliches, das es aber bezeichnenderweise nicht mehr ist: Wolfhart Schlichting erinnert in knappen, übersichtlichen Worten an den Berufungsauftrag der Gemeinde, wie er sich insbesondere bei Amtseinführungen manifestiert, und zugleich an Begriff und Wesen der Gemeinde selbst als Gemeinde Jesu Christi. Diese Erinnerung an die Ordnung der Gemeinde im reformatorischen Sinn hält zugleich den Spiegel vor.

Auf die nächste Zukunft des Reformationsjubiläums weist der große abschließend abgedruckte Aufsatz von Reinhard Slenczka, ‚*Reformation gegen Deformation der Kirche*', hin. Er zieht die souveräne Summe eines in Forschung und Lehre Bibel und Bekenntnis gewidmeten Lebens im Geist der Lutherischen Theologie. Slenczkas Beitrag rüstet freilich nicht nur auf das Jahr 2017 zu und setzt so einen wunderbaren Kontrapunkt gegen die offiziösen EKD-Verlautbarungen, sondern kann zu einer Magna Charta evangelischer Theologie im 21. Jahrhundert werden. Die hohe – gegen den Zeitgeist gerichtete – Aktualität der Lutherischen Schriften, die er zum Ausgang der Rückbesinnung nimmt, ist für die Zeitgeistirrlichter Stachel im Fleisch: Christlicher Glaube ist, im Sinn von Luthers Rede vor dem Wormser Reichstag, im Wort Gottes gefangen, und gerade darin ist er frei. Dies ist dem neuzeitlich dominant gewordenen Subjektivismus ein Ärgernis; ebenso wie das klare Bekenntnis zu Gottes Wort und dem Heilshandeln Gottes in Gericht und Rechtfertigung die Phalanx des Neuprotestantismus verschiedener Prägungen und der verschiedensten neuen Zivilreligionen gegen sich hat. Slenczkas Aussagen wirken geradezu kathartisch, sodass man beim Studium seines Aufsatzes sich von der flachen Binnenschifffahrt des Zeitgemäßen in das offene Meer eines wahrhaft evangelischen Glaubens verwiesen sieht. Dahin gehört auch die Einsicht, dass es Luther gerade nicht um die Begründung einer eigenen Factio oder religiösen Gemeinschaft ging. Luther deutete, wie auf dem berühmten Cranach-Gemälde, von sich weg auf den gekreuzigten und auferstandenen Herrn Jesus Christus. Er verstand sich als Teil der UNA SANCTA CATHOLICA, der umfassenden Kirche Jesu Christi, die er von ihren Deformationen zu reinigen versuchte. Demgegenüber nehmen sich Versuche einer ‚*protestantischen Identität*' in Abhängigkeit von der Aufklärung, wie sie heute kirchenamtlich formuliert werden, lächerlich aus. Slenczka geht nicht von ‚*Diskursen*' und nicht von soziologischen Befunden aus, sondern von der evangelisch bezeugten Wahrheit selbst und davon, dass sie wieder gelernt werden muss: auch auswendig. Man wird sich daran erinnern, dass in der Alten Kirche die ‚*Neuen Lehren*' eo ipso unter dem Verdacht standen, Häresien zu sein. Bei Slenczka findet man die konsequente Berufung auf Schrift und Bekenntnis in ihrer gegenwärtigen Bindekraft für das Gewissen. Damit widerspricht er den verschiedenen babylonischen Gefangenschaften der Theologie und der Kirche in Tendenzen und Strömungen wechselnder

Zeitgeister. Das historistische Dogma von Ernst Troeltsch, wonach es nur ein *'relatives Absolutes'* gebe und die geschichtliche Abständigkeit alle Wahrheit imprägniere, kann als Konstruktion durchschaut werden, die zu lange den Status eines von den Hyperkritikern unbefragten Götzen hatte. Ohne furchtsame Abwehr stellt sich diese christliche Wahrheit der Welt. Sie mag Anfeindung erfahren. Dies muss eine *'Konfrontationstheologie'* (Georg Huntemann), wie sie heute aus dem Kern der christlichen Wahrheit und nicht *'gegen'* dieses oder jenes gefordert ist, aushalten. Doch eine solche Position wird, des bin ich gewiss, hohe Überzeugungskraft für eine Ökumene der Bekenntnisse, etwa mit der griechischen und russischen Orthodoxie entfalten, und sie wird auch Vertreter anderer Religionen nicht unbeeindruckt lassen. Ich sehe in diesem neuen Text meines wichtigsten theologischen Lehrers nicht nur den Schlüssel zum vorliegenden Band, sondern den Maßstab für die Rückkehr zur evangelischen schriftgemäßen Theologie im Raum der UNA SANCTA. Ob und wie sich diese Rückkehr angesichts der irrlichternden Signale des Zeitgeistes in den nächsten Jahren anbahnen wird, wissen wir nicht zu sagen.

Eindrückliches Hoffnungssignal ist es aber, dass die Beiträge dieses Bandes eine Frische und Überzeugungskraft beweisen, die über Tag und Stunde hinausweist, während doch die verschiedenen Zeitgeistpositionen, die teilweise Anlass der Auseinandersetzung gewesen sind, verblasst und vergessen sind. Dieser Band präsentiert nicht die Gegenstimmen und schwächer werdenden Einreden von Konservativen, die zunehmend einer quantité und qualité négligeable angehören. Ganz im Gegenteil: Sie sprechen die Stimme der Suche nach Heil und Wahrheit, die Moderne und Postmoderne überdauern wird.

Niemand ist im Besitz dieser Wahrheit, und niemand sollte dies beanspruchen. Wir sollten aber, ob Theologen oder Nicht-Theologen, von uns fordern, in Freimut (Parrhesia) auf dem Weg zu der Wahrheit zu sein, die in Christus Mensch geworden ist. Erkenntnisgrundlage und Maßstab dafür liegen in der Heiligen Schrift begründet, die der Geist Gottes erschließt.

Basel, Nürnberg zum Reformationstag 2013

HERAUSGEBER UND AUTOREN

Kirchliche Sammlung um Bibel und Bekenntnis in Bayern e. V. (KSBB), gegründet Ende der sechziger Jahre des letzten Jahrhunderts. Ziel und Anliegen war es, den zweiten, in den 60er Jahren aufgebrochenen Kirchenkampf um die biblische Lehre in der Kirche aufzunehmen. Daneben ist es ein weiteres Ziel der Kirchlichen Sammlung, für eine geistliche Erneuerung und (Neu)evangelisation einzutreten. Das dritte zentrale Anliegen der KSBB ist es, die Relevanz des christlichen Glaubens für die Gesellschaft zu verdeutlichen. Dies geschieht zum Teil über die ihr nahestehende Christliche Bildungsstiftung (CBS).

Heinrich Herrmanns, geboren 1939 in Lodz, nach der Flucht Neuanfang in Tirol und dann in Oberbayern, 1950–1959 Domgymnasium Freising; Studium in Neuendettelsau, Wien, Heidelberg, Tübingen, Erlangen; verheiratet, drei Söhne, neun Enkelkinder; 1965 Predigerseminar und Vikariat in Nürnberg, 1969–1978 Pfarrer in Kulmbach, 1979–1985 Landesjugendpfarrer in Bayern, 1985–1991 Dekan in Memmingen; 1990 Wahl zum Landesbischof der Evang.-Luth. Landeskirche Schaumburg-Lippe, Segnung 1991; Ruhestand in Memmingen; Mitarbeit im Leitungskreis der Gesellschaft für Innere und Äußere Mission im Sinne der lutherischen Kirche, Vorsitz der Stiftung Evangelische Familienerholung, Mitarbeit in der Landeskirchlichen Gemeinschaft (Die Apis); Mitherausgeber bei den Zeitschriften Confessio Augustana und Diakrisis.

Dr. theol. Wolfhart Schlichting, geboren 1940 in München, verh., vier Kinder; Promotion 1969 *‚Biblische Denkform in der Dogmatik‘* (Karl Barths); Pfarrer in Erlangen, Quito (Ecuador); Dozent an der CVJM-Sekretärschule in Kassel (1970–75); Studentenpfarrer in Regensburg (1975–86); Pfarrer bei der Christusbruderschaft in Falkenstein (1986–89) und in Augsburg St. Jakob (1990–2005); Visiting Professor in Hongkong (1982 und 2010). Langjähriger Rundfunkprediger; Mitglied der Synode der Evang.-Luth. Kirche in Bayern und der Synode der EKD; Sprecher des ABC; Obmann der Gesellschaft für Innere und Äußere Mission im Sinne der lutherischen Kirche (1989–2004).

Dr. Harald Seubert, geboren 1967, 1987–92 Studium der Philosophie, Literatur- und Sozialwissenschaften, Geschichte und evangelischen Theologie. 1998 Promotion, 2003 Habilitation über Platon, 2006–2012 Professor an der Adam-Mickiewicz-Universität Poznań (Polen), 2006–2010 professorale Lehrtätigkeit für philosophische Grundfragen der Theologie an der Friedrich-Alexander-Universität Erlangen-Nürnberg, 2009–2013 Lehrtätigkeit an der Otto Friedrich-Universität Bamberg, seit 2010 am Phil. Seminar der LMU München und der Hochschule für Politik München. Seit 2012 Professor für Philosophie und Religionswissenschaften und Fachbereichsleiter für Missions- und Religionswissenschaft an der StH Basel. Zahlreiche Buch- und Aufsatzpublikationen. Verwalter des geistigen Erbes von Günter Rohrmoser. Jüngste Veröffentlichungen: ‚*Europa ohne Christentum? Woraus wir im 21. Jahrhundert leben können*' (2012); ‚*Religion und Vernunft. Vermessung eines weiten Feldes*' (2013); ‚*Gott und Herrlichkeit. Grundzüge der Ästhetik*' (2013).

Dr. theol. Reinhard Slenczka D. D., geboren 1931 in Kassel. Studium der Theologie, Philosophie und Slawistik in Marburg, Tübingen, Heidelberg und Paris. Professor für Systematische Theologie (Dogmatik, Ethik, Philosophie, Ökumenische Theologie) in Bern (Schweiz 1968–1970), Heidelberg (1970–1981), Erlangen (1981–1998 emeritiert), Gründungsrektor der Luther-Akademie in Riga (Lettland) 1996–2005).
Letzte Buchveröffentlichungen: Kirchliche Entscheidung in theologischer Verantwortung. Grundlagen, Kriterien, Grenzen. Göttingen 1991; Die Bergpredigt Jesu. Auslegung in dreißig Andachten. Göttingen 1994; Neues und Altes. Ausgewählte Aufsätze, Vorträge und Gutachten. 3 Bände. Neuendettelsau 1999; Ziel und Ende. Einweisung in die christliche Endzeiterwartung: ‚*Der Herr ist nahe*'. Neuendettelsau 2008.

Andreas Späth, geboren 1971, studierte nach seiner Dienstzeit bei der Bundeswehr und Tätigkeit bei den Vereinten Nationen Religionspädagogik und kirchliche Bildungsarbeit mit Abschluss Diplom (FH) sowie einige Semester Theologie und Politikwissenschaft. Seitdem Religions- und Gemeindepädagoge in Würzburg und München, jetzt als Religionslehrer in Ansbach tätig. Zusatzausbildung zum Erlebnispädagogen. Verfasser von Zeitschriften- und Buchbeiträgen zu theologischen, politischen und pädagogischen Themen. Moderator und Kommunikationstrainer. Preisträger des Vereins zur Förderung des christlich-jüdischen Gesprächs in der Ev.-Luth. Kirche in Bayern und Träger des UN-Ordens ‚*In the service of peace*'. Seit 2003 Vorsitzender der Kirchlichen Sammlung um Bibel und Bekenntnis; 2009 Vizepräsident der Internationalen Konferenz Bekennender Gemeinschaften und seit 2011 Schriftleiter der Quartalszeitschrift Diakrisis.

Andreas Späth (Hrsg.)

... und schuf sie als Mann und Frau

2. stark erweiterte Auflage

Seit einiger Zeit werden in verschiedenen Landeskirchen Pfarrer, die in eingetragener gleichgeschlechtlicher Partnerschaft leben, offiziell in den Gemeindedienst installiert. Der biblische Befund ist beim Thema ›gelebte Homosexualität‹ völlig eindeutig. Gerade deshalb bringen die Befürworter jenes Zusammenlebens im Pfarrhaus manche, zum Teil weit hergeholte Argumente gegen die klassische Leseart der biblischen Texte vor. An die Stelle der Verbindlichkeit des biblischen Zeugnisses tritt eine relativierende Leseart.

Das vorliegende Buch nimmt – zum Teil aus konkreten Diskussionssituationen heraus entstanden – eine Reihe dieser Argumente auf und unterzieht sie einer kritischen Prüfung. Dabei werden dem Leser exemplarisch Argumente an die Hand gegeben, um sich gegen ein Verlassen der Verbindlichkeit biblischer Ethik, wie sie bisher galt, wenden zu können.

Dies dient der nötigen Orientierung. Das Buch ist damit – losgelöst vom Entstehungszusammenhang der einzelnen Beiträge – eine wichtige Argumentationshilfe mit konkreten Beispielen.

Bezug über Logos Editions:
Postfach 1131 · 91502 Ansbach
Telefon: 09871 444-956
Telefax: 09871 444-954
E-Mail: ksbb-bayern@gmx.net
oder im gut sortierten Buchhandel
ISBN 978-3-9814303-1-8 · 96 Seiten · **€ 5,80**

Günter Rohrmoser
Herausgegeben von Harald Seubert

Kann die Moderne das Christentum überleben?

Zwei Phänomene kreuzen sich derzeit. Einmal ein durch die Moderne heraufbeschworener Neoatheismus, der sich zunehmend aggressiv darstellt. Zum anderen ein Christentum, das sich zunehmend selbst säkularisiert und eigene Glaubenspositionen anheimstellt. Der Schnittpunkt ist letztlich die Preisgabe des klassischen Christentums zugunsten eines neuen Glaubens, der eine Absage an das Christentum oder eine Häresie des Christentums ist. Verbunden sind beide Sichtweisen durch die Behauptung, man könne eben nicht mehr so glauben, wie dies im klassischen, sozusagen vormodernen Christentum der Fall war.

Günter Rohrmoser zeigt die geistes- und kulturwissenschaftlichen Linien auf, an denen entlang die Diskussion die letzten 200 Jahre verlief. Pointiert erklärt der berühmte, 2008 verstorbene, Philosoph, warum sich Kirche, Theologie und Gesellschaft im vorfindlichen Zustand befinden, und dass die Versuche der Moderne, sich vom Christentum zu emanzipieren zwingend scheitern müssen, bzw. im Erfolgsfalle die eigenen Errungenschaften mit dem Christentum untergehen würden. Ein Sieg der Moderne über das Christentum wäre ein teuer erkaufter Pyrrhussieg.

Bezug über Logos Editions:
Postfach 1131 · 91502 Ansbach
Telefon: 09871 444-956
Telefax: 09871 444-954
E-Mail: ksbb-bayern@gmx.net
oder im gut sortierten Buchhandel
ISBN 978-3-9814303-7-0 · 96 Seiten · **€ 6,90**